DIEDERICHS GELBE REIHE

herausgegeben von Michael Günther

Gerhard Wehr

Spirituelle Meister des Westens

Leben und Lehre

Eugen Diederichs Verlag

Bildnachweis: Rudolf Steiner, S. 52 – Foto Rietmann, © Verlag am Goetheanum, Dornach/Schweiz; Krishnamurti, S. 86 – Foto Mark Edwards, © Krishnamurti Foundation Trust Limited, Bramdean/England; G. I. Gurdjieff, S. 128 – Scherz Verlag, Bern/Schweiz; Julius Evola, S. 162 – Edizione Mediterranee, Rom/Italien; Leopold Ziegler, S. 180 – Badische Landesbibliothek, Karlsruhe; Karlfried Graf Dürckheim, S. 218 – Existentialpsychologische Bildungs- und Begegnungsstätte Rütte, Todtmoos-Rütte. Die anderen Abbildungen entstammen dem Archiv des Verlages. Wir danken den Bildgebern für die freundlich gewährten Abdruckgenehmigungen.

Die Deutsche Bibliothek – CIP-Einheitsaufnahme
Wehr, Gerhard:
Spirituelle Meister des Westens: Leben und Lehre / Gerhard Wehr. – 2. Aufl. – München: Diederichs, 1998
(Diederichs Gelbe Reihe; 116: Weltkulturen)
ISBN 3-424-01216-5
NE: GT

2. Auflage 1998

Umschlaggestaltung: Zembsch' Werkstatt, München
Produktion: Tillmann Roeder, München
Satz: Uhl + Massopust, Aalen
Druck und Bindung: Pressedruck, Augsburg
Printed in Germany

ISBN 3-424-01216-5

Inhalt

Denen gewidmet,
die auf dem Weg sind.

Einleitung: Dem *Homo Magus* begegnen

»Der Geist dieser unserer Zeit ist nicht erkannt, wenn wir nur die ständig wachsenden Forschungsstätten beachten und den Wettlauf der Wissenschaftler um neue Einblicke und um schnellste technische Wirkung. Es ist auch eine Zeit der Arbeit in der Stille, eine Zeit des Schaffens isolierter Einzelner für Werke, die dem oberflächlichen Blick entweder außer dieser Zeit oder im Gegensatz zu geltenden Strömungen stehen. Dem Tieferdringenden wird aber sichtbar, daß diese verborgene Arbeit eine notwendige Ergänzung der sogenannten zeitgemäßen Linien des Geistes bringt...«[1]

Diese Worte, die der schweizerische Biologe Adolf Portmann einst im Blick auf die international renommierten Eranos-Tagungen aussprach, lassen sich – cum grano salis – auch auf unser Thema anwenden. Meist abseits der allgemeinen Religions- und Geistesgeschichte stehend, daher von den beamteten Forschern wie von kirchlichen Funktionären in der Regel übersehen oder mit Geringschätzung bedacht, hat sich von jeher ein spirituelles Leben besonderer Art entfaltet. Die Träger dieses Lebens, Männer wie Frauen, kamen meist auf einem Weg zu ihren Erfahrungen und Erkenntnissen, der sich ebenfalls von den üblichen Bildungszugängen wesentlich unterscheidet. Die Lehrstuhl- wie die Amtsinhaber akademischer bzw. kirchlich-religiöser Institutionen, die jeweils auf ihre eigene Autorität bzw. Orthodoxie zu setzen pflegen, sparen oft nicht mit Verdammungsurteilen über sogenannte Ketzer und Außenseiter, über Gnostiker, Mystiker oder Magier. Oder um es mit den Worten eines Betroffenen, C. G. Jung, zu sagen: »Ein Gioacchino da Fiore (Joachim von Fiore), ein Meister Eckhart, ein Jakob Böhme und viele andere sind für die Masse Dunkelmänner geblieben ...«[2] Und mit der apostrophierten »Masse« sind hier keineswegs nur »schlichte Naturen« gemeint, die über keine »höhere Bildung« verfügen. Masse zielt auf eine kollektive Denkungsart, der »man« folgt, die »man« eben hat, ohne ein individuelles Gespür für die geistig-seelische wie schicksalsgeprägte Andersartigkeit eines anderen zu entwickeln. Aber gerade auf diese Ich- und Du-Wahrnehmung kommt es an, wenn man dem Lebensgang und dem Schicksalsgeheimnis eines besonders fremd anmutenden Menschen nachforscht.

Ein Kapitel für sich ergibt sich sodann aus der Tatache, daß die so Verfemten sich nicht selten auch untereinander beargwöhnen und in Mißkredit bringen. In Geschichte und Gegenwart gibt es dafür mancherlei Beispiele. Das geschieht insbesondere dann, wenn die Geistesart des einen mit derjenigen des oder der anderen nicht zu vereinbaren ist. Ein spezielles Phänomen stellt zweifellos die Tatsache dar, daß ein so bedeutsames Ereignis wie die Christus-Erscheinung als historische, mystische und kosmische Tatsache von den einen in den Mittelpunkt gerückt wird, während es andere ignorieren oder in seiner Bedeutsamkeit bestreiten.

Ein anderes Problem ergibt sich aus der Schwierigkeit, Esoterik eindeutig zu bestimmen. Der »esoterische« Wildwuchs der letzten Jahrzehnte hat mehr Mißverständnisse erzeugt als Fragen geklärt oder Verständnis erweckt. Wesensart und Struktur esoterischen Erlebens und esoterischer Lehrmitteilung wurden durch ein Heer fragwürdiger »Aufklärer«, durch Pseudo-Gurus und deren Kontrahenten (etwa aus dem kirchlichen Lager) eher noch verdunkelt als erhellt.

Will man sich ein Bild machen von dem, was Esoterik schon aufgrund des Wortsinnes (von griech. »eso«, innen; im Gegensatz zu »exo«, außen) meint, dann ist jeweils auf die innere, die spirituelle Dimension der Wirklichkeit verwiesen. Esoterik beruht auf Erfahrungen, die der innere Mensch (griech. »eso anthropos«) macht. Bedenkt man, daß der Apostel Paulus aufgrund eigenen Erlebens von diesem inneren Menschen spricht, signalisiert dies die Existenz einer Esoterik, die auch im Christentum von Anfang an vorhanden war und eine reiche Strömung erzeugt hat.[3] In dieser Strömung, verlaufe sie innerhalb, am Rande oder (notgedrungen) außerhalb der verfaßten Kirche, finden sich jeweils Menschen, die aufgrund bestimmter geistig-seelischer Ausnahmezustände oder auf der Basis besonderer Schicksalsfügungen zu ihren esoterischen Einsichten gelangt sind. Schaut man die Biographie eines solchen Menschen an, dann begegnet man von Fall zu Fall nicht nur solchen erleuchtenden Erlebnissen der Umkehr oder der Wesenswandlung. Bisweilen wurde von ihnen ein innerer Weg beschritten, auf dem sich Stationen derartiger Wandlungen abzeichnen. Wer lediglich auf die intellektuellen oder auch moralischen Unterschiede gegenüber der »Normalität« des sogenannten Durchschnittsmenschen abhebt, dem bleibt ein individuelles Wesensgeheimnis des jeweils anderen verborgen.

Wenn immer wieder gesagt wird, Esoterik wende sich an einen ausgesonderten Kreis, der von »Eingeweihten« mit einem speziellen »Geheimwissen« versorgt wird, dann denke man nicht an eine willkürliche Geheimnistuerei, die mit der menschlich-allzumenschlichen Neugierde ihre fragwürdigen Geschäfte macht. Vielmehr schützen sich Mysterien, echte Geheimnisse letztlich selbst. Man kann sie so wenig ausplaudern oder »exoterisch« nach außen tragen, sowenig sich eine existentielle Erschütterung im Positiven wie im Negativen (das Erlebnis der Liebe oder den Verlust eines geliebten Menschen) ausdrücken läßt. Das Geschehen als solches ist von dem Schleier eines Geheimnisses umgeben, es ist eben *eso*terisch, also eine bedeutsame *innere* Tatsache. Wer das jeweilige Ereignis meint in zulänglicher Weise mitteilen oder gar verraten zu können, der verwechselt das auf der Ebene des (spirituellen) Erlebnisbewußtseins Erfahrene mit beliebig beschreibbaren Daten des Gegenstandsbewußtseins, das wir im Alltag nötig haben. Sobald jedoch die spirituelle Dimension und damit der Bereich des Esoterischen betreten wird, versagt dieses Bewußtsein seinen Dienst. Wird dennoch in Wort und Bild Religiös-Spirituelles »ausgedrückt«, dann handelt es sich jeweils um eine symbolische (also nichtgegenständliche) Sprache. Das Symbol ist gleichsam das »irdene« Gefäß« (II. Kor. 4,7) eines letztlich unsagbaren Inhalts, d. h. eines bestimmten inneren Erfahrungsgehalts. Wer nur auf dieses irdene Gefäß blickt, indem er das Gesagte nach Art der Fundamentalisten buchstäblich nimmt, der gerät in die Irre. (Beispielsweise meinen Schilderungen aus der mystischen Alchymie keine der genannten chemischen Operationen, sondern geistig-seelische Prozesse etwa dessen, der ein »neuer Mensch« werden soll.)

So gehört es zum Wesen legitimer Esoterik, daß man nicht nur geheimnisvolles Wissen anhäuft, sondern daß man selbst einen Weg der inneren Erfahrung beschreitet. Selbst die bloße Kenntnisnahme von symbolischen Zusammenhängen führt nicht weiter, so hilfreich es sein mag, Selbsterlebtes, Selbsterkanntes durch die Symbolsprache der Tradition ausgedrückt zu sehen. Wer sich nicht als einen Betroffenen erlebt, der bleibt »vor den Toren«, ein Profaner, ein Exoteriker.

Wie groß die Unterschiede esoterischer Bewegungen sein können, wie sie allein im 20. Jahrhundert in Erscheinung getreten sind, kann man sich anhand der geistigen Profile der im folgenden vorgestellten Persönlichkeiten verdeutlichen. Einerseits lassen sich geistesgeschichtliche und auch schicksalhafte Verbindungslinien feststellen. Andererseits zeigt sich mitunter, daß der Weg und die Art der Lehrmitteilung des einen Geisteslehrers oder Seelenführers – Mann oder Frau – abgrundtief von der Spiritualität anderer geschieden ist. Esoterik läßt sich eben nicht im Schmelztiegel synkretistischer Vereinheitlichungsbemühungen zu einem ununterscheidbaren Amalgam verbinden. Auch wer sich zur »Ökumene des Geistes« bekennt, hat die Eigengestalt des Andersdenkenden zu respektieren. Erfahrungen lassen sich wohl bezeugen; beliebig weitergeben lassen sie sich nicht. Die Erfahrung, die Erkenntnis eines anderen, von der ich höre, ist für mich zunächst nur ein Wissen. Um ein Erkennender zu sein, muß der entsprechende Prozeß in mir selbst in Gang kommen – eigentlich eine Binsenwahrheit, die jedoch keineswegs immer genügend beachtet wird!

Welchen Weg nach innen man wählt, ist nicht gleichgültig. Dennoch: Empfehlungen für diesen oder für jenen Innenweg lassen sich schon deshalb nicht bedenkenlos aussprechen, weil ein Kennzeichen esoterischer Praxis darin besteht, sich selbst auf die Suche (Quest) zu machen und auf dem »Heldenweg« entsprechende Abenteuer zu durchlaufen. Man denke an die großen Mythen und Mysteriendichtungen der Menschheit, um sich anhand ihrer dramatischen Bilder zu veranschaulichen, was im einzelnen gemeint sein kann, etwa an die Schicksale des Gilgamesch, die Fahrten des Odysseus, Parzivals Suche nach dem Gral, Christian Rosenkreuz auf der Reise zur »Chymischen Hochzeit«... Die Beispiele ließen sich unschwer vermehren. Bei tiefenpsychologischer Betrachtung erhellt sich von Fall zu Fall die eigene Lebenssituation, etwa in der der oft konfliktreichen Lebensmitte.[4]

Sorgfältig zu prüfen sind die Geister, mit denen man auf diesem Weg zusammentrifft. Diese Prüfung und die sich daraus ergebende Lebensentscheidung sind selbst Bestandteil des hier gemeinten spirituellen Entwicklungsprozesses. Wer indes lebenslang auf die Worte seines Meisters oder seiner Meisterin schwören wollte, der hat den Wegweiser mit dem jeweils individuell zu verantwortenden Weg verwechselt. Von den Erkenntnissen dieses Meisters überzeugt sein darf nicht die Illusion erwecken, man sei selbst dieser Erkenntnis in wesenhafter Weise teilhaft geworden. Wegweiser weisen den Weg; den Weg zu gehen können sie keinem abnehmen.

Was nun diese Wegweiser anlangt, so stehen auf ihnen

magische Namen. Es sind die Namen eben jener Menschen, von denen infolge einer besonderen Schicksalsführung Wirkungen ausgegangen sind und noch ausgehen mögen. Die zu besprechenden Namen deuten darauf hin, daß mit einem *Homo magus* nicht jemand gemeint sein kann, der bzw. die, einem Vorzeitmenschen ähnlich, in der Verfassung eines magischen Bewußtseins lebt.[5] Eher mag man etwa an J. G. Hamann (1730–1788) erinnern, der – ohne in unserem Sinn selbst ein Homo Magus zu sein – von seinen Zeitgenossen als »Magus im Norden« bezeichnet worden ist. In seinem Fall verweist die Bezeichnung »Magus« auf die »Magier aus dem Morgenland«, von denen das zweite Kapitel des Matthäusevangeliums berichtet. Es sind jene Weisen aus dem Osten, denen das Licht des Sterns geleuchtet hat und die, vom Stern von Bethlehem geleitet, schließlich zum Ziel ihrer Geistessuche gefunden haben. Und – um im Bild zu bleiben – die Gaben (Gold, Weihrauch und Myrrhe), die sie dem Weltenheiland zu Füßen legen, sind überaus verschieden. Sie symbolisieren die Vielfalt der Geistesgaben, die die Träger magischer Namen von Fall zu Fall präsentieren. Dieser Vielfalt entsprechen die Lebensleistungen der hier zu behandelnden Menschen. Auch sie sind einem Stern, *ihrem* Stern, gefolgt. Sie haben auch gefunden.

Daß die Schicksalslinien dieser »Magier« da und dort einander berühren, daß sie parallel zueinander laufen oder sich in kritischer Weise kreuzen, verleiht der Begegnung mit jedem Homo magus Spannung und fordert zur Stellungnahme heraus. Diese Zu-Mutung liegt in der Präsentation der hier vorzustellenden magischen Namen.

Helena Petrovna Blavatsky und die theosophische Bewegung

Man hat sie die »Sphinx des 19. Jahrhunderts« genannt, eine Botschafterin der spirituellen Meister, erfüllt von einer buddhaähnlichen Seele. Mittels ihrer Fähigkeit, parapsychische Phänomene zu erzeugen, faszinierte sie ihre Zeitgenossen, Freunde und Kritiker aus den unterschiedlichsten Lagern. Dadurch setzte sie sich bei anderen Verdächtigungen und Beschuldigungen aller Art aus. Sie nahm übelste Verleumdungen auf sich. Es geschah in dem Bewußtsein, sich in erster Linie in den Dienst einer Sache stellen zu müssen, die »andere«, nämlich die »Meister der Weisheit« und Adepten verborgener Erkenntnis, ihr aufgetragen haben. Selbstzweck waren die von Zeitgenossen und Biographen immer wieder geschilderten »Phänomena« nie. Aber H. P. Blavatsky wußte, daß gerade eingefleischte Materialisten und Rationalisten bisweilen durch »Zeichen und Wunder« angestoßen werden, ihr enges Begriffsgebäude zu überprüfen. Jedenfalls wollte sie keine Wundertäterin oder Gauklerin sein, auch wenn man sie da und dort als solche bestaunte.

Obwohl diese bis in ihr Äußeres hinein außergewöhnliche Frau von ihren unmittelbaren Zeitzeugen überaus positiv beurteilt worden ist, empfand man sie als eine »schillernde Persönlichkeit«. Um es vorweg zu sagen: Im Falle von H. P. Blavatsky ist darunter eine Frau zu verstehen, deren Äußeres, ihr unkonventionelles Auftreten, in einer denkbar großen Spannung zu ihrem Inneren, ihrer Spiritualität, auch ihrer Moralität und Menschenliebe steht. Selten genug wird das gesehen. So liegt die Tatsache vor, daß der Eindruck vorherrschender Negativität selbst dort erweckt und kolportiert wird, wo man eine stärkere Würdigung ihrer geistesgeschichtlichen Bedeutung erwarten dürfte. Gerade ein Mensch wie Madame Blavatsky verdient es, erst in ihrer Positivität charakterisiert zu werden, bevor man ihre unzweifelhaften Mängel und Schwächen an den Pranger stellt. Ehe von Sonnen*flecken* die Rede sein kann, gilt es die Existenz der Sonne anzuerkennen...

Immerhin, Blavatskys Wirkung ist keinesfalls schon verebbt. Vielmehr steht die »H.P.B.«, wie ihre Anhänger sie zu nennen pflegen, für einen magischen Namen, der aus der Geschichte der neuzeitlichen Esoterik nicht mehr wegzudenken ist. Freilich, Lob und Tadel, Verehrung und Ablehnung scheinen sich einst wie heute die Waage zu halten, wenn Leben und Werk der Madame Blavatsky zur Sprache kommen.

Dieser Frau war es von ihren geheimnisvollen Inspiratoren, den »Meistern«, bestimmt, die theosophische Bewegung als eine weltweite Bruderschaft zu gründen, ungeachtet der Barrieren, die der Dogmatismus in einer positivistischen Wissenschaft und einer rationalistisch verengten Theologie bzw. Kirche in ihrem Jahrhundert aufgerichtet hatten. Dazu, das heißt zur Rebellion gegen die maßgeblichen Institutionen und die als unantastbar angesehenen Normen der Gesellschaft, bedurfte es eines besonderen Mutes, zumal des Mutes einer beargwöhnten Frau. Es bedurfte der Bereitschaft zum persönlichen Opfer, und dies im ominösen viktorianischen Zeitalter!

Aber darf sich ein Mensch in dem Maße der seelisch-geistigen Führung der »Unsichtbaren« überlassen, wie es H.P.B. tat, um ihren außerordentlichen Lebensauftrag zu erfüllen? Oder nötigt gerade die Tatsache des Vertrauens in die impulsierenden Mächte einer übersinnlichen Welt Bewunderung ab? Und was ist eigentlich Theosophie, wenn Madame Blavatsky von ihr als dem »uferlosen Meer universaler Wahrheit, Liebe und Weisheit« spricht, während sie deren Widerspiegelung in der Theosophischen Gesellschaft erblickt?

Ehe von ihr zu sprechen ist, bedarf es einer Klarstellung: Zu unterscheiden ist »Theosophie« von der Lehre sowie

Helena Petrovna Blavatsky

von der gleichnamigen Gesellschaft, die durch H.P.B. ins Leben gerufen wurde.

Traditionelle Theosophie

In ihrem ursprünglichen und allgemeinen Sinn ist Theosophie (von griech. *sophia tou theou*) »Gottesweisheit«. In Unterscheidung zur rational-wissenschaftlich operierenden Theologie, die eine vorwiegend gedankliche Auseinandersetzung mit religiösen Inhalten betreibt, basiert Theosophie auf Inspiration und geistiger Schau. Nach christlichem Verständnis handelt es sich um eine Weisheit, die Gott schenkt, wie immer das Gottesbild geartet sein mag, das jeweils von Theologen oder Theosophen zugrunde gelegt ist. Prinzipiell ist alles Seiende von dieser Gottesweisheit erfüllt. Sie ist (nach Jakob Böhme) das »ausgesprochene Wort Gottes«. Ihm geht das sprechende Wort voraus, das dem göttlichen Geheimnisgrund von Schöpfung und Offenbarung entströmt. Theosophen dieser Prägung sind »von dem Verlangen erfüllt, die religiöse bzw. christliche Überzeugung nicht nur lebensmäßig zum Ausdruck zu bringen, sondern auch nach der Seite der Erkenntnis hin soweit wie möglich auszubauen. Die Theosophie begnügt sich nicht mit dem, was Philosophie, Metaphysik und Theologie über Gott, Welt und Mensch auszusagen wagen; man will vom Glauben aus zu höheren Formen der Wahrheitsschau aufsteigen« (Adolf Köberle[1]). Stärker als die auf die heiligen Schriften, z. B. auf die Bibel und die kirchliche Tradition, gestützte Theologie ist Theosophie durch Erfahrung bestimmt. Enge Wechselbezüge bestehen im übrigen zu Gnosis und Mystik, sodann (im weiteren Sinn des Wortes) zu den Bereichen der Esoterik im allgemeinen. Es handelt sich um Erlebnis- und Erkenntnisgebiete, um Ideen und Formenkreise, die einander großenteils überdecken, sich allenfalls berühren. Immer geht es darum, Weltall, Erde und Mensch aus einer theosophischen Ganzheitsschau heraus zu deuten, sodann gestaltend und umgestaltend zu erfassen. Wie Gnosis und Mystik, so ist auch Theosophie nicht an eine bestimmte Religion oder Geschichtsepoche gebunden. Es lassen sich vielmehr Traditionslinien ziehen, die sich durch die Jahrtausende hindurch erstrecken, im Christentum von den Evangelien bis in die Gegenwart herein und in die Zukunft weisend. Analoges gilt für die Menschheitsreligionen zu allen Zeiten.[2]

In der westlichen Welt hat es theosophische Erkenntnisbemühungen immer gegeben, christliche und außerchristliche, z. B. solche jüdisch-kabbalistischer Prägung. Innerhalb und am Rande der verfaßten Kirchen sind diese Bestrebungen auch in nachreformatorischer Zeit anzutreffen, im Protestantismus vertreten etwa durch Männer wie Jakob Böhme, Emanuel Swedenborg, Friedrich Christoph Oetinger, Michael Hahn, im Katholizismus u. a. durch Karl von Eckhartshausen oder Franz von Baader[3]. Rosenkreuzertum, Kabbala und die reguläre wie irreguläre Maurerei mit ihren geheimen oder geheim sich gebärdenden Verbindungen durchziehen die Geisteslandschaften Europas. Länder wie Frankreich, England oder Rußland haben ihre eigene theosophisch-esoterische Geschichte. In Deutschland gehörten bis in die Goethe-Zeit[4] hinein theosophische Spekulationen zu den festen Bestandteilen des allgemeinen Bewußtseins im Bildungsbürgertum wie in der Natur- und Geistesforschung, die mit R. Steiner als »Goetheanismus«[5] bezeichnet werden kann.

Von dieser auf der Grundlage des Christentums und der westlichen Geistesart entwickelten Theosophie hebt sich die – man sollte sagen: anglo-indische – Theosophie H. B. Blavatskys und ihrer Nachfolger in charakteristischer Weise ab. Das wird bereits deutlich, wenn man sieht, in welcher Weise hier die christliche Spiritualität mit derjenigen östlicher Religiosität und Philosophie vermengt wird, um den allen gemeinsamen »Wahrheitskern« aufzufinden.

Ausbruch aus bürgerlichen Konventionen

Helena Petrovna Blavatsky ist russischer Herkunft. Sie wurde am 12. August (nach altem Kalender am 31. Juli) 1831 in der Stadt Ekaterinoslav am Dnjepr, dem späteren Dnjepopetrowsk, geboren. Während ihr Vater Peter Alexejevic von Hahn (1798–1873), ein Hauptmann in der zaristischen Armee, dem alten mecklenburgischen Grafengeschlecht derer von Hahn-von Rottenstern angehörte, werden die Vorfahren von Helenas Mutter, Helena Andrejevna (1817–1842), dem russischen Hochadel zugezählt. Das Leben der Familie war insofern bewegt, als die Kurbedürftigkeit der Mutter und häufigen Versetzungen des Vaters mehrere Ortswechsel nötig machten. Von Saratov, wo die Hahns bis Frühjahr 1847 lebten, machte H. P. B. als knapp Vierzehnjährige im Winter 1845/46 mit ihrem Onkel eine erste große Reise, nämlich mehr als 2000 Kilometer ostwärts ins sibirische Semipalatinsk. Diese Reise verdient Erwähnung, weil es hierbei bereits zu Eindrücken gekommen sein muß, die Helenas Interessenlage entsprachen. Sie selbst weist in einem späteren Bericht darauf hin:

> Mit einem Onkel, der Besitzungen in Sibirien hat, besuchte ich Semipalatinsk, die Ural-Gebirge und die Grenzgebiete der Mongolei, wo die Harachin-Lamas leben, und unternahm zahlreiche Ausflüge jenseits der Grenze. Bevor ich fünfzehn Jahre alt war, wußte ich alles über die Lamas und Tibeter ...[6]

Diese Behauptung mag einigermaßen hochgreifen. Zusammen mit der Tatsache, daß der Bücherschrank des Großvaters mancherlei mystische und theosophisch-esoterische Schriften barg, mit denen sich die heranwachsende Helena vertraut machte, wird diese Mitteilung für das weitere Schicksal der H. P. B. von Bedeutung sein. Wir wissen nicht, welche Literatur dies im einzelnen gewesen ist. Aber es ist bekannt, daß man schon zu Jahrhundertbeginn bis hinein in die Kreise des Zaren sich mystisches Schrifttum beschaffte, darunter Bücher von Jakob Böhme, Emanuel Swedenborg, L. C. des Saint-Martin, von H. Jung-Stilling und dergleichen.

Ihren Namen erhielt H. P. B., indem sie kaum achtzehnjährig mit N. V. Blavatsky, einem 22 Jahre älteren Beamten, verheiratet wurde. Die junge Frau entsprach damit zwar einem Verlangen der Familie bzw. der Gesellschaft, aber schon wenige Monate nach der Eheschließung verließ sie im Herbst 1849 ihren Mann fluchtartig, wie es heißt, auf einem Pferd, um jeder weiteren Gängelung enthoben zu sein. Die Rebellin gegen alle bürgerliche Konvention war geboren. Die große Wanderschaft, die sich über ein Vierteljahrhundert erstrecken sollte – sie ging zunächst Richtung Konstantinopel –, hatte begonnen. Der Vater finanzierte die Lehr- und Wanderjahre der Globetrotterin durch laufende Zuwendungen, sofern ihm die häufig wechselnden Aufenthalte seiner Tochter bekannt waren. Tatsächlich fehlen über weite Strecken dieser Lebensphase zuverlässige Daten von H. P. B. Ihre Biographen[7] müssen sich daher oft mit skizzenhaften Schilderungen behelfen, ohne alle z. T. von ihr selbst gemachten widersprüchlichen Angaben oder durch späte Recherche erhaltenen Nachrichten Dritter verifizieren zu können. Dabei waren gerade diese Jahre zwischen 1849 und 1873, also bis tief in die Lebensmitte hinein, für die spätere Theosophin von größter Bedeutung.

Wir hören von Reisen durch Griechenland, Ägypten und Kleinasien, 1851 von Aufenthalten in Paris und London. Ein Notizbuch aus diesem Jahr hält ein bedeutsames Ereignis fest, das im Kontext von H. P. Blavatskys gesamter okkultistischer bzw. spiritueller Entwicklung gesehen werden muß. Da heißt es: »Denkwürdige Nacht! In jener Nacht in Ramsgate am 12. August 1851 beim Schein des untergehenden Mondes war es, als ich M., dem Meister meiner

Träume, begegnete.« Diese Träume und Visionen müssen schon in der russischen Heimat begonnen haben. H.P.B. weist darauf hin, den bzw. die geheimnisvollen Meister bereits in der Kindheit geschaut zu haben.

Weitere Stationen liegen auf dem amerikanischen Kontinent: Kanada, Mexiko, Südamerika. Von dort geht die Lebensspur 1852 nach Indien, 1853 nach London, 1854 nach New York, Chicago und San Francisco. In den folgenden Jahren gibt es Aufenthalte in Indien, selbst in Tibet, auf Java, dann wieder in Frankreich, England sowie Deutschland und einen längeren, von Exkursen unterbrochenen Zwischenaufenthalt in Rußland. Auch in der anschließenden Zeit war die Ruhelose auf Reisen; diesmal auf dem Balkan, in den Karpaten, in Griechenland, Ägypten und Italien, wo sie, am 2. November 1867, Zeuge einer Schlacht gewesen sei. In Kairo soll sie 1872 eine spiritistische Gesellschaft begründet haben. Zu diesem Zeitpunkt muß H. P. B. längst imstande gewesen sein, ihre ebenfalls schon in Jugendtagen aufgetretenen okkulten Fähigkeiten willentlich zu steuern und jene Phänomene zu erzeugen, durch die sie Aufsehen erregen sollte. Besondere Beachtung verdient in diesem Zusammenhang ein von einer schweren Wirbelsäulen-Verletzung begleiteter Sturz vom Pferd und eine lebensgefährliche Krankheit in der Zeit zwischen 1862 und 1865. Man wird nicht fehl gehen, wenn man annimmt, daß diese Ereignisse insbesondere die geistig-seelische Verfassung der auf ihre Lebensmitte zugehenden jungen Frau verändert haben. Die auf diese Weise für ihren Lebensauftrag prädisponierte H. P. B. scheint nun in einer besonderen Weise geöffnet zu sein für den Empfang von Botschaften und Weisungen, die ihr nach eigenem Bekunden von ihrem spirituellen Lehrer bzw. von den »Meistern« zugeflossen sind. Hier muß die Feststellung genügen, daß diese Bezeichnung nicht eindeutig zu definieren ist: Einmal ist unter den Meistern die inspirierende und impulsierende geistige Instanz gemeint, die ihr Leben und Schaffen, nicht am wenigsten die Abfassung ihrer großen

Werke ermöglicht haben; das andere Mal versteht sie unter namentlich genannten Meistern tatsächliche Menschen, seien es spirituelle Lehrer aus Indien oder tibetische Lamas. Und was beispielsweise die im Leben der H. P. B. immer wieder auftauchenden »Meisterbriefe« betrifft, so bleibt man im unklaren, ob es sich um postalisch zugestellte Briefe handelt oder um Schriftstücke, die von ihr selbst – etwa auf dem Wege des automatischen Schreibens – abgefaßt worden sind. Daß sie dazu imstande war, steht außer Zweifel. Sie konnte dergleichen willentlich herbeiführen. Das Wissen bzw. die Überzeugung, auch Texte dieser Art aus einer anderen, ihr übergeordneten Wirklichkeitsebene empfangen zu haben, muß für sie bestimmend gewesen sein. Daher liegt auf der Hand, daß jene unter ihren Zeitgenossen, denen derartige Hervorbringungen aus dem Unbewußten unmöglich erschienen, die Produktionen einer solch rätselhaften Frau als Betrug bzw. als plumpe Täuschungsmanöver verurteilen mußten. Am Faktum ihrer Aktivität, etwa als »Autorin« ihrer Bücher, ändert deren Herkunft nichts. Für wen es keine »Meister«, also keine geistige Wirklichkeitsebene, gibt, für den müssen »Meisterbriefe« ein primitives, freilich schwer durchschaubares Gaukelspiel sein. So das Argument der Befürworter.[8]

Die Theosophical Society entsteht

Die ständig auf Reisen befindliche H. P. B. hatte bereits ihr 40. Lebensjahr überschritten, noch ohne zu wissen, was ihr eigentlicher Lebensauftrag ist. Im Bewußtsein, eine Beauftragte zu sein, von ihren Meistern für den konkreten Fall Weisungen (»orders«) zu erhalten, lebte sie freilich seit Jahren. Einer solchen Weisung war sie gefolgt, als sie am 7. Juli 1873 in New York eintraf. Als eine auf großem Fuß lebende Frau von Welt darf man sich Madame jedoch nicht vorstellen. Infolge des Todes ihres Vaters blieben die laufenden finanziellen Zuwendungen aus. In den ersten New Yorker Wochen wohnte sie in ärmlicher Umgebung. Sie fristete ihren Unterhalt mit Gelegenheitsarbeiten. Später kamen erste Beiträge für Zeitschriften hinzu, gewissermaßen der Auftakt für ihre ausgedehnte publizistische Tätigkeit als Journalistin, Herausgeberin von Zeitschriften und als berühmte Buchautorin.

Als Frau Blavatsky amerikanischen Boden betrat, wo sie 1878 das Bürgerrecht der Vereinigten Staaten erwarb, hatte der sogenannte Spiritualismus bzw. Spiritismus Hochkonjunktur. Das war nicht nur in der westlichen Welt der Fall, sondern auch in Europa und in Rußland. Man suchte das spirituelle Vakuum, das der Materialismus aufgerissen hatte und die herkömmlichen Religionen nicht zu füllen vermochten, dadurch zu ergänzen, daß man Séancen veranstaltete, »Geister« beschwor, »Tote« befragte und dergleichen. Gefragt waren die außergewöhnlichen Manifestationen einer vermeintlichen »geistigen« Welt, die Hervorbringungen von Medien.

Zum fraglichen Zeitpunkt machten die Gebrüder William und Horatio Eddy in der Ortschaft Chittenden im US-Staat Vermont von sich reden. Die beiden Männer faszinierten durch ihre medialen Fähigkeiten. Unter den Rechercheuren, die tage- oder gar wochenlang in jenem »house of mystery« ihre Beobachtungen anstellten, befanden sich auch so angesehene Leute wie der Anwalt Henry Steel Olcott (1832–1907). Während des amerikanischen Bürgerkriegs bekleidete er den Rang eines Obersten (Colonel). Er war dann einer der drei Juristen, die die Ermordung des Präsidenten Abraham Lincoln zu untersuchen hatten.

»Olcott war in die Geister verliebt«, so H. P. B. über ihre neue Bekanntschaft. Die beiden begegneten einander in eben jenem Spukhaus der Brüder Eddy. Aber während der Colonel zu diesem Zeitpunkt in den parapsychischen »Geistererscheinungen« Genüge fand und darüber in der Presse berichtete, hatte H. P. Blavatsky eine andere Sicht der Dinge erlangt. Derlei Phänomene, wie sie sich in Chittenden und andernorts zeigten, kannte sie ja seit ihrer Kindheit aus eigener Erfahrung. Zum Erstaunen ihrer Familie hatte sie Klopftöne, Glockenläuten und ähnliches verursacht, ohne daß man sich den Schabernack erklären konnte. Inzwischen hatten sich Helenas Fähigkeiten entfaltet, sie hatten dank ihrer Verbindung mit den okkulten Meistern einen ganz neuen Stellenwert erhalten. Sie waren nicht länger Selbstzweck.

Die Begegnung mit Olcott, das war ihr klar, kam nicht von ungefähr. Es war ihr aufgetragen, ebenfalls nach Chittenden zu gehen und den sogenannten niederen Okkultismus als irreführend und als gefährlich zu entlarven. Das wollte sie klarstellen. Vor allem ging es ihr darum, auf die geistige Welt als solche hinzuweisen und Menschen wie Olcott mit einer geistgemäßen, an der östlichen Spiritualität orientierten Philosophie bekannt zu machen. Es konnte nicht sinnvoll sein, sich einerseits im Stil der Zeit als Materialist zu gebärden und diesen Anschauungen andererseits die Vorstellung von Totengeistern und dergleichen aufzupfropfen.

So konnte Blavatskys Aufmerksamkeit für das Treiben der Spiritualisten nur von kurzer Dauer sein. Spiritismus und Mediumismus waren nicht als Ziel, sondern bestenfalls als Anknüpfungspunkte für eine neue, vom geistigen Leben durchdrungene Weltanschauung (Kosmologie und Anthropologie) anzusehen. Sie sagte sich: Noch ist die Welt nicht dafür vorbereitet, ihr Weltbild umzustoßen und durch ein neues, die Dimension des Geistigen integrierendes Wirklichkeitsbild zu ersetzen. Man müsse daher etappenweise und an der Fassungskraft der Menschen ausgerichtet vorgehen. Sie trug sogar anfangs dazu bei, bestimmte Phänomene selbst zu erzeugen. Aber das war (angeblich) nur zur Erleichterung des Einstieges gedacht. Dies entsprach offensichtlich den Weisungen ihrer im Verborgenen agierenden Auftraggeber, welcher Art sie immer sein mochten.[9]

Der Anstoß zu einer eigenständigen, geistige Ziele verfolgenden Bewegung sollte nicht lange auf sich warten lassen, zumal ein Kreis von Gleichgesinnten sich binnen weniger Monate zu konstellieren begann, die ersten Glieder jener sich formierenden Bewegung. In einem der Skizzenbücher der H. P. B. vom Juli 1875 fand man den diesbezüglichen Eintrag:

> Weisung direkt aus Indien empfangen, eine philosophisch-religiöse Gesellschaft zu gründen, ihr einen Namen zu suchen, auch Olcott (dafür) zu wählen.[10]

Damit hatte der Auftrag für alles weitere erste klare Konturen gewonnen. Es dauerte nicht lange, und der als maßgeblicher Mitbegründer ausersehene Olcott sprach unbewußterweise wie von selbst aus, wozu ihn jene indischen Meister ausersehen hatten. Anläßlich des Vortrags eines George Felt am 7. September 1875 kam ihm wie zufällig der Gedanke, ob man nicht eine »Gesellschaft« ins Leben rufen solle, die sich mit ebendem zu beschäftigen habe, was Frau Blavatsky und andere seit geraumer Zeit interessiert. Die spontane Zustimmung blieb nicht aus. Am 17. November war es soweit. Die Gesellschaft konstituierte sich, mit Olcott als Präsident, dem jungen, aus Irland stammenden Rechtsanwalt William Q. Judge (1851–1896) als Schriftführer und H. P. Blavatsky als korrespondierender Sekretärin. Natürlicherweise stand von vornherein fest, daß es bei ihr sehr viel mehr um die Erfüllung inhaltlicher als um die Durchführung organisatorischer Aufgaben gehen mußte. Von ihren außerordentlichen okkulten Fähigkeiten hatte man sich bereits hinreichend überzeugt. Immer neue Beweise dafür sollten im Laufe der Zeit folgen. Frau Blavatsky mußte freilich darauf bedacht sein, ihr »Können« in dosierter Form zu demonstrieren, war ihr doch daran gelegen, die diversen »Phänomena« in den Dienst ihrer eigentlichen spirituellen Mission zu stellen.

Abgesehen von der seit langem bestehenden Verbindung

mit der okkulten Welt hatte H. P. B. eine bedeutsame seelisch-geistige Veränderung an sich bemerkt. Ihrer in Odessa lebenden Schwester Vera berichtete sie ausführlich darüber. Da war nicht nur die ernste Beinverletzung, die ihr »Hindu-Lehrer« unmittelbar vor der angesagten Amputation geheilt hätte. Schwerwiegender war die Beobachtung, daß sie sich von da an bisweilen wie fremd gegenüberstand. Sie empfand sich dann, wie wenn sie jemand anderes wäre, ein »zweites Ich« (the second Me) gewissermaßen, eine »Nummer 2«, und zwar eine Persönlichkeit, die über ein viel größeres Wissen verfügt als sie, die konkrete Helena Petrovna, als die sie ihrer Mitwelt, so auch ihrer Schwester, bekannt war. Ihr fiel beispielsweise auf, wie dieses zweite Ich Örtlichkeiten oder bestimmte Situationen beschrieb, von denen sie überzeugt war, nie dergleichen in ihrem realen Leben erlebt zu haben. Und nachts stand gleichsam die ganze Biographie jener »Nummer 2« vor ihrem inneren Auge. Das, so war sie überzeugt, konnte nicht mit der allgemein bekannten Medialität gleichgesetzt werden. H. P. B. wurde sich im übrigen klar bewußt, was da mit ihr geschah, wenn etwa ihr täglich erscheinender Hindu-Lehrer vor ihr auftauchte, nämlich »ätherisch und transparent«, also nicht als eine physisch verkörperte Individualität. Und, so teilte sie ihrer Schwester mit: »Nicht ich bin es, die redet oder schreibt, sondern ein Etwas in mir, mein höheres und lichteres System (my higher and luminous Self), das für mich denkt und schreibt ...«[11]

Hatten die nächsten Verwandten, denen sie sich anvertraute, bisweilen gefürchtet, ihre Schwester bzw. Nichte hätte den Verstand verloren, so mußten sie doch einräumen, daß hier etwas ganz anders vorläge. Aber was wohl? Soviel wurde ihnen, etwa der ebenfalls in Rußland lebenden Tante Nadya, klar, Helena gibt Dinge von sich, die sie niemals gelernt haben konnte. Doch das waren allgemeine Hinweise darauf, daß H. P. Blavatsky Inspirationsquellen besonderer Art zur Verfügung standen.

Der von ihr geschilderte Seelenumschwung erfolgte im Frühjahr 1875, also Monate vor Begründung der Theosophischen Gesellschaft. Für alle weiteren Aktivitäten als »Theosophin«, namentlich als Verfasserin der noch zu schreibenden umfangreichen Bücher, mußte dieses rätselhafte innerseelische Geschehen von größter Bedeutung werden.

Was die Namensgebung der zu schaffenden Vereinigung anlangte, so bedurfte es einiger Überlegungen. Die maßgebenden Prinzipien waren ohnehin erst noch auszuarbeiten. Die vorgeschlagenen Bezeichnungen, die auf Hermetik, auf Rosenkreuzerei und dergleichen deuteten, wollten nicht passen. Als man in einem Lexikon blätterte, stieß man endlich auf den Namen »Theosophie«. Er fand allgemeine Zustimmung. Die einigermaßen zufällig anmutende Namensgebung erklärt, daß eine nähere Anbindung an die oben erwähnte christlich orientierte Theosophie nicht zur Diskussion stand, sofern die Versammelten von ihr zureichende Kenntnisse gehabt haben sollten. Es waren ja die »östlichen« Inspiratoren, die zur Gründung aufgefordert hatten. Vor allem die an Diktat und Verordnung erinnernde Art der Beeinflussung sollte im weiteren das Wesen dieser anglo-indischen Theosophie auf Generationen hinaus bestimmen.

Diese in einem sehr wörtlichen Sinne zu verstehende *Orient*ierung, d.h. Ausrichtung nach Osten, läßt sich von der Zeitlage her verstehen: Die Kenntnis der reichen religiös-geistigen Tradition Asiens, vornehmlich des Hinduismus und Buddhismus, war in der zweiten Hälfte des 19. Jahrhunderts nur auf eine relativ kleine Anzahl von westlichen Gelehrten beschränkt. Selbst bei dem Gros der gebildeten, am westlichen Bildungskanon sich messenden Asiaten war die Beziehung zur eigenen Überlieferung weitgehend erloschen. Das Schulwesen wurde in Indien in zunehmendem Maß durch die christlichen Missionen beherrscht. Diese waren infolge der staatskirchlichen Einbindung praktisch Vollzugsorgane des westlichen Imperialismus. Die Kenntnisnahme östlicher Spiritualität war von dieser Seite her auf »Seelenrettung« und auf Überwindung des »Heidentums« ausgerichtet. Von einem tiefgehenden Verständnis für eine vor- bzw. außerchristliche Gottes- bzw. Geistesoffenbarung konnte somit von seiten der kirchlichen Missionstheologie auf Jahrzehnte hinaus nicht die Rede sein.

Von den damit zusammenhängenden religiösen Vorurteilen waren Blavatsky und Olcott samt Anhängerschaft unbelastet. So waren sie offen für eine relativ vorurteilsfreie Einschätzung der Heiligen Schriften des Ostens, des Yoga und der buddhistischen Erlösungswege. Eine engere Bezugnahme auf das Christentum empfahl sich den Theosophen nicht, weil es sich einerseits in Gestalt der missionierenden Kirchlichkeit darbot, andererseits ihrer eigenen Spiritualität und Esoterik entfremdet war. (Daran hat sich bis heute in den Kirchen kaum etwas geändert, wenn man an die Einschätzung von Gnosis und Mystik denkt!) Die Anpassung an die materialistische Wissenschaft und an die herrschende bürgerliche Moral, etwa der American middle-class, unterstrich diese Defizite nur noch. Ganz zu schweigen von dem weitverbreiteten religiös verbrämten Nationalismus und der pseudoreligiösen Rechthaberei in den Konfessionen und Sekten, die ihre Vorurteile auf die Missionsfelder hinaustrugen.

Der Ideologie von der Höherwertigkeit der alleinseligmachenden Kirche setzte die Theosophische Gesellschaft als Alternative den Willen entgegen, für alle Philosophien, Religionen und Wissenschaften offen zu sein, und zwar in selbstloser, humanitärer Gesinnung, ohne Rücksicht auf Rasse, Geschlecht, Hautfarbe, Nation oder Glaubensüberzeugung. Durchdrungen von der Gewißheit, daß allen Religionen ein gemeinsamer Wahrheitskern innewohne und daß es eine uralte Weisheit gibt, an der alle Menschen dieser Erde teilhaben, traten die Theosophen auch zum Angriff an, nämlich gegen Dogmatismus in den Religionen und gegen den weltanschaulichen Reduktionismus in den sich absolut setzenden Wissenschaften. Präsident Olcott, der sich um die organisatorische Ausformung der Theosophischen Gesellschaft sowie um deren wirksame Darstellung, vor allem in Indien, verdient gemacht hat, gab 1878 eine die Zielsetzungen nochmals zusammenfassende Erklärung heraus. In ihr heißt es u. a.:

> Die (Theosophische) Gesellschaft lehrt ihre Mitglieder und erwartet von ihnen, persönlich höchste Moral und religiöses Streben vorzuleben; dem wissenschaftlichen Materialismus und jeder Form dogmatischer Theologie entgegenzutreten...; die westlichen Nationen mit den lange unterdrückten Tatsachen über die religiösen Philosophien des Ostens, ihre Ethik, Chronologie, Esoterik und Symbolik bekannt zu machen...; ein Wissen über die erhabenen Lehren jenes reinen esoterischen Systems der archaischen Periode zu verbreiten...; schließlich und hauptsächlich bei der Errichtung einer Bruderschaft der Menschheit mitzuhelfen, in der sich alle guten und reinen Menschen jeder Rasse gegenseitig als die gleichen Wirkungen (auf diesem Planeten) einer unerschaffenen, universalen und immerwährenden Ursache anerkennen sollen.[12]

Damit waren die Ziele gesteckt. Es blieb kein Geheimnis: Vielen erschienen sie bei weitem zu hoch. Es entstanden zwar in aller Welt immer neue »Sektionen«, »Logen« und »Zweige«, d.h. Organisationsformen auf Länder- und Ortsebene. Die Mitgliedschaft wuchs, aber sie fluktuierte auch. Von den Gründungsmitgliedern blieb außer Olcott, Blavatsky und Judge kaum eines übrig. Immer wieder kam es vor, daß einzelne ausgeschlossen werden mußten. Prominente Mitglieder waren davon nicht ausgenommen, wollte die Gesellschaft ihren Ruf in der Öffentlichkeit nicht gefährden.

Die Bedürfnisse und Erwartungen waren naturgemäß unterschiedliche: Ein Teil der Theosophen legte Wert auf eine esoterische Vertiefung, d.h. auf eine möglichst konzentrierte Erarbeitung des theosophischen Lehrgutes. Das lag auch auf der Linie von H. P. B. und der »Mcister«. So entstand die von ihr geleitete, in relativer Unabhängigkeit vom Gesellschaftskörper agierende »Esoterische Schule« (E. S.). – Andere, auch Außenstehende, maßen die Bedeutung der Theosophischen Gesellschaft daran, welche Früchte für die Allgemeinheit abfielen, also welchen kulturellen oder gar politischen Einfluß die Theosophen nahmen. Ihnen antwortete H. P. B. in einem ihrer Briefe an William Q. Judge und an die amerikanischen Konvente:

> Theosophen sind notwendigerweise Freunde aller Bewegungen in der Welt, die intellektuell oder einfach praktisch für die Verbesserung des Zustands der Menschheit eintreten. Wir sind die Freunde aller, die gegen Trunksucht, Tierquälerei, Ungerechtigkeit gegenüber Frauen, Korruption in der Gesellschaft oder der Regierung kämpfen, mischen uns aber nicht in Politik ein. Wir sind die Freunde jener, die praktische Nächstenliebe ausüben und versuchen, die schreckliche Last des Elends zu erleichtern, die die Armen niederdrückt. Aber in unserer Eigenschaft als Theosophen können wir uns nicht speziell in irgendeiner dieser großen Aufgaben engagieren. Als einzelne können wir das tun ... (Man darf nicht vergessen), daß die Theosophen selbst arm sind, und daß die Gründer selbst ärmer sind als irgend jemand, und daß auf jeden Fall einer von ihnen, die bescheidene Schreiberin dieser Zeilen, kein Eigentum besitzt und für ihr tägliches Brot hart arbeiten muß, wann immer sie neben ihren theosophischen Pflichten Zeit dazu findet. Aufgabe der Theosophen ist es, das Herz und Verständnis der Menschen für Nächstenliebe, Gerechtigkeit und Großzügigkeit zu öffnen ...[13]

Daß H. P. B. mit gutem Beispiel voranging, dafür werden mancherlei Situationen berichtet, in denen sie dies unter Beweis stellte.

»Isis Unveiled« – »Die entschleierte Isis«

Zu den hervorstechenden Phänomenen, die das Leben und Schaffen von H. P. B. bestimmt haben, gehört zweifellos ihre Schriftstellerei. Wie man ihren zum Teil umfangreichen Büchern entnimmt, handelt es sich um Werke, die man nach Thematik und Inhalt viel eher aus der Feder eines Religionswissenschaftlers erwarten könnte als aus den Niederschriften einer nicht sonderlich gebildeten Frau, jedenfalls nicht von einer Frau des 19. Jahrhunderts, die keinerlei spezielle akademische Bildungsgänge absolviert hat. Und eben diese Tatsache machte H. P. B. einmal mehr zu einer rätselumwobenen Persönlichkeit. Ihr sind zum einen zugeschrieben: »Die entschleierte Isis«, »Die Geheimlehre« und »Der Schlüssel der Theosophie«. Zu diesen Hauptwerken gehören noch eine Anzahl Schriften sowie ungefähr eintausend Aufsätze, ferner ein umfangreicher Briefwechsel.[14]

Es war im Sommer 1875. Olcott berichtet, H. P. Blavatsky habe ihm eines Tages eine Reihe von Blättern gezeigt und erzählt: Das habe sie letzte Nacht »auf Weisung« (by order) geschrieben. Aber was das Spiel bedeuten soll, wisse sie nicht. Vielleicht sei das für einen Zeitungsartikel, für ein Buch oder auch für gar nichts. »Wie auch immer, ich machte das, wie es mir angeordnet wurde«, fügte sie wörtlich hinzu. Sie legte die Blätter in eine Schublade, und damit war die Sache für den Moment erledigt. Immerhin ließ sie gegenüber einem ihr nahestehenden Professor verlauten, daß jetzt, im Jahr 1875, ein besonderer Geschichtsmoment angebrochen sei: »Wir stehen auf der Schwelle zu einer neuen Epoche. Tausend Mysterien sollen eröffnet werden … Die Welt wird eine Erleuchtung erleben.«[15]

Diesbezüglich könnte man zurückfragen: War das die Überzeugung der Person »Nummer eins«, das heißt die der Russin Helena, oder sprach in solchen Momenten Instanz »Nummer zwei«, das »höhere Selbst«, die geheimnisumwitterte »H. P. B.« ...? Fest stand, daß jenes für die Schreiberin »unverständliche Zeug« bereits zu ihrem ersten, somit im Entstehen begriffenen Hauptwerk, »Isis Unveiled«, gehörte. Welchen Umfang, welchen Inhalt und welchen Aufbau das Buch bekommen würde, konnte zu diesem Zeitpunkt niemand wissen, am allerwenigsten die Schreiberin selbst.

Von da an sahen die ihr Nahestehenden H. P. B. in jeder freien Stunde am Schreibtisch sitzen. Bis in die Nächte hinein füllte sie Blatt um Blatt. Ein »feuriger Trieb« – wie es Jakob Böhme einmal von sich selbst gesagt hatte – ließ sie nicht ruhen. Ihrer in Rußland lebenden Tante Nadya teilte sie das mit; bisweilen sitze sie so bis zu siebzehn Stunden am Tag. Haberbrei stelle ihre Nahrung dar. Binnen zweier Jahre, im September 1877, lag dann das zweibändige, circa 1400 Seiten umfassende Opus bereits gedruckt vor, zweifellos ein Ereignis ganz besonderer Art, sowohl für die Theosophische Gesellschaft, der die »Entschleierte Isis« gewidmet wurde, als auch für die dafür interessierte Öffentlichkeit.[16]

Und gerade das mußte Argwohn erwecken. Woher sollte diese in intellektueller Hinsicht ganz und gar nicht außergewöhnliche russische Globetrotterin ihre Kenntnisse haben, selbst wenn man einräumt, daß sie sich seit ihrer Jugend für okkultistische Themen interessiert hat und eine Menge einschlägiger Erfahrungen auf ihren Reisen gemacht haben konnte? Im übrigen schrieb sie weder ihren großen Erstling noch alle anderen Bücher etwa in der Bibliothek des Britischen Museums oder in einer religionswissenschaftlichen Spezialbibliothek, sondern in ihrer New Yorker Wohnung, Eighth Avenue und Forty-Seventh-Street, oder wo immer sie sich gerade aufhielt. Die Möglichkeiten der Recherche und der Vergewisserung waren somit mehr als begrenzt. Wer beschaffte demnach die Fülle der Zitate und der Anspielungen?

So reagierten auch ihre unmittelbaren Freunde mit Erstaunen und Verwunderung, etwa der Arzt und Theosoph Franz Hartmann (1838–1912), der sie als Mitarbeiter und Reisebegleiter längere Zeit genau beobachten konnte. Mit einer Spur von Gereiztheit schärfte sie ihm einmal ein: »Wie oft muß ich dir und deiner Mutter wiederholen, daß mir diese Dinge diktiert werden und daß ich oft Manuskripte, Zahlen und Worte vor meinen Augen habe, von denen ich vorher nichts wußte.«[17] Man hatte bisweilen den Eindruck, sie schreibe ihre Texte von einer imaginären Vorlage ab oder sie folge einem nicht minder imaginären bzw. inspirativen Diktat. Und eben das behauptete sie selbst. Allein das Resultat, die materialreichen Bücher, war ja nicht zu leugnen, mochten die aneinandergereihten Stoffmassen auch noch einer gewissen Strukturierung und die Diktion oft genug da und dort einer Glättung bedurft haben. Dies erledigten H. St. Olcott und andere. Die Aussage als solche blieb davon unberührt.

Und diese Aussage nahm, speziell in »Isis Unveiled«, durchaus aggressive Züge an: Im ersten Band nahm Blavatsky die um Unfehlbarkeit bemühte Wissenschaft, im zweiten die in Dogmatismus und Rechthaberei verfangene Religion, d. h. das Kirchentum der westlichen Welt, ins Visier. Wie bereits im Vorwort zum Ausdruck gebracht, fühlte sie sich dazu ermächtigt, weil sie der intimen Freundschaft der östlichen Adepten und ihrer Weisheit gewiß sei. Von daher gesehen hat die Verfasserin für die große Erfahrung ihres Lebens Zeugnis abzulegen, nämlich daß es eine Weisheit gibt, in der die Wissenschaft der östlichen Weisen sich mit einer Religion verbindet, die Gewißheit schafft: Gewißheit der Existenz des Geistes, Gewißheit der Existenz Gottes, schließlich Gewißheit der menschlichen Unsterblichkeit.

Geht man unter dieser Perspektive die einzelnen Kapitel durch, dann sieht man, wie die Autorin auf Altes stößt, das sich mit neuen Namen benennen läßt: Sie verweist auf Phänomene und Kräfte, auf andere Bereiche und Dimensionen, während »blinde Blindenleiter« in den Grenzen materialistischer Engführung verharren möchten. Mensch und Welt manifestieren sich so, daß sie das rational-mentale Bewußtsein überschreiten. Auf einmal werden antike Vor-Bilder, östliche Überlieferungen zumindest interessant und erwägenswert; denn von einer Empfehlung jener alten Seelenwege kann nicht die Rede sein.

Aber eines stellt H. P. B. bereits im Vorwort heraus, ohne die Größe und die Anspruchsfülle ihres Unternehmens zu verkennen: Ihre Arbeit versteht sie als den Versuch, die hermetische Philosophie der Alten und die universale Weisheitsreligion in der Weise zu präsentieren, daß sie als brauchbarer Schlüssel – H. P. B. sagt: als der einzig mögliche Schlüssel – zum Aufschluß des Absoluten in Wissenschaft und Theologie angesehen werden können.[18]

Hart geht H. P. Blavatsky im zweiten Band dieses Werks mit der Kirche ins Gericht, ob es sich um deren Theologie handelt oder um deren Praxis beim Umgang mit den sogenannten Häretikern. Sie ergreift Partei für die Ketzer, die es wagten, den Eigenerfahrungen mehr zu trauen als den Setzungen der Autoritäten und Instanzen. Sie wagt Kabbala und Evangelium, Bibel und die Veden wägend einander gegenüberzustellen. Daß derlei Unternehmungen Provokationen darstellen und auch Korrekturen verlangen, wird niemand bestreiten wollen, es sei denn, man erklärte »Isis Unveiled« zur neuen Dogmatik. Das konnte jedoch nicht in der Absicht der Autorin gelegen haben. Aber inwiefern »Autorin«? Ist sie denn nicht eher Sekretärin, Schreiberin und damit Instrument derer, die diese merkwürdige Frau in den Dienst genommen haben, um sich »durch« sie hindurch zu manifestieren?

Wer schrieb Blavatskys Bücher?

An dieser Stelle wäre es angebracht, fortzufahren und auch die schon genannten anderen Werke in Augenschein zu nehmen. Nun gilt für »Isis Unveiled«, was – cum grano salis – auch auf »Secret Doctrine« und auf andere Texte dieser Gattung anzuwenden ist. Deshalb sei H. St. Olcott als einem der unmittelbar Beteiligten das Wort gegeben. Auf diese Weise kann man sich zugleich ein Bild davon machen, wie H. P. B. auf ihre Mitwelt gewirkt und welche Reflexionen sie dort angeregt hat.

In seinen für die Geschichte der theosophischen Bewegung immer noch aufschlußreichen Tagebuchblättern (»Old Diary Leaves«), mit deren Veröffentlichung Olcott ein Jahr nach dem Tod von H. P. B. (1892) begann, ging der Präsident der T. S. der immer wieder aufgeworfenen Frage nach: Wer schrieb eigentlich die entschleierte Isis?

In diesem Zusammenhang[19] stellt Olcott fest: »Als sie aus dem Orient nach Amerika kam (1874) und anfing, ›Isis Unveiled‹ zu schreiben, konnte sie kaum Englisch; dennoch sind durch ihre Hand die für das Buch wichtigsten Teile im besten gelehrten Englisch geschrieben, zugleich mit unglaublich vielen gelehrten Zitaten aus allen möglichen Sprachen. Während das Buch verfaßt wurde, hatte sie keine eigene oder fremde Bibliothek zur Verfügung...« Dafür nennt Olcott eine Reihe glaubhafter Zeugen.

Eine andere interessante Tatsache ist die, daß die zahllosen Manuskriptteile in unterschiedlichen Handschriften entstanden, als hätten ihr unterschiedliche Schreiber zugearbeitet –, übrigens ein Phänomen, das bei automatisch entstandenen Schriften nicht unbekannt ist. Auch da ist es durchaus möglich, daß sich, je nach Thema und Gegenstand, der Schriftduktus ein und derselben schreibenden Person in charakteristischer Weise ändert. Die naheliegende Vermutung einer medialen Übermittlung lehnt Olcott ab:

Alle gewöhnlichen Begleiterscheinungen des »Geisterverkehrs« durch spiritistische Mediumschaft fehlten... Auch habe ich schon früher ausführlicher dargestellt, daß jeder Wechsel in der Handschrift stets begleitet war von einer sehr auffallenden Veränderung in H. P. B.'s Erscheinung, Bewegungen, Ausdrucksweise und literarischer Leistungsfähigkeit. Wenn sie ihren eigenen Kräften überlassen war, so wurde das sehr leicht bemerkbar, denn dann war sie lediglich der ungeschulte schriftstellerische Anfänger, dann arbeitete sie mit der Schere und dem Leimtopf, dann war das Manuskript, das sie mir lieferte, entsetzlich fehlerhaft, und nachdem es durch Streichungen, Einfügungen, Radieren, Änderungen und orthographische Verbesserungen in ein unlesbares Gewirr verwandelt worden war, hatte ich ihr das Ganze in der Regel neu zu diktieren.

Was nun die einzelnen Handschriften anlangt, die von verschiedenen Schreibern bzw. Schreiberinnen zu stammen schienen, so hatte Olcott den Eindruck, das Geschriebene sei in seinen einzelnen Teilen jeweils auf einen bestimmten »Jemand« zurückzuführen. Und er ergänzt: »Jeder von ihnen schrieb nur über diejenigen Gegenstände, die für seine Wesenseigentümlichkeit bezeichnend waren. Wenn man mir damals irgendeinen Teil des ›Isis‹-Manuskriptes gezeigt hätte, so würde ich zu jeder Zeit genau haben angeben können, welcher Jemand es geschrieben hatte. Sie diente in allen diesen Fällen also nicht als ›Privatsekretär‹, sondern war so lange jene andere Person selbst geworden.«

Auf diese Weise wird H. P. Blavatskys Autorschaft an »ihren« Hauptwerken erheblich reduziert, sofern man davon ausgeht, daß nur derjenige als Autor eines vergleichbaren Buches anerkannt werden könne, der bei entsprechender Inspiration planend, recherchierend, formulierend und damit persönlich verantwortend geistig-literarisch an einem Text arbeitet. Olcott, der auf die Initiative der östlichen

Adepten und »Lehrer« von H. P. B. abhebt, betont demnach aufgrund seiner Beobachtungen, daß H. P. B.'s Mitarbeit an »Isis Unveiled« sehr viel minderwertiger sei als die von den Adepten für sie getane. »Dies ist wohl begreiflich, denn wie sollte sie, die keine eigenen Kenntnisse hatte, über so viele fernliegende Gegenstände ein gelehrtes Buch schreiben? In ihrem anscheinend ›normalen‹ Zustande las sie wohl ein Buch, strich sich die Stellen an, die ihr auffielen, schrieb etwas darüber, machte Fehler, verbesserte sie, besprach sich mit mir, ließ mich selbst darüber schreiben, unterstützte meine Intuitionen, erbat sich Material von Freunden und half sich auf diese Weise, so gut sie konnte, solange keiner von unsern ›Lehrern‹ bei uns war oder von ihr psychisch herbeigerufen werden konnte. Und sie waren keineswegs immer bei uns. Sie schrieb aber einmal ihrer Tante, daß, wenn ihr Meister mit anderen Aufgaben beschäftigt sei, er seinen Stellvertreter bei ihr ließe, und dieser sei ihr eigenes höheres Selbst ... Es mag sein, daß auch ihr eigenes höheres Selbst von ihrem Gehirn Besitz zu nehmen pflegte und daß dies auf mich den Eindruck machte, wie wenn dann ein Meister durch sie arbeitete.«

Was H. St. Olcott für das »Isis«-Buch bezeugt, das hat – ähnlich wie Wilhelm Hübbe-Schleiden, W. Q. Judge oder der führende englische Theosoph Bertram Keightly[20] – auch die H. P. B. nahestehende Gräfin Constance Wachtmeister für das Entstehen der »Geheimlehre« bestätigt[21]. Deren Zeugnis ist noch von besonderem Interesse, weil sie während der Würzburger Zeit (1885/86) der Niederschrift monatelang mit ihr zusammenlebte, also die alltäglichen Vorgänge in der Wohnung von Madame Blavatsky, Würzburg, Ludwigstraße 6, genauestens beobachten konnte. Eigens wäre zu berücksichtigen, daß Krankheiten und große körperliche Beschwerden der alternden Frau ebenso zu schaffen machten wie mancherlei seelische Belastungen. Ihre paranormal-schöpferischen Fähigkeiten aber schienen dadurch nicht beeinträchtigt gewesen zu sein.

Von denen, die sie gut kannten, wird H. P. B. – entgegen dem Augenschein der körperlich robust und bärenhaft anmutenden Madame – als sensibel und somit als seelisch besonders leicht verwundbar dargestellt. Abgesehen von diversen Spannungen und Enttäuschungen innerhalb der Mitgliedschaft der T. S. wurden ihr gewisse Vorgänge im indischen Hauptquartier in Adyar zum Verhängnis. Ihr Ruf, in Betrügereien verwickelt gewesen zu sein, rührt von daher.

In der biographischen Literatur ist von der sogenannten Coulomb- bzw. Hodgson-Affäre die Rede. Und das kam so: Nachdem »Isis« (1877) veröffentlicht und H. P. B. amerikanische Staatsbürgerin (1878) geworden war, verließ sie zusammen mit Oberst Olcott ein weiteres Mal Amerika und schiffte sich im Dezember dieses Jahres nach Indien ein. Zuerst ließen sie sich in Bombay, dann in Adyar bei Madras, dem endgültigen indischen Hauptquartier der Theosophischen Gesellschaft, nieder. Unterstützt durch die von Blavatsky geleitete Herausgabe der Zeitschrift »The Theosophist« (ab Oktober 1879), gedieh die Gesellschaft in Indien. Beide, auch der organisatorisch rührige Olcott, fanden in der hinduistischen wie buddhistischen Umwelt einen sympathischen Widerhall. Aber es fehlten auch Widerspruch und klerikale Gegnerschaft nicht. Durch die »Entschleierte Isis« war diese provoziert worden.

Die verhängnisvolle Entwicklung trat ein, als die von kirchlichen Missionaren herausgegebene indische Zeitschrift »The Christian College Magazine« Madame Blavatsky massiv angriff und ein von ihr ursprünglich unterstütztes, dann enttäuschtes Ehepaar, Mr. und Mrs. Coulomb, behauptete, von der Theosophin zum Betrug angestiftet worden zu sein. Behauptet wurde, daß weder die von H. P. B. genannten »Meister« existierten, noch die von ihnen empfangenen »Meisterbriefe« auf Wahrheit beruhten.

Die auch in Indien bekannt gewordenen paranormalen Phänomene seien von ihr auf betrügerische Weise erzeugt worden. Die angeblich empfangenen Briefe seien von ihr selber verfaßt worden. Kurz: Die berühmte Madame Blavatsky sei nichts anderes als eine simple Trickbetrügerin, die von ihr vertretene Theosophie bloßes Machwerk, das keinerlei Seriosität beanspruchen könne. Als Konkurrenzunternehmen zur christlichen Mission empfunden, schien den Gegnern jedes Mittel recht, ihrer Begründerin zu schaden und sie vor der Öffentlichkeit, nicht zuletzt vor den englischen Kolonialbehörden zu diskreditieren. Eine andere Beschuldigung, H. P. B. agiere als russische Spionin, hatte sich bereits als völlig haltlos erwiesen.

Daß besagtes Ehepaar Coulomb seinerseits in betrügerischer Weise vorging, echtes Briefmaterial durch Manipulation veränderte und im Haus der Beschuldigten in Abwesenheit der Hausfrau Indizien für ein Betrugsmanöver schuf, war noch nicht alles. Aus England kam Richard Hodgson, ein Mitarbeiter der Society for Psychical Research (SPR). Seine Untersuchungen führten zu dem Resultat, Madame Blavatsky sei »eine der vollendetsten, erfinderischsten und interessantesten Betrügerinnen der Geschichte«.[22]

Die Vorgehensweise Hodgsons bei der Zeugenvernahme und ähnliches mehr ist indes mehr als umstritten. Olcott, der als erfahrener Rechtsanwalt einst auf Regierungsebene mit der Untersuchung von Betrugsdelikten beschäftigt war und somit über einschlägige Erfahrungen verfügte, nahm sich der Sache an. In einem seiner Berichte schreibt er über H. P. B., indem er zunächst zu formalen Unzulänglichkeiten jener SPR-Untersuchung Stellung bezog:

> An dem Tag, an dem die Beschuldigung gegen sie (H. P. B.) erstmals in der »Times« veröffentlicht wurde, schrieb sie – damals in London – an jene Zeitung eine empörte Zurückweisung. Ich habe seitdem keinen Beweis

gesehen, der das Gegenteil aufrechterhielt. Die angeblichen Briefe an Mme. Coulomb wurden ihr oder mir nie gezeigt: Die Coulombs stehen unter der Selbstanklage eines unehrenhaften Charakters. Mr. Hodgsons Bericht spricht für seine damalige völlige Unkenntnis über psychische und mediumistische Gesetze und über die unumgänglichen Regeln für die spiritualistische Untersuchung, selbst von den allgemeinsten Regeln einer legalen Beweisführung ...[23]

Auf welch schwachen Füßen der Hodgson-Report stand, wird schließlich durch selbstkritische Verlautbarungen der eigenen Behörde erhärtet, veröffentlicht im SPR-Journal. Deren Mangel besteht nur darin, daß diese Selbstkritik der Society for Psychical Research der zu Unrecht beschuldigten und in ihrem Selbstgefühl schwer verletzten Frau zu Lebzeiten nicht mehr geholfen hat; die fragliche Verlautbarung kam ein volles Jahrhundert zu spät![24] Inzwischen ist H. P. Blavatsky mit dem Makel arglistiger Täuschung und ehrenrühriger Betrügereien behaftet geblieben, ein Odium, das in die eigene Anhängerschaft zurückschlug und gewachsenes Vertrauen zu zerstören vermochte. Die Geschädigte drang zwar darauf, die Angelegenheit in aller Öffentlichkeit durch Gerichte entscheiden zu lassen. Der Jurist Olcott aber riet indes aus okkulten, d. h. aus sachlichen Gründen von einer solchen Gegenaktion ab: Eine Justiz, der die hier als bekannt vorauszusetzenden spirituellen Hintergründe fremd sind, ist letztlich inkompetent bei der Wahrheitsfindung ...

»The Secret Doctrine« – »Die Geheimlehre«

Die durch die Coulomb- und Hodgson-Affäre ausgelöste tiefe Krise zwang die schwer erkrankte H. P. B. zur endgültigen Rückkehr nach Europa im zeitigen Frühjahr 1885.

Trotz weiterer Schädigung ihrer ohnehin labilen Gesundheit schien ihre literarische Produktivität dennoch ungebrochen. Ihre Anfang 1884 in »The Theosophist« veröffentlichte Ankündigung, »Isis Unveiled« neu zu schreiben und unter dem Titel »The Secret Doctrine« an die Öffentlichkeit zu bringen, wurde von ihr alsbald in die Tat umgesetzt. Es kam zu ernsten Spannungen innerhalb der Theosophischen Gesellschaft, auch im Verhältnis zu Olcott, der Blavatskys Arbeitsmethoden in gewisser Hinsicht mißbilligte. H. P. B. hielt all diesen Belastungen stand. Das neue noch umfangreichere Werk »Die Geheimlehre« nahm Formen an. Vollendet wurde es ebenfalls in einer Rekordzeit. Es verließ im Spätherbst 1888 die Presse. Ihre Autorin – sie selbst nennt sich im Vorwort bescheiden »Schreiberin« – entschuldigte sich dennoch für das relativ lange, durch Krankheit und durch die Größe des Unternehmens bedingte Ausbleiben der Publikation.

Wenn sich dieses Buch in der deutschen Ausgabe in drei dickleibigen Bänden und einem mehr als 300 Seiten umfassenden Registerband präsentiert, so fallen mancherlei von »Isis Unveiled« bekannte Stileigentümlichkeiten auf: insbesondere die überquellende Materialfülle und der bald assoziative, bald thematisch sprunghafte Gestus im Aufbau des Ganzen. Der »Kosmogenesis« betitelte erste Band wird durch rätselhafte »Sieben Strophen aus dem Buche des Dzyan« sowie durch kommentierende Ausführungen eingeleitet. Der hier angeblich erstmals vorgestellte Grundtext entspricht einem Weltschöpfungsmythos. Von ferne erinnert er an die sieben Schöpfungseinheiten im biblischen Buch Genesis.

Bei der bis in Einzelheiten gehenden Erklärung schöpft H. P. B. aus der Fülle der Überlieferungen der Völker und Religionen. Sie bietet damit eine bunte, ja verwirrende Zusammenschau von Symbolen und Mysterientraditionen. Was die Herkunft des »Buches Dzyan« anlangt, so verweist die Schreiberin auf das alte Zentralasien, während der bedeutende Kabbala-Forscher Gershom Scholem (1897–1982) die Nähe zur jüdischen Mystik hervorhebt.[25] Die Ursprungsfrage wird sich schwerlich klären lassen, zumal die Schreiberin in Tiefen geführt wird, die dem Ichwachen Bewußtsein des Gegenwartsmenschen denkbar fern stehen.

Das trifft für den zweiten Band, »Anthropogenesis«, in ähnlicher Weise zu, während der dritte Band, »Esoterik«, eine Sammlung von diversen, kaum auf einen gemeinsamen Nenner zu bringenden Fragmenten darstellt. Sie fanden sich im Nachlaß von H. P. B., waren also nicht für die »Geheimlehre« bestimmt. Es war ihre Nachfolgerin Annie Besant, die das Material zusammentrug und unter ausdrücklichem Hinweis auf die Problematik des Ganzen den Blavatsky-Freunden zugänglich machte. Der Leser müsse sich hier, wie überall, auf sein eigenes Urteil verlassen. Er dürfe das Vorgelegte nicht etwa als zweifelsfreie Kundgabe okkulter Weisheit entgegennehmen.[26] Damit ist einmal mehr darauf aufmerksam gemacht, wie schwierig der Umgang mit Texten ist, die aus Quellen stammen, deren geistiger Ursprung seinerseits zu immer neuen Rückfragen Anlaß gibt, also zur Kritik herausfordert.

Wie aus dem Berichteten hervorgeht, fiel ins Jahr der Veröffentlichung der »Geheimlehre« auch die Begründung der »Esoterischen Schule«, durch die es zu einer Intensivierung der theosophischen Arbeit in Europa und in Amerika kommen sollte. H. P. B. konzentrierte ihre Arbeit auf Europa, nachdem sie ihr Hauptquartier in London, Avenue Road 19, aufgeschlagen hatte und von dort aus, von 1890 an, die »Abwicklung aller offiziellen Tätigkeiten der Theosophischen Gesellschaft« auf dem Kontinent zu erledigen gedachte. Doch da waren ihre Tage bereits gezählt. Sie starb ein knappes Jahr später, am 8. Mai 1891, also noch vor Vollendung ihres 60. Lebensjahrs. Die ihr zugeschriebenen letzten Worte bezogen sich auf ihr Lebenswerk; es sind an ihre engsten Mitarbeiter gerichtete Worte der Beschwörung, für Kontinuität zu sorgen und nicht zuzulassen, daß ihre (H. P. B.s) diesmalige Inkarnation sich als ein Fehlschlag erweisen möge: »Keep the link unbroken. Do not let my last incarnation be a failure!«

Was sie nach Veröffentlichung der »Geheimlehre« in der ihr verbliebenen kurzen Zeit noch tun konnte, um Theosophie zu stabilisieren, auch gegenüber anderen Strömungen abzugrenzen und zu profilieren, das tat sie. In diesem Sinn wollte ihr nächstes Buch mit dem Titel »The Key to Theosophy« (Der Schlüssel zur Theosophie, 1889) verstanden sein. Es stellt eine Einführung dar und definiert theosophische Grundbegriffe. Eine meditative Vergegenwärtigung ihrer Lehre konnte diese Schrift aber nicht ersetzen. Die Autorin scheint selbst empfunden zu haben, daß es nicht reicht, lediglich okkultes bzw. religionsgeschichtliches Wissen vor ihren Lesern auszubreiten. Spirituelle Schulung erfordert mehr als nur die Kenntnisnahme von Daten und Interpretationen. In Zeitschriftenaufsätzen sowie in persönlichen Unterweisungen machte sie eine Reihe von Angaben für »okkulte Studien«[27], d. h. für die Praxis des spirituellen Weges und für die Lebensführung eines Geistesschülers (Chela).

Das kleine Buch »The Voice of the Silence« (Die Stimme der Stille) sollte sodann dem Bedürfnis ernsthaft strebender Schüler entsprechen. Ein übriges tat die Zeitschrift »Lucifer« (Lichtträger). Hierfür und für andere theosophische Blätter schrieb sie Beiträge. Zusammen mit Gräfin C. Wachtmeister betreute der ihr besonders gewogene amerikanische Mitbegründer W. Q. Judge die eigens ins Leben gerufene Theosophical Publishing Society. Besondere Studienzusammenkünfte zu den Stanzen des Buches »Dzyan« wurden anberaumt. So war sowohl für die extensive wie die intensive Wirksamkeit der Bewegung Sorge getragen.

Auch wenn H. St. Olcott H. P. B. überlebte und bis zu

seinem Tod im Jahre 1907 das Amt des Präsidenten innehatte, so war es für die Theosophische Gesellschaft zweifellos wichtig und auch eine persönliche Genugtuung für Blavatsky, daß sie ihre Nachfolgerin in der geistigen Führung der Bewegung noch in die Arbeit einführen konnte: die Engländerin Annie Besant (1847–1933). In William Q. Judge setzte sie ihr besonderes Vertrauen hinsichtlich der Führung der Esoterischen Schule, sei es in Amerika oder im indischen Hauptquartier in Adyar.

»The Voice of Silence« – »Die Stimme der Stille«

Im Vergleich zu den besprochenen Hauptwerken stellt »Die Stimme der Stille« ein Büchlein mit geringem Umfang dar. Es ging der Verfasserin darum, in ihm vermächtnishafte »Goldene Worte«[28] zusammenzutragen, wie sie östlichen Schülern der Mystik in die Hand gegeben werden, um ihrem spirituellen Leben eine entsprechende Ausrichtung zu geben. Sie selbst stellte das Büchlein nicht etwa als etwas Eigenes vor, sondern als eine von ihr unternommene »Übersetzung« aus einer Art von Texten, die den Stanzen des für die »Geheimlehre« grundlegenden Buches »Dzyan« vergleichbar sei. Hierzu erläutert sie:

> Die ursprünglichen »Vorschriften« sind auf dünnen, länglichen rechteckigen Tafeln eingraviert, Kopien davon sehr oft auf Scheiben. Diese Scheiben oder Platten werden im allgemeinen auf den Altären der Tempel aufbewahrt, die den Zentren der sogenannten kontemplativen oder Mahayana-(Yogacharya-)Schulen angeschlossen sind. Sie sind verschieden beschriftet, manchmal in Tibetisch, meistens jedoch in Ideographen.[29]

Es folgt eine Reihe weiterer Erläuterungen. Indes bleibt es dem Leser überlassen, in den folgenden Spruchweisheiten und Anordnungen wirkliche Übersetzungen aus einer asiatischen Sprache zu sehen oder, was viel wahrscheinlicher ist, Hervorbringungen ihres eigenen »höheren Selbst« als dem Instrument der sie inspirierenden »östlichen Meister«. In ihrem letzten im Mai 1891 in »Lucifer« veröffentlichten Aufsatz über ihre Bücher (»My Books«) hat sie nochmals den entscheidenden Anteil jener Instanzen genannt, unter deren Diktat sie als H. P. B. zeitlebens gestanden hat. Diese Hinweise dürften gerade auch in dieser Schrift ihre Gültigkeit besitzen. Da heißt es einleitend:

> Wer die Stimme des Nada, den »tonlosen Ton«, hören und verstehen will, muß zunächst die Natur von Dharana (Konzentration) begreifen lernen.
> Nachdem der Schüler gegenüber Objekten der Wahrnehmung gleichgültig geworden ist, muß er den Rajas (die Unstetheit) der Sinne, der die Gedanken schafft und die Illusion hervorbringt, ausfindig machen.
> Der niedere Gehirnverstand ist der Schlächter des Wirklichen. Der Schüler muß daher den Schlächter erschlagen.
> Denn:
> Wenn ihm seine eigene Erscheinungsform so unwirklich vorkommt wie im Wachzustand alle Formen, die er im Traume sieht;
> wenn er aufgehört hat, die vielen (Töne) zu hören, vermag er den Einen wahrzunehmen, den »inneren Ton«, der die äußeren zum Schweigen bringt;
> dann erst, nicht früher, wird er Asat, der falschen Region, entsagen, um in das Reich von Sat, zum Wahren, zu gelangen.
> Bevor die Seele sehen kann, muß die innere Harmonie erlangt und müssen die irdischen Augen für jede Illusion blind gemacht worden sein.
> Bevor die Seele hören kann, muß das Ebenbild, der Mensch, taub geworden sein gegen Getöse und Flüsterstimmen, gegen das Trompeten wilder Elefanten ebenso wie gegen das feine Sirren der goldenen Feuerfliege.

> Bevor die Seele begreifen und sich rückerinnern kann, muß sie eins geworden sein mit dem »stillen Sprecher«, so wie die Form, nach der Vorstellung des Töpfers, eine Einheit bildete.
> Dann wird die Seele hören und sich erinnern.
> Zum inneren Ohr wird dann die »Stimme der Stille« sprechen ...[31]

Zusammen mit einigen anderen Texten dieser Art (z.B. Mabel Collins »Light on the Path«) regte H.P. Blavatskys »Voice of Silence« viele ihrer theosophischen Schülerinnen und Schüler zur Pflege des inneren Lebens an. In der Frühzeit seiner theosophischen Wirksamkeit, als Rudolf Steiner noch dabei war, seinen spezifischen anthroposophischen Erkenntnisweg zu entwickeln, machte er sich die Ausführungen von H.P.B. zu eigen. Er legte eine Bruchstück gebliebene »Exegese zu Die Stimme der Stille« vor und unterbreitete sie seinen eigenen esoterischen Schülern: »Es kommt nicht darauf an«, so schrieb er in einem Brief 1904, »daß man über diese Sätze spekuliert, sondern darauf, daß man ein paar Minuten mit ihnen lebt. Dazu muß man sich ihren Inhalt vorher so angeeignet haben, daß man ihn mit einem geistigen Blick überschauen, geistig vor sich hinstellen und, ohne daß man über ihn spintisiert, hingebend auf sich wirken läßt. Denn nur dadurch wird die Meditation fruchtbar, daß man die zu meditierenden Gedanken in voller Ruhe auf sich einströmen läßt.«

Und in einem späteren Brief:

> ... Es kommt eben darauf an, daß man wieder und immer wieder *durch sich selbst* erlebt, was man sein soll und was man selbsttätig aus sich machen soll.«[32]

Und weil er zu diesem Zeitpunkt noch keine einschlägigen Übungsanweisungen im Druck hatte erscheinen lassen, etwa sein weitverbreitetes Schulungsbuch »Wie erlangt man Erkenntnisse der höheren Welten?«, fügte er seinem

Adressaten Zusätze zu seinen brieflichen Ausführungen bei. Seine (zumindest anfängliche) hohe Einschätzung der »Stimme der Stille« kommt darin zum Ausdruck:

> Das kleine Werkchen ... ist ganz aus *okkultem Wissen* heraus geschrieben. Und okkultes Wissen ist lebendiges Wissen, das heißt, es wirkt als Kraft auf den ganzen Menschen, wenn dieser sich meditierend damit durchdringt. Aber, wie ich schon einmal gesagt habe, es handelt sich dabei nicht um ein verstandesmäßiges Aufnehmen und Zergliedern dieses Wissens, sondern um eine völlige Hingabe an dasselbe. Nur wem es gelingt, das Bewußtseinsfeld für kurze Zeit ganz frei zu bekommen von allen Eindrücken des Alltags und sich ganz und gar für diese Zeit zu erfüllen mit dem Meditationsgedanken, der erhält die Frucht des Meditierens ...[33]

Aus dieser Weise des Umgangs ergibt sich, daß zumindest in diesem Punkt das Lehrgut von H. P. Blavatsky in dasjenige der Esoterischen Schule Rudolf Steiners einfloß und unter dessen erster Schülerschaft Verwendung fand. Insofern ging etwas von H. P. B.s Vermächtnis in Erfüllung, mit dem sie ihre Anhänger beauftragte, nämlich für spirituelle Kontinuität zu sorgen. Daß Steiner dies zwar bejahte, dann aber gemäß seiner anthroposophischen Zielsetzungen über diese Vorgaben hinausging, steht auf einem anderen Blatt.

H. P. B. und die Folgen

Da H. P. Blavatsky wiederholt schwer erkrankt war, wiederholt unter mysteriösen Umständen »durch ihre Meister« geheilt wurde, löste ihr tatsächlicher Tod nach vorheriger, offentsichtlich nicht abwendbarer Krankheit unter den führenden Theosophen tiefe Bestürzung aus. Die spirituelle Führerschaft war neu festzulegen, da die Verstorbene z. B. sowohl W. Q. Judge als auch der erst 1889 in die Gesellschaft eingetretenen Annie Besant die Leitung der »Esoterische Schule« (E. S.) zugesprochen hatte. So kam es einerseits zu organisatorischen Neuregelungen, z. B. zu einer Teilung in die westliche E. S. unter Judge und die östliche unter A. Besant; andererseits war der Anfang zu einer Reihe von Spaltungen gemacht, die inzwischen unverbunden mit unterschiedlich großer Mitgliederzahl und Arbeitsweise nebeneinander existierten. Die theosophische Idee einer weltweiten Bruderschaft mit humanitär-spirituellen Zielen regte in aller Welt zu (Logen-)Gründungen an.

In Deutschland gründete der Jurist und Kolonialfachmann Wilhelm Hübbe-Schleiden 1884 in Elberfeld (heute Wuppertal) die »Theosophische Sozietät Germania«. H. P. Blavatsky war mit den tragenden Mitgliedern, dem Fabrikantenehepaar Gebhard, eng befreundet. In den achtziger Jahren, zur Zeit der Niederschrift der »Geheimlehre«, genoß sie die Gastfreundschaft der Gebhards, mit denen auch Gräfin Constance Wachtmeister in Verbindung stand.

In der Monatsschrift »Sphinx« schuf Hübbe-Schleiden (1886–96) ein Organ, in dem die wichtigsten Vertreter der damaligen okkultistischen Szene mit Beiträgen vereint waren. Der Arzt und den Rosenkreuzern nahestehende Hochgradfreimaurer Franz Hartmann rief 1897 die »Internationale Theosophische Verbrüderung« (ITV) ins Leben. Die deutsche Sektion nannte sich »Theosophische Gesellschaft in Deutschland« (bis 1934). Zu einer anderen folgenreicheren deutschen Gründung kam es 1902 in Berlin, als die deutsche Sektion der ursprünglichen Theosophical Society gebildet wurde, an deren Spitze bis 1907 noch H. S. Olcott stand. In Zusammenarbeit mit Annie Besant fungierte 1902–13 Rudolf Steiner als der Generalsekretär dieser Gesellschaft. Die Anthroposophische Gesellschaft, die organisatorisch gesehen aus der anglo-indischen Theosophischen Gesellschaft herausgewachsen ist, begründete Steiner 1912 mit einem Großteil der deutschen Mitglieder. Die heutigen theosophischen Gesellschaften bzw. Vereinigungen werden naturgemäß dadurch bestimmt, ob sie sich im wesentlichen an der durch H. P. B. begründeten Tradition oder darüber hinausgehend an ihrer eigenen Führerpersönlichkeit orientieren.

Abgesehen vom Innenleben dieser und anderer Gruppierungen ist noch von einer Wirkung zu sprechen, die von den beiden Gründern, Blavatsky und Olcott, ausgegangen ist und deren geistesgeschichtliche Bedeutung nicht unterschätzt werden darf. Sie basiert auf der Maxime, daß »keine Religion höher als die Wahrheit« ist und daß allen Religionen so etwas wie ein spiritueller Kern zugrunde liegt. In einer Zeit, in der die christliche Mission der westlichen Kolonialmächte in Asien immer stärkeren Einfluß gewann, gerieten Hinduismus und Buddhismus unter Druck. Vor und nach 1900 war jedenfalls nicht zu erwarten, daß von der kirchlichen Theologie her für die östliche Spiritualität ein angemessenes Verständnis entwickelt werden würde. Es war vielmehr nur symptomatisch, wenn Missionspatres selbst die betrügerischen Manipulationen jenes Ehepaars Coulomb zu Hilfe nahmen, um H. P. Blavatsky auf üble Weise zu verleumden.

Sie und vor allem H. S. Olcott hatten aus ihrer Sympathie für die heiligen Schriften Indiens wie für den Buddhismus kein Hehl gemacht. 1881 erschien Olcotts »Buddhistischer Katechismus« in Colombo in erster Auflage; 1887 folgte in Leipzig die deutsche Version. Die Buddhisten Ceylons (Sri Lanka) wurden durch Olcott zur Selbstbesinnung ermutigt. Das wirkte sich bis in die Wiederbelebung des buddhistischen Schulwesens aus. So namhafte Vertreter des geistigen und politischen Lebens Indiens im 20. Jahrhundert wie Mohandas K. Gandhi oder Jawaharlal Nehru und dessen Tochter Indira Gandhi sowie Indiens Vizepräsident und Religionswissenschaftler Sarvepalli Radhakrishnan, Friedenspreisträger des deutschen Buchhandels von 1961, haben sich zu den geistigen Erneuerungsimpulsen bekannt, die von den Begründern der theosophischen Bewegung ausgegangen sind und die sowohl auf sie persönlich als auch ihr Land fruchtbar wirkten. Sowohl Gandhi als auch Pandit J. Nehru heben in ihren Autobiographien hervor, daß es die Theosophie gewesen sei, durch die sie erst das große Dokument Indiens, die Bhagavadgita, kennengelernt, und daß sie durch englische Theosophen die religiöse Sensibilität empfangen hätten, durch die sie in aller Welt geachtet sind.[34]

Diese und ähnliche Zeugnisse deuten darauf hin, welche historische Bedeutung die von H. P. Blavatsky ausgegangene Bewegung in einer Zeit erlangt hat, als die ersten Anstöße für eine Begegnung, wenn auch noch nicht für einen Dialog, zwischen den Religionen und Philosophien des Ostens und des Westens zu geben waren. Ganz uneingeschränkt ist der Wille, »alle Religionen, Sekten und Nationen unter einem gemeinsamen, auf ewigen Wahrheiten beruhendem System der Ethik miteinander zu versöhnen«, freilich nicht. In ihrem Spätwerk »Schlüssel zur Theosophie«, wo sie nochmals darauf aufmerksam macht, »daß es *eine* Wahrheit geben muß, die in all den verschiedenen Religionen ihren Ausdruck findet«, ist die Ausnahme unmißverständlich genannt: Es ist die jüdische Religion. Sie bleibt hier ausgeklammert. Warum? Weil nach H. P. B. der Theosoph die Vorstellung von einem »personalen, außerkosmischen und anthropomorphen Gott« bewußt ausklammert, »der letztlich nichts anderes als der gigantische Schatten des Menschen ist, und zwar nicht gerade des besten seiner Art...«[35]

Rudolf Steiner

Rudolf Steiner
Anthroposophie als spiritueller Erkenntnisweg

Rudolf Steiner und die Anthroposophie sind dadurch ins allgemeine Bewußtsein eingetreten, daß weittragende kulturelle Impulse von ihm ausgegangen sind, deren Fortwirken an der Wende zum dritten Jahrtausend noch nicht abgesehen werden können, und dies weltweit.[1] An dieser Stelle mag es genügen, an Aktivitäten wie die der Waldorfpädagogik, der Biologisch-Dynamischen Wirtschaftsweise sowie an solche medizinischer, heilpädagogischer, pharmazeutischer, künstlerischer und gesellschaftsreformerischer Natur zu erinnern. Der befruchtende Einfluß der Anthroposophie hat sich bisweilen auch dort Geltung verschafft, wo man nicht eigens registriert, durch wen entsprechende Anstöße angeregt wurden. Über der Breitenwirkung und über der praktischen Umsetzung anthroposophischer Anschauungen darf aber nicht vergessen werden, daß diese erst in einem langwierigen Erkenntnisprozeß errungen werden mußten und daß Anthroposophie (von griech. *anthropos*, »Mensch«, und *sophia*, »Weisheit«) nach dem Verständnis ihres Schöpfers als ein *Erkenntnisweg* zu verstehen ist, »der das Geistige im Menschenwesen zum Geistigen im Weltall führen möchte«.[2]

Der so bezeichnete Weg ist im wesentlichen philosophischer und spiritueller Natur. Das heißt: Ehe Steiner daran ging, »Erkenntnisse der höheren Welten« zu eröffnen, auch ehe er Anleitung gab, wie man diese Erkenntnisart »erlangt«[3], sorgte er in langjähriger Bemühung für eine angemessene philosophische Grundlegung der von ihm darzustellenden Esoterik. Es handelte sich zunächst um erkenntnistheoretische Arbeiten, die sich einerseits mit der zeitgenössischen Naturwissenschaft und Philosophie auseinandersetzten. Es liegt somit in der neueren Geistesgeschichte der seltene, wenn nicht der einmalige Fall vor, daß in Rudolf Steiner ein spiritueller Lehrer erst dann als solcher an die Öffentlichkeit trat, nachdem er einen gedanklichen und somit allgemein nachvollziehbaren Weg der geistigen Übung durchschritten und aufgezeigt hatte. Der Unterschied etwa zu H. P. Blavatsky und zu der von ihr dargestellten Theosophie liegt somit auf der Hand.

Bei Steiner hatten Gefolgsleute nicht auf Autorität hin blind zu »glauben«, man hatte nicht einen (östlichen) »Meister« oder »Eingeweihten« zu verehren. Man konnte und man sollte prüfen! Er selbst forderte dies als Bestandteil des anthroposophischen Wegs. Die hier gebildeten Vorstellungen müssen klar überschaubar sein. Suggestive Momente sind auszuschließen. Die Appelle richten sich auf dem Übungsweg an das bewußte, urteilsfähige Ich, nicht an bloße Gefühle oder Intuitionen.

Für die anthroposophische Lehrbildung ist dieses Moment auch in biographischer bzw. schicksalhafter Hinsicht bedeutsam. Das Auftreten Steiners als Geisteslehrer geschah zur Zeit seiner Lebensmitte, nachdem er eine schwere Seelenprüfung durchgestanden hatte.[4] So handelte es sich auch unter diesem Gesichtspunkt um eine erlebte und erprobte Esoterik. Indem er die Lösung seiner Lebenskrise als »das geistige Gestandenhaben vor dem Mysterium von Golgatha« auswies, machte er den christozentrischen Ansatz seiner »anthroposophisch orientierten Geisteswissenschaft« einsichtig. Daß »christlich« nicht im Sinne einer kirchlich-konfessionellen Engführung gemeint ist, ergibt sich aus Steiners speziellem Lebensgang. Es handelt sich um einen inneren Weg zu Christus, den zu zeigen er angetreten ist. Mit dieser Vorentscheidung ist für Leben und Werk Rudolf Steiners die erforderliche Markierung gesetzt.[5]

Unterwegs zur Geist-Erkenntnis

Am 25. (nach späteren, wohl nicht zutreffenden Angaben am 27.) Februar 1861 ist Rudolf Steiner im österreichisch-ungarischen Dorf Kraljevec als Sohn eines deutschstämmigen Bahnbediensteten geboren. Er wuchs in finanziell beengten Verhältnissen auf. Der erfolgreiche Abschluß der Oberrealschule in Wiener Neustadt eröffnete dem frühzeitig an naturwissenschaftlichen, philosophischen und technischen Fragen interessierten jungen Mann das Studium an der Technischen Hochschule in Wien. Die naturwissenschaftlichen Fächer ergänzte er im Sinne seiner weitgespannten Interessen, zu denen auch deutsche Literatur, namentlich die der deutschen Klassik, gehörte. Fächerkombination und Interessenlage führten dazu, daß Steiner noch während seiner Wiener Studienzeit mit der Herausgabe und Kommentierung der naturwissenschaftlichen Schriften Goethes betraut wurde. Diese, sowie Studien zu »Grundlinien einer Erkenntnistheorie der Goetheschen Weltanschauung« (1885) hatten Steiners Berufung an das Goethe-Schiller-Archiv in Weimar (1890) zur Folge. Bis 1897 war er als freier Mitarbeiter mit der Herausgabe bestimmter naturwissenschaftlicher Schriften im Rahmen der großen Sophien-Ausgabe betraut. Seine philosophische Ausbildung rundete er 1891 an der Universität Rostock durch die Promotion zum Dr. phil. mit einer Dissertation ab, die unter dem Titel »Wahrheit und Wissenschaft« erschien und von ihm als »Vorspiel« seiner »Philosophie der Freiheit ... Seelische Beobachtungsresultate nach naturwissenschaftlicher Methode« (1894) angesehen wurde. An den etwa siebenjährigen Weimarer Aufenthalt schloß sich die Übersiedelung nach Berlin an. Steiner arbeitete als freier Schriftsteller und u. a. als Herausgeber einer Kulturzeitschrift. Einige Jahre unterrichtete er an der von Wilhelm Liebknecht begründeten Arbeiter-Bildungsschule.[6]

Dieser bis in die Lebensmitte hineinreichende Zeitraum, in den die erwähnte »Seelenprüfung« fällt, ist nicht abzuschließen, ohne darauf hinzuweisen, daß Steiner schon in jungen Jahren eine traditionelle Spiritualität kennenlernte, die von ersten geistigen Eindrücken und entsprechenden Begegnungen begleitet war. Steiner erzählt davon, wie er beispielsweise mit einem schlichten, doch spirituell erfahrenen österreichischen Kräutersammler näher bekannt geworden sei. Auch deutet er die Begegnung mit dem Abgesandten eines »Meisters« an, ohne hierüber jedoch nähere Aufschlüsse zu geben. In einer für den französischen Theosophen Edouard Schuré im September 1907 notierten Aufzeichnung heißt es für die fragliche Zeit (d. h. vor 1890):

> Nicht sogleich begegnete ich dem M. [Meister] , sondern zuerst einem von ihm Gesandten, der in die Geheimnisse der Wirksamkeit aller Pflanzen und ihres Zusammenhanges mit dem Kosmos und mit der menschlichen Natur völlig eingeweiht war. Ihm war der Umgang mit den Geistern der Natur etwas Selbstverständliches, das ohne Enthusiasmus vorgebracht wurde, doch um so mehr Enthusiasmus erweckte.[7]

Im gleichen Zusammenhang gibt Steiner Hinweise darauf, wie er seine damaligen, vor seiner Parteinahme für die Theosophie getroffenen Engagements (z. B. für die Philosophie Nietzsches, den Monismus Ernst Haeckels, den Anarchismus Max Stirners) aus spiritueller Sicht gedeutet hat:

> Meine okkulten Kräfte wiesen mich darauf hin, in die Zeitströmungen unvermerkt die Richtung nach dem Wahrhaft-Geistigen fließen zu lassen. Man gelangt nicht zur Erkenntnis, wenn man den eigenen Standpunkt absolut durchsetzen will, sondern durch Untertauchen in fremde Geistesströmungen ... Da kam die Zeit, wo ich im Einklange mit den okkulten Kräften, die hinter mir standen, mir sagen durfte:

> du hast philosophisch die Grundlegung der Weltanschauung gegeben;
> du hast für die Zeitströmungen ein Verständnis erwiesen, indem du so diese behandelt hast, wie nur ein völliger Bekenner sie behandeln konnte;
> niemand wird sagen können: dieser Okkultist spricht von der geistigen Welt, weil er die philosophischen und naturwissenschaftlichen Errungenschaften der Welt nicht kennt...
> Nun konnte ich mich der Theosophie öffentlich widmen.[8]

Damit ist der Punkt bezeichnet, von dem aus die Entfaltung der von ihm zu vertretenden Anthroposophie ihren Lauf nehmen konnte. Wenn man die umrissene erste Lebenshälfte Steiners seine »voranthroposophische« Zeit nennt, dann ist doch nicht zu verkennen, daß in ihr bereits wesentliche methodische Grundlagen der Anthroposophie vorbereitet worden sind.

In der Theosophischen Gesellschaft

Bei kritischer Betrachtung Steiners und seiner Anthroposophie wird – oft in kurzschlüssiger Weise – darauf hingewiesen, daß diese aus der Theosophie H. P. Blavatskys und Annie Besants hervorgewachsen sei. Es wird unter Umständen gar der Eindruck erweckt, es handle sich dabei nicht um eine eigenständige Begründung, sondern lediglich um eine mehr oder weniger abgewandelte Fortsetzung der anglo-indischen Theosophie. Alles sei eben »schon einmal dagewesen«.[9] Die Reaktion fiel von seiten der Anthroposophie entsprechend abweisend aus. Man fühlte sich dazu um so mehr berechtigt, als Steiners philosophischer und erkenntnistheoretischer Werdegang, ferner seine Verankerung im mitteleuropäischen Geistesleben auf diese Weise unterschätzt worden ist. Das hatte zur Folge, daß die um 1900 einsetzende intensive Beschäftigung Steiners mit jenen theosophischen Anschauungen gesellschaftsintern stark relativiert wurde. So entstanden an beiden Fronten einseitige Darstellungen. Steiner wurde – in anderer Hinsicht als H. P. B.! – zu einer schillernden Persönlichkeit.

Bei eingehender Betrachtung der historischen Sachverhalte und Vorgänge wird man zu einer Beurteilung kommen müssen, die beide Tatsachenketten berücksichtigt: einerseits Steiners Ansatz bei Goethe, dem deutschen Idealismus und am »Christusimpuls«; andererseits seine zumindest zeitweiligen Anleihen bei der anglo-indischen Theosophie. Und die waren unverkennbar. Man muß nur seine Aufsätze in der von ihm zeitweilig herausgegebenen Zeitschrift »Luzifer« bzw. »Lucifer-Gnosis«[10] oder seine vor 1910 gehaltenen internen Vorträge daraufhin durchsehen.

Auf die anglo-indische Theosophie war Steiner schon während seiner Wiener Zeit, d. h. vor 1890, gestoßen. Einige seiner Bekannten standen ihr nahe, darunter sein engster, mit der esoterischen Überlieferung wohlvertrauter Freund Friedrich Eckstein. Er fungierte als Generalsekretär der österreichischen Sektion der Theosophical Society und war mit H. P. Blavatsky bekannt. Dennoch verhielt sich Steiner dem Schrifttum und der Anhängerschaft dieser Bewegung gegenüber bis in die Berliner Jahre hinein reserviert. Zu fern standen seinem philosophischen Streben die dort vertretenen Anschauungen. Eine Änderung trat für ihn jedoch ein, als sich zeigte, daß theosophische Kreise in Berlin an Steiners Vorträgen über Nietzsche, dann auch über die deutsche Mystik sowie über das Christentum als »mystische Tatsache« starkes Interesse bekundeten.[11] Die Entwicklung ging dahin, daß Rudolf Steiner und die ihm freundschaftlich verbundene baltendeutsche Schauspielerin Marie von Sivers an die Spitze der neu zu begründenden deutschen Sektion der Theosophischen Gesellschaft traten; Steiner als Generalsekretär, Marie von Sivers als seine engste Mitarbeiterin.

Steiner ließ zwar keine Zweifel darüber aufkommen, aus welchen geistigen Quellen er schöpfte. Er hob hervor, daß er sich an der christlichen Theosophie und an der rosenkreuzerischen Geistesströmung ausrichtete, wenn er seine eigenen Erkenntnisse formulierte. Aber er arbeitete sich auch rasch in die theosophische Denkungsart ein, machte sich mit dem Schrifttum H. P. Blavatskys und dem der anderen Theosophen vertraut. In seinen eigenen Schriften und Vorträgen machte er in der ersten Zeit von der theosophischen Terminologie mit ihren aus dem Sanskrit abgeleiteten Begriffen Gebrauch. Die von ihm herausgegebene Zeitschrift »Luzifer« (später »Lucifer-Gnosis«) entsprach dem schon von H. P. B. verwendeten Titel. Die Einrichtung eines esoterischen Kreises (E.S. = Esoterische Schule) für bewährte Mitglieder konnte als Fortführung einer Einrichtung der Blavatsky-Theosophie verstanden werden, wenngleich er gerade auch in dieser Hinsicht spirituelle Eigenständigkeit anstrebte.[13]

Rosenkreuzerische Spiritualität

Man sieht, wie stark er sich zwischen 1902 und 1912 an diese älteren Vorstellungen anschloß: Er stellte H. P. Blavatskys Bedeutung mehrfach heraus; er würdigte ihre und deren Nachfolgerin Verdienste; er empfahl Blavatsky-Texte und andere theosophische Vorlagen zur Meditation für seine spirituellen Schüler. Gleichzeitig war er in zunehmendem Maße darauf bedacht, die von ihm betriebene Geistesschulung bei aller hohen Einschätzung der östlichen Tradition ihr gegenüber unabhängig zu halten. Für diese Bemühung gibt es auch von Annie Besant einen bemerkenswerten Beleg. In einem an den deutschen Theosophen Wilhelm Hübbe-Schleiden gerichteten Schreiben findet dies seinen Ausdruck:

> Dr. Steiners okkulte Schulung ist von der unserigen sehr verschieden. Er kennt den östlichen Weg nicht, daher kann er ihn auch nicht lehren. Er lehrt den christlich-rosenkreuzerischen Weg, der für manche Menschen eine Hilfe, aber von unserem verschieden ist. Er hat seine eigene Schule und trägt auch selbst die Verantwortung dafür. Ich halte ihn für einen sehr guten Lehrer in seiner eigenen Richtung und für einen Mann mit wirklichen Erkenntnissen. Er und ich arbeiten in vollkommener Freundschaft und Harmonie, aber in verschiedenen Richtungen.[14]

Anzumerken ist an dieser Stelle, daß die am 7. Juni 1907 niedergeschriebenen Zeilen in einem Augenblick geäußert wurden, in dem Steiner in seinen Vorträgen mit einer gewissen Nachdrücklichkeit den rosenkreuzerischen Akzent seiner Bemühungen hervorhob, freilich ohne die von ihm vertretene Anthroposophie mit dem historischen Rosenkreuzertum zu identifizieren. Wichtiger als eine derartige Anknüpfung an historische Gegebenheiten, auf die er in anderen Zusammenhängen durchaus Wert legte, war ihm hier die rosenkreuzerische Geistesart als solche. In seiner Interpretation der Grundschrift »Chymische Hochzeit Christiani Rosenkreuz«[15] charakterisiert Steiner diese Spiritualität in der Weise, daß er diese, d. h. die rosenkreuzerisch ausgerichtete Alchymie, der Spiritualität des Mystikers gegenüberstellt. Steiner legt dar, wie es dem Rosenkreuzer darum gehe, »von der übersinnlichen Erkenntnis der Natur ausgehend ... zum Anschauen der übersinnlichen Wesenheit des Menschen« zu gelangen:

> Durch diesen Forschungsweg ist er Alchymist, in Gegensatz zu dem Mystiker im engeren Sinne. Auch dieser strebt nach einem anderen Erleben der Menschenwesenheit, als sie durch das gewöhnliche Bewußtsein möglich ist. Aber er wählt nicht den Weg, der zu einem vom physischen Leibe unabhängigen Gebrauch des Bildekräf-

teleibes (Äther- oder Lebensleib) führt ... Der Alchymist strebt danach, sich mit seinem bewußten Wesen aus dem gewöhnlichen Zusammenhang des Leiblichen herauszuziehen und in die Welt einzutreten, welche als »Geistiges der Natur« hinter dem Bereich der sinnlichen Wahrnehmungswelt liegt ... Echte Mystik ist bestrebt, das nach dem menschlichen Innern zu gelegene geistig Wesenhafte des Menschen, das von der Sinneswahrnehmung für das gewöhnliche Bewußtsein *überdeckt* wird, zu erleben. Echte Alchymie macht sich unabhängig von der sinnlichen Wahrnehmung, um das außerhalb des Menschen vorhandene geistig Wesenhafte der Welt zu schauen, das von der Sinneswahrnehmung *verdeckt* wird ... Die Forschungswege des Mystikers und des Alchymisten liegen nach entgegengesetzten Richtungen. Der Mystiker geht unmittelbar in das eigene Geistwesen des Menschen hinein. Sein Ziel ist, was die *Mystische Hochzeit* genannt werden kann, die Vereinigung der bewußten Seele mit der eigenen geistigen Wesenheit. Der Alchymist will das Geistgebiet der Natur durchwandeln, um nach der erfolgten Wanderung mit den in diesem Gebiet erworbenen Erkenntniskräften das Geistwesen des Menschen zu schauen. Sein Ziel ist die *Chymische Hochzeit*, die Vereinigung mit dem Geistgebiet der Natur. Nach dieser Vereinigung erst will er die Anschauung der Menschenwesenheit erleben ...[16]

Ohne im einzelnen zu kommentieren, was Steiner unter »Mystik« bzw. »Alchymie« versteht, wird man zusammenfassend sagen können: Die von ihm vertretene Anthroposophie beschränkt sich nicht auf eine so oder so zu definierende mystische Innerlichkeit, auch nicht allein auf *Selbst*erkenntnis. Vielmehr bezieht sie – und darin kann sie als rosenkreuzerisch gelten – *Welt*erkenntnis bewußt ein; eine Welterkenntnis, von der gestalterische Kulturimpulse ausgehen. Wie ersichtlich, stellt die Anthroposophie die praktische Umsetzung dieser Zielsetzung dar. Ehe das im einzelnen geschehen konnte, bedurfte es aber der esoterischen Grundlegung. Ihr sind zahlreiche Vorträge Steiners gewidmet.

Da ist zunächst der Aufweis des rosenkreuzerischen Einweihungswegs, den Steiner im Gegenüber – nicht im Gegensatz! – zum Innenweg der christlichen Mystik wiederholt geschildert hat. Nun kann der mystische Pfad, etwa anhand des Johannesevangeliums, als ein siebenteiliger Prozeß angesehen werden, der die Stadien der Christus-Passion und -Vollendung kennt:

Fußwaschung
Geißelung
Dornenkrönung
Kreuzigung
mystischen Tod
Grablegung
Auferstehung/Himmelfahrt.

Dagegen ist die rosenkreuzerische Einweihung mit folgenden Stufen gekennzeichnet:

Studium
Imaginative Erkenntnis
Inspirative Erkenntnis
Bereitung des Steins der Weisen
Entsprechung zwischen Mikrokosmos und Makrokosmos
Hineinleben in den Makrokosmos
Gottseligkeit.

Der christlich-mystische Weg entspricht insbesondere einer Intensivierung des Gefühlserlebens. Das erinnert an den Durchgang durch die 14 Kreuzwegstationen im römisch-katholischen Kultus (Kalvarienberg):

> Das Durchgehen durch demütig hingebungsvolle Zustände stellt das Wesen der christlichen Einweihung dar. Wer sie so ernsthaft durchgeht, der erlebt seine Auferste-

> hung in den geistigen Welten. Nicht jeder kann das heute durchführen. Daher ist es notwendig, daß eine andere Methode besteht, die zu den höheren Welten hinaufführt. Das ist die rosenkreuzerische Methode.[17]

Der rosenkreuzerische Weg schaltet Gefühlserlebnisse keineswegs aus, aber er appelliert stärker an das Erkenntnisbedürfnis, wie es in einer geistigen Erfassung von Mikrokosmos und Makrokosmos zum Ausdruck kommt. Zwar kann nicht jedem Mystiker nachgesagt werden, daß sein Innenweg einer Weltflucht entspricht; dieser Gefahr sind aber nicht wenige erlegen, wie die Geschichte der Mystik zeigt. Der von Steiner in Fortführung der christlichen Theosophie (z. B. eines Jakob Böhme) beschrittene Weg ist jedenfalls kein In-sich-Hineinbrüten, um da drinnen »Gott« zu finden. Daher sein Hinweis:

> Wer nur von diesem Hineinbrüten spricht, kommt niemals zur wirklichen Erkenntnis. Zu dieser zu kommen auf dem Wege der rosenkreuzerischen Theosophie ist unbequemer und erfordert konkretes Arbeiten. Die Welt ist voller Herrlichkeiten und Großartigkeiten. Man muß sich *in sie* vertiefen: Man muß den Gott in seinen Einzelheiten kennen, dann kann man ihn in sich selbst finden, und dann lernt man den Gott erst in der Ganzheit kennen. Die Welt ist wie ein großes Buch. In den Schöpfungen haben wir die Buchstaben dafür; die müssen wir lesen von Anfang bis zu Ende. Dann lernen wir das Buch Mikrokosmos und das Buch Makrokosmos von Anfang bis zu Ende lesen. Und das ist dann kein bloßes [rationales] Verstehen mehr; es lebt sich aus in Gefühlen, es schmilzt den Menschen zusammen mit der ganzen Welt, und er empfindet alle Dinge als den Ausdruck des göttlichen Geistes der Erde. Ist der Mensch so weit, dann handelt er ganz von selbst aus dem Willen des ganzen Kosmos heraus, und das ist die Gottseligkeit ... Die rosenkreuzerische Schulung läßt uns wirken, was in der physischen

> Wirklichkeit ausgebreitet ist als die Göttlichkeit der Erde, und läßt es in Empfindungen ausklingen ... Die Rosenkreuzer-Theosophie will nicht in Gefühlen schwelgen, sie will die Tatsache des Geistes vor Augen führen. Der Mensch muß mitarbeiten. Er muß durch die Tatsachen, die er in der Schilderung empfangen hat, sich anregen lassen ...«[18]

Wie wichtig ihm das rosenkreuzerische Motiv war, geht aus der Vielfalt der Bezugnahmen im Vortragswerk hervor. Sie finden sich bis zu den Vorträgen, die er im Zusammenhang der Neubegründung der Anthroposophischen Gesellschaft (1923/24) gehalten hat.[19] Darin sind einerseits imaginative Schilderungen von Situationen in »Rosenkreuzerschulen« der Vergangenheit enthalten. Sie dürfen nicht mit historischen Tatsachen verwechselt werden, wie es bisweilen geschieht! Andererseits ist gelegentlich auch auf Erlebnisse angespielt, die der Wiener Student Rudolf Steiner in der Begegnung mit einem österreichischen Kräutersammler gemacht hat.[20] Wesentlich ist in jedem Fall, das Rosenkreuzertum nicht als eine restaurative Aufgabe zu verstehen, sondern die ihr innewohnende Spiritualität ins heutige Bewußtsein zu integrieren.[21]

Zur Einschätzung von H. P. Blavatsky

Brachte es die Verbindung mit der Theosophischen Gesellschaft mit sich, daß Steiner sich als deren deutscher Generalsekretär auch mit dem anglo-indischen Schrifttum dieser Bewegung auseinandersetzte, so hatte er naturgemäß Anlaß, zu H. P. Blavatsky und ihren Schriften Stellung zu beziehen. Der in der Gesellschaft alljährlich gefeierte »Weiße Lotus-Tag«, d. h. Blavatskys Todestag am 8. Mai, bot Steiner dazu wiederholt Gelegenheit, zum Beispiel am 8. Mai 1910:

Zu diesem Zeitpunkt, als sich schon Divergenzen mit der von Annie Besant verfolgten Linie abzuzeichnen begannen, rühmte Steiner H. P. B. nicht nur als »die große Anregerin«, sondern geradezu als eine Individualität, die »aus den geistigen Welten heraus fortwirken kann in unsere Gegenwart und in die Zukunft hinein«.[22] Der Vortragende war sich gleichwohl bewußt, daß Madame Blavatsky mit ihrer besonderen als Medialität zu bezeichnenden Begabung letztlich nur ein »Instrument« anderer war. Man dürfe ihr keinen Persönlichkeitskultus zelebrieren – eine in der T. S. (nur in ihr?) drohende Gefahr. Es bestehe daher grundsätzlich die Verpflichtung, jede Lehre »selbst zu prüfen, und zwar an der Wahrheit die Persönlichkeit zu prüfen, und nicht die Wahrheit an der Persönlichkeit...«[23] Und wenn gleichzeitig von einer fortdauernden Wirksamkeit von H. P. B. gesprochen wird, dann nur, indem man diese Frau als Anregerin, nicht aber als eine blind zu verehrende Autorität betrachtet.

Wenn Steiner noch zwei Jahre später, wenige Monate vor Begründung der Anthroposophischen Gesellschaft, erklärte, er fühle sich »in vollem Einklang mit der Individualität von H. P. Blavatsky«[24], dann ließ er doch keinen Zweifel darüber aufkommen, wo er ihr gegenüber prinzipielle Vorbehalte erblickt, nämlich in ihrer Verkennung der Christus-Erscheinung: »Die Notwendigkeit der theosophischen Bewegung für das Christus-Erlebnis, das ist etwas, was der Blavatsky ganz verschlossen war. Ihr oblag es, hinzuweisen auf den Wahrheitskern in den Religionen der arischen Völker. Vollständig verschlossen war ihr, die alt- und neutestamentlichen Offenbarungen zu verstehen...« Daher war für Steiner H. P. B. zwar »die Bringerin einer Art von Morgenröte eines neuen Lichtes«. Aber er mußte sich sagen:

> Eine Theosophie, welche nicht die Mittel hat, das Christentum zu begreifen, ist für die gegenwärtige Kultur absolut wertlos... Dadurch aber ehren und anerkennen

> wir H. P. Blavatsky, wenn wir über sie hinausgehen, wie sie über das hinausgegangen ist, was vor ihr war, solange uns die Gnade der Weltentwickelung geistige Offenbarungen aus der geistigen Welt geben kann. Das wollen wir heute als eine Gewissensfrage vor unsere Seelen hintreten lassen ...[25]

Mit dieser spirituellen Positionsbestimmung hatte er das Ereignis der endgültigen Trennung von Theosophischer und von Anthroposophischer Gesellschaft vorhergesagt. Sie wurde 1912/13 vollzogen.

Der im nachfolgenden Kapitel zu schildernde Sachverhalt bezog sich auf die von Annie Besant und Charles W. Leadbeater samt Anhängerschaft inszenierte Ausrufung von Jiddu Krishnamurti als neuer Weltlehrer, was faktisch der Proklamation eines wiederverkörperten Christus entsprach. Damit war die Einmaligkeit der Inkarnation des Christusgeistes in Jesus von Nazareth in Frage gestellt.

So liegt der Tatbestand vor, daß sich endlich die Geister an der Christus-Frage zu scheiden hatten. Veranlagt war diese Divergenz bereits von Blavatsky her. Allein der von ihr und der theosophischen Bewegung im 19. Jahrhundert gegebene Anstoß zu einer spirituellen Erneuerung rechtfertigte Steiners zeitweiligen Anschluß an deren Gesellschaft, in der sich die Menschen fanden für Steiners Intentionen zu einer christlich-rosenkreuzerischen Spiritualität. Er sprach von »heimatlosen Seelen«, die in dem vom Materialismus dominierten 19. Jahrhundert auf verschiedenen Wegen nach einer neuen Geistigkeit suchten. In seinen Vorträgen über die Geschichte der anthroposophischen Bewegung hat Steiner die Vorgänge um H. P. Blavatsky im Zusammenhang nochmals beleuchtet.[26]

»Wie erlangt man Erkenntnisse der höheren Welten?«

Weil ein Großteil der Lebensleistung von H. P. Blavatsky darin bestand, als Instrument inspirierender Instanzen zu dienen und für Phänomene zur Verfügung zu stehen, wie sie von medial begabten Menschen bekannt sind, stand die Vermittlung entsprechender Inhalte im Vordergrund, vor allem in Gestalt der umfangreichen Hauptwerke. Dagegen erhielten Texte einer »okkulten« Schulung bzw. der spirituellen Übung von ihr eine viel geringere Bedeutung zugewiesen.

Anders bei Rudolf Steiner: In seiner Biographie spielte das pädagogische Moment eine das ganze Leben begleitende Rolle. Als Student in Wien war er mehrere Jahre als Hauslehrer tätig; als freier Schriftsteller in Berlin unterrichtete er an der Arbeiter-Bildungsschule; seine davon unabhängige umfangreiche Vortragstätigkeit kann ebenfalls als umfassende Bildungsarbeit gesehen werden; als Begründer der Waldorfschule in Stuttgart bildete er Lehrer aus, schuf das bekannte Schulkonzept und war bis zum Ende seiner Arbeitsfähigkeit der Leiter dieser Institution. Mit Übernahme der Verantwortung für die deutsche Sektion der Theosophischen Gesellschaft (1902) wuchs ihm die Aufgabe eines spirituellen Lehrers zu. Er hatte nicht allein theoretisches Wissen über okkulte bzw. spirituelle Zusammenhänge zu vermitteln, sondern, wie er es damals programmatisch ausdrückte, »Geistesschüler auf die Bahn der Entwicklung zu bringen«. Allein darin wollte er seine »Inaugurationstat« erblicken. So geschah es dann. Anthroposophie wurde in erster Linie zu einem Erkenntnisweg mit bestimmten Übungen.

Wenn Steiner, schon aus gebotener Loyalität, anfangs die bereits vorhandene spirituelle Literatur theosophischer Herkunft verwendete und für die Mitgliedschaft kommentierend erschloß, so stellte er sich gleichzeitig die Aufgabe, eigenständige Schulungsbücher zu verfassen.

Das erfolgte in Vortragsform, in Aufsatzreihen sowie in Büchern, die zum Teil daraus entstanden sind. An dieser Stelle unserer Betrachtung ist nun das Wesen der anthroposophischen Übungen in knapper Skizzierung zu beschreiben.

Seiner grundlegenden Einführung in die übersinnliche Welterkenntnis und Menschenbestimmung, der er den eigentümlichen Titel »Theosophie« gab, fügte er ein Kapitel an, das dem »Pfad der Erkenntnis« gewidmet ist. Darunter versteht Steiner eine »Geisteswissenschaft« (d. i. Wissenschaft vom Geist), die sich grundsätzlich jeder Mensch aneignen kann. Um sie zu vermitteln, wählt er ein »Gedankenbild der höheren Welten«. Das besagt: Der erste zu vollziehende Schritt hat mit dem Denken, d. h. mit der Betätigung der Gedankenkraft, zu beginnen. Diese Kraft ist es, die einerseits für Klarheit sorgt, Bewußtheit voraussetzt und in der Lage ist, die im Menschen schlummernden Anlagen im Sinn einer spirituellen Entwicklung zu erwecken. Das geistige Wissen anderer ist dann von Wert, wenn es nicht durch blinden Glauben, sondern mit der Bereitschaft zu vorurteilsfreier Prüfung entgegengenommen wird. Denkend sind die Gedanken, die Einsichten, die Erfahrungen anderer zu durchdringen:

> Was hier in Betracht kommt, wird richtig nur derjenige anschauen, der bedenkt, wie alles Wissen von seelischen und geistigen Welten in den Untergründen der menschlichen Seele ruht. Man kann es durch den Erkenntnispfad heraufholen. »Einsehen« kann man nicht nur das, was man selbst, sondern auch, was ein anderer aus den Seelengründen heraufgeholt hat. Selbst dann, wenn man selbst noch gar keine Veranstaltungen zum Betreten des Erkenntnispfades gemacht hat. Eine richtige geistige Einsicht erweckt in dem nicht durch Vorurteile getrübten Gemüt die Kraft des Verständnisses. Das unbewußte Wissen schlägt der von andern gefundenen geistigen Tat-

> sache entgegen. Und dieses Entgegenschlagen ist nicht blinder Glaube, sondern rechtes Wirken des gesunden Menschenverstandes...

Steiner fügt hinzu:

> Man kann gar nicht stark genug betonen, wie notwendig es ist, daß derjenige die ernste Gedankenarbeit auf sich nehme, der seine höheren Erkenntnisfähigkeiten ausbilden will.

Wer auf diesem Feld bereits zu Eigenerfahrungen gelangt ist und sieht, welch ein Überangebot an Mitteilungen aus den »höheren Welten« allein auf dem anthroposophischen Feld inzwischen vorliegt, der wird mit der Auswahl solcher Erkenntnismitteilungen besonders behutsam umgehen. Die Gefahr besteht bei allzu vielen, dieses Material des Geistesforschers bereits als Eigenerkenntnis mißzuverstehen. Wichtiger als die Fülle des Wissens anderer ist das in aller Bescheidenheit und Begrenztheit *Selbst*errungene.

Der andere Punkt, auf den Steiner selbst zu sprechen kommt, ist die Voraussetzung »absoluter Gesundheit des Seelenlebens«. Aber wer prüft sie? Wer korrigiert jede Form der Selbsteinschätzung, zumal die unbewußte und damit dem Ich-Bewußtsein verborgene Seite der menschlichen Psyche einer besonderen Prüfungsinstanz bedarf? – Auch hier ist dem Denken eine wichtige Funktion zugesprochen:

> Es gibt nun keine bessere Pflege dieser Gesundheit als das echte Denken. Ja, es kann diese Gesundheit ernstlich leiden, wenn die Übungen zur höheren Entwicklung nicht auf dem Denken aufgebaut sind. So wahr es ist, daß einen gesund und richtig denkenden Menschen die Sehergabe noch gesünder, noch tüchtiger zum Leben machen wird, als er ohne dieselbe ist, so wahr ist es auch, daß alles Sich-Entwickelnwollen bei einer Scheu vor Gedankenanstrengung, alle Träumerei auf diesem Gebiete der Phantasterei und auch der falschen Einstellung zum Leben Vorschub leistet... Der Geistesforscher tritt seinem Schüler

> entgegen mit der Zumutung: Nicht glauben sollst du, was ich dir sage, sondern es denken, es zum Inhalte deiner eigenen Gedankenwelt machen, dann werden meine Gedanken schon selbst in dir bewirken, daß du sie in ihrer Wahrheit erkennst...

Dem Denken ist das aufmerksame, selbstlose Beobachten zuzuordnen, und zwar in der Bereitschaft, allen Dingen ein Unvergängliches, dem Vergänglichen ein Ewiges zuzuerkennen. Die Vorgabe bestünde demnach allein darin, das Geistige zu bejahen, das allem Materiellen zugrunde liegt. Steiner drückt das in unserem Zusammenhang so aus:

> Wenn ich einen Stein, eine Pflanze, ein Tier, einen Menschen beobachte, soll ich eingedenk sein können, daß sich in alldem ein Ewiges ausspricht. Ich soll mich fragen können, was lebt als Bleibendes in dem vergänglichen Stein, in dem vergänglichen Menschen? Was wird die vorübergehende sinnliche Erscheinung überdauern? – Man soll nicht glauben, daß solches Hinlenken des Geistes zum Ewigen die hingebungsvolle Betrachtung und den Sinn für die Eigenschaften des Alltags in uns austilge und uns der unmittelbaren Wirklichkeit entfremde. Im Gegenteil: Jedes Blatt, jedes Käferchen wird uns unzählige Geheimnisse enthüllen, wenn unser Auge nicht nur, sondern *durch* das Auge der Geist auf sie gerichtet ist. Jedes Glitzern, jede Farbennuance, jeder Tonfall werden den Sinnen lebhaft und wahrnehmbar bleiben, nichts wird verlorengehen; nur unbegrenztes neues Leben wird hinzugewonnen werden. Und wer nicht mit dem Auge das Kleinste zu beobachten versteht, wird auch nur zu blassen, blutleeren Gedanken, nicht aber zu geistigem Schauen kommen. Es hängt von der Gesinnung ab, die wir uns in dieser Richtung erwerben. Wie weit wir es bringen, das wird von unseren Fähigkeiten abhängen. Wir haben nur das Rechte zu tun und alles übrige der Entwicklung zu überlassen.[27]

Das Rechte tun – das ist noch eine recht allgemeine Maxime des Handelns. In seinem Buch »Wie erlangt man Erkenntnisse der höheren Welten?« und in einigen anderen Werken hat Steiner die einzelnen Schritte gezeigt, die aus der bezeichneten Haltung heraus folgen, und Übungsbeispiele gegeben.

Da die Blavatsky- und Besant-Theosophen viel von den »Meistern der Weisheit« zu hören bekamen, konnte der Eindruck entstehen, wer auf dem inneren Weg vorankommen will, der müsse zuerst einen jener verborgenen Meister aufsuchen. Wie schon erwähnt bediente sich auch Steiner da und dort des Meister-Begriffs. Aber in bezug auf den anthroposophischen Erkenntnisweg stellte er von vornherein klar, daß die hier gemeinte Erkenntnis »in der eigenen Seele« zu suchen bzw. vorzubereiten ist. Auch gehe es nicht darum, irgendwelche Menschen zu verehren, einen – offenbar unausrottbaren – Personenkult zu zelebrieren, sondern allein »Verehrung gegenüber Wahrheit und Erkenntnis« in disziplinierter Form zu entwickeln.

> Jede Erkenntnis, die du suchst, nur um dein Wissen zu bereichern, nur um Schätze in dir anzuhäufen, führt dich ab von deinem Wege; jede Erkenntnis aber, die du suchst, um reifer zu werden auf dem Wege der Menschenveredelung und der Weltenentwicklung, die bringt dich einen Schritt vorwärts... Jede Idee, die dir nicht zum Ideal wird, ertötet in deiner Seele eine Kraft; jede Idee, die aber zum Ideal wird, erschafft in dir Lebenskräfte.[28]

Die weiteren Anweisungen gehen nun dahin, daß man sich regelmäßig, möglichst Tag für Tag, eine kurze Zeit schaffe, in der man zur Ruhe kommt, Stille in sich einkehren läßt, in der man sich selbst »wie ein Fremder« gegenübertritt, also ein Höchstmaß an Objektivität sich selbst gegenüber herstellt. Hier liegt der Beginn eines meditativen Lebens. Es läßt sich gliedern in die drei Stufen der *Vorbereitung*, der *Erleuchtung* und der *Einweihung*.

Auf der Stufe der Vorbereitung geht es beispielsweise darum, auf sein Gefühls- und Gedankenleben zu achten. Zur Übung bieten sich Vorgänge an, die entweder mit dem wachsenden, blühenden und reifenden Leben oder mit Erscheinungen des Welkens und des Absterbens zu tun haben. Nun ist nicht beabsichtigt, nach der Bedeutung des einen oder anderen Vorgangs zu fragen, sondern das jeweilige Phänomen als solches zu sich »sprechen« zu lassen. Nicht Akustisches ist zu vernehmen, wohl aber das »innere Wort«. Die Dinge sprechen sich selbst aus, jedes eigene Vorherwissen oder Meinen ist zurückzunehmen.

Mit ähnlich einfachen Übungen geht es auf der Ebene der Erleuchtung und der Einweihung weiter. Es wird z. B. als Übung empfohlen:

> Man lege ein kleines Samenkorn einer Pflanze vor sich hin. Es kommt darauf an, sich vor diesem unscheinbaren Ding die rechten Gedanken intensiv zu machen und durch diese Gedanken gewisse Gefühle zu entwickeln. Zuerst mache man sich klar, was man wirklich mit Augen sieht. Man beschreibe für sich Form, Farbe und alle sonstigen Eigenschaften des Samens. Dann überlege man folgendes: Aus diesem Samenkorn wird eine vielgestaltige Pflanze entstehen, wenn es in die Erde gepflanzt wird. Man vergegenwärtige sich diese Pflanze. Man baue sie sich in der Phantasie auf. Und dann denke man: Was ich mir jetzt in meiner Phantasie vorstelle, das werden die Kräfte der Erde und des Lichtes später wirklich aus dem Samenkorn hervorlocken ...

Damit und mit allen weiteren Erläuterungen Steiners ist die Gedanken- und Gefühlsrichtung angedeutet, in die man sich beim Umgang mit derlei Erscheinungen bewegen kann. Man kann sich etwa sagen:

> Ich muß in jedem Augenblicke darauf gefaßt sein, daß mir ein jegliches Ding oder Wesen eine ganz neue Offenba-

rung bringen kann. Beurteile ich das Neue nach dem Alten, so bin ich dem Irrtum unterworfen. – Gerade dadurch wird mir die Erinnerung an alte Erfahrungen am nützlichsten, daß sie mich befähigt, Neues zu sehen ... Man muß ganz eins werden mit den »höheren« Wahrheiten. Man muß sie nicht nur wissen, sondern ganz selbstverständlich in lebendigem Tun handhaben, wie man als gewöhnlicher Mensch ißt und trinkt. Übung, Gewöhnung, Neigung müssen sie werden ...

Die weiteren Angaben beziehen sich u. a. auf die Kontrolle der Gedanken und Gefühle, auf Wirkungen, die sich einstellen können, auf Veränderungen im Traumleben, auf die Entwicklung der »Lotosblumen« (Chakren), der Begegnung mit dem »Hüter der Schwelle« ...

Bleibt – bedingt durch den enggesteckten Rahmen dieser Darstellung – noch anzumerken, daß Steiner den anthroposophischen Erkenntnisweg unter weiteren Aspekten beschrieben hat.[29] Darüber hinaus war den Mitgliedern der Esoterischen Schule Gelegenheit geboten, in der Gestaltung des meditativen Lebens individuelle Förderung durch Steiner zu erfahren. Zur allgemeinen Orientierung ist es nötig, noch einige Gesichtspunkte nachzutragen, die die verschiedenen Bewußtseinsarten betreffen.

Stufen der Bewußtseinserweiterung

Geht man davon aus, daß Anthroposophie einen spirituellen Erkenntnisweg darstellt, der auf eine qualitative Erweiterung des Bewußtseins abzielt, dann ist zu klären, was hierunter im einzelnen zu verstehen ist und welche Bewußtseinsbereiche in besonderer Weise anzusprechen sind. Zunächst kann man sich mit einer einfachen Unterscheidung von drei Bewußtseinsstufen behelfen:

Da ist zunächst unser als normal angesehenes Tages- oder

Wachbewußtsein, in dem wir – je nach körperlicher Verfassung (z. B. erfrischt oder müde) – verschiedene Grade der Bewußtseinshelligkeit unterscheiden. Unterhalb dieser Ebene des Normalbewußtseins liegt – abgesehen von Tiefschlaf und totaler Bewußtlosigkeit – das Traumbewußtsein mit seinen eigentümlichen Bildgestaltungen, die sich ebenfalls in einer bewußtseinsnäheren oder -ferneren Sphäre entfalten können. Das eine Mal tauchen Tagesreste in unseren Träumen auf, denen in der Regel keine große Bedeutung zugesprochen wird; das andere Mal werden wir mit Symbolen konfrontiert, die transpersonaler Natur sein können und auf archetypisch-urbildliche Bereiche verweisen und demnach auch einer besonderen Deutung bedürfen.[30]

Die hier in unserem Zusammenhang zu betrachtende dritte Bewußtseinssphäre liegt nicht unterhalb, sondern oberhalb der Tageswachheit.[31] In Anlehnung an eine Formulierung Goethes spricht Rudolf Steiner vom »schauenden Bewußtsein«. Es ist so geartet, daß es sich sowohl vom Tageswachen als auch vom Bildweben unserer Träume in einer charakteristischen Weise deutlich abhebt. Zwar ist auch das schauende Bewußtsein bestimmten Wahrnehmungen offen. Diese Wahrnehmungen stellen sich sogar in einer großen Reichhaltigkeit und Differenziertheit dar. Sie beziehen sich jedoch nicht auf die Sinneswelt, der wir uns mit unserem Alltagsbewußtsein zuwenden. Sie sind auch nicht durch die bekannten Sinneseindrücke verursacht. Die Organe der Sinneswahrnehmungen (Gesicht, Gehör, Gefühl usw.) werden hierbei nicht betätigt, sie sind ausgeschaltet. In dieser Bewußtseinsverfassung gilt es ja nicht, irgendwelche Gegenstände der Sinneswelt zu sehen, zu hören, zu tasten und so weiter. Auf einem anderen Blatt steht nun aber, wie das hier Wahrzunehmende zu bestimmen ist, wenn doch das an Raum und Zeit gebundene Tagesbewußtsein außer Funktion tritt. Daß es sich nicht um Halluzinationen, also etwa um (körperlich) bedingte Sinnestäuschungen handeln darf, sei ebenfalls festgehalten. Solche

Täuschungen liegen nicht oberhalb, sondern *unterhalb* des Tagesbewußtseins. Der unkritische »Beobachter« wird dieser Täuschung nicht inne.

Die spezifischen Wahrnehmungen, die vermittels des schauenden Bewußtseins gemacht werden, sind somit in einem buchstäblichen Sinne »über«-sinnlicher Natur. Man sieht bereits: Um das Spezifische dieser Seelenbetätigung deutlich ausdrücken zu können, ist ein Vokabular erforderlich, das dem Sinnesbereich von Raum und Zeit entnommen ist, obwohl es darüber hinausweist. Insofern könnte man von einer symbolischen Redeweise sprechen. Die Metapher »über« ist hier insofern zutreffend und angebracht, als es sich um eine Bewußtseinsverfassung handelt, die hinsichtlich der hier herrschenden Bewußtseinshelligkeit und der Reichweite des Geistes *über* derjenigen des uns geläufigen Tagesbewußtseins liegt. Wir haben es demnach mit einer Steigerung und Intensivierung zu tun. Dem schauenden Bewußtsein erschließt sich damit ein »Jenseits«, zutreffender gesagt: ein »Oberhalb« der Sinne und der bewußten Seele. Es erschließt sich jene Dimension der Wirklichkeit, die Rudolf Steiner die »geistige Welt« genannt hat. Diese Redeweise enthebt den Beschreiber der Nötigung, irgendwelche spirituelle »Meister« einzuführen, um zum Ausdruck zu bringen: Eine aus übersinnlicher Erkenntnis geschöpfte Wahrnehmung geht über jenes Vermögen hinaus, das ein in seinem Alltagsbewußtsein stehender Mensch betätigt.

Die anthroposophische Geistesforschung unterscheidet sich vor allem von all jenen Praktiken, bei denen es zu einer unklaren Vermengung von sinnlichen und übersinnlichen Phänomenen kommt. Ausgeschlossen sind daher Spiritismus und Mediumismus. So betrachtet wird ein »leibfreies« Bewußtsein angestrebt. Die dafür nötigen Seelenkräfte müssen erst aktiviert werden. Sie sind zu erwecken, ein Vorgang, der dem gleicht, was jeder von uns kennt, wenn er sich aus den Bereichen von Schlaf und Traum langsam herauslöst und in die Helligkeit des Tagesbewußtseins hineingeht. Eine Analogie hierzu stellt das Hineintreten in einen Zustand »höherer« Wachheit dar. Die vorstehenden Übungen dienen u. a. dazu, diesen Erweckungsprozeß in Gang zu bringen. Worum es sich handelt, hat Steiner einmal so formuliert:

> Unter Anthroposophie verstehe ich eine wissenschaftliche Erforschung der geistigen Welt, welche die Einseitigkeiten einer bloßen Natur-Erkenntnis ebenso wie diejenigen der gewöhnlichen Mystik durchschaut und die, bevor sie den Versuch macht, in die übersinnliche Welt einzudringen, *in der erkennenden Seele* erst die im gewöhnlichen Bewußtsein und in der gewöhnlichen Wissenschaft noch nicht tätigen Kräfte entwickelt, welche ein solches Eindringen ermöglichen.[32]

Wenn hier von »Einseitigkeiten« die Rede ist, so ist damit eine Erkenntnishaltung gemeint, die nicht die Mehrdimensionalität der Wirklichkeit anerkennt, sondern die – etwa im Falle der (herkömmlichen) naturwissenschaftlichen Betrachtungsweise – letztlich nur die materielle Seite der Wirklichkeit als existent und bedeutsam gelten läßt. Diejenige Dimension, die außerhalb des Meßbaren, Zählbaren, Wägbaren, auch außerhalb des durch das wiederholbare Experiment Verifizierbaren liegt, bleibt in der »Wissenschaft« bekanntlich unberücksichtigt. Aussagen darüber gelten gemeinhin als »unwissenschaftlich«, und mögen sie auf noch so vielen zuverlässigen Erfahrungen gründen. Was nun die von Steiner apostrophierte »gewöhnliche Mystik« als den anderen Ausdruck von Einseitigkeit anbelangt, so ist damit weniger die Mystik als solche gemeint als vielmehr ein Mystizismus, der einerseits auf die Klärung seiner Voraussetzungen keinen besonderen Wert legt, andererseits den Bezug zur raum-zeitlichen Dimension der Wirklichkeit vernachlässigt, als habe nur das sogenannte Überweltliche Bedeutung.

Für unsere Fragestellung ist nun von Bedeutung, daß Rudolf Steiner vornehmlich drei Bewußtseinszustände höherer Ordnung unterschieden und beschrieben hat. Es sind solche Verfassungen seelischer Wirklichkeit, die über die genannten als normal bezeichneten Bewußtseinsstufen hinausragen, also nicht nur oberhalb des Schlaf- und Traumbewußtseins, sondern auch oberhalb des Tagesbewußtseins. Es sind dies:

1. die *Imagination* (lat. *imago*, »Bild«) als eine Wahrnehmungsart, in der das Element des Bildhaften vorherrscht. Dieses Bildhafte bezieht sich jedoch nicht auf die Sinneswelt, weil die Imagination dieser Art nicht äußere Gegenstände »abbildet« wie etwa ein Foto oder ein (realistisches) Gemälde den dargestellten Gegenstand;
2. die *Inspiration*, in der sich die geistige Welt vernehmen läßt, und zwar derart, daß sie mit einer Gehörwahrnehmung vergleichbar ist. Auch dieser Vergleich weist darauf hin, daß es sich nicht um irgendwelche akustische Phänomene handelt;
3. die *Intuition*, die als ein »Berührtwerden« durch die geistige Welt angesehen werden kann. Es kommt zu einem Austausch, der über den genannten imaginativen und den inspirativen Zustand hinausgeht.

Nun zu einer Erläuterung dieser drei Bewußtseinszustände: Steiner spricht von einem *imaginativen* Bewußtsein dann, wenn die erlebende Seele von Bildern erfüllt ist, und zwar von solchen, die selbst noch keine Realität im Übersinnlichen darstellen. Eher können sie als Abbilder einer übersinnlichen Wirklichkeit gelten, wohlgemerkt: eines Übersinnlichen, nicht eines gegenständlich Wahrnehmbaren. Eine solche Imagination kann in der Seele wie etwa ein Erinnerungsbild dasein, mehr oder weniger klar und lebendig. Es handelt sich bei der Imagination als Stufe eines gesteigerten Bewußtseins um ein Bildweben und um ein Bildschaffen, das allerdings der Willkür entnommen ist und das nicht bloßen »Einfällen« oder phantastischen Vorstellungen entstammt. Eine solche Imagination ist vielmehr die Verbildlichung, nämlich »die wahre und *verantwortlich* gewordene Phantasiekraft des Astralleibes, die im Traumleben noch ungebändigt und unzuverlässig sich betätigte. Sie verrät im Traum nur die eine Seite ihres Könnens: die Unerschöpflichkeit ihres Reichtums an vielsagenden Bildern; sie erwirbt als geschulte Imagination jene *Rechtschaffenheit* hinzu, durch die dem Erlebnisse neben der Eindringlichkeit der Veranschaulichung auch die Zuverlässigkeit der Wiedergabe gesichert wird. Sie macht sich also jene Sachlichkeit zu eigen, die der Mensch nicht von seinen Träumen, aber von seinen Erinnerungen fordert, auf deren bildschöpferische Gabe er angewiesen ist, denen er aber kein Abweichen von der Wahrheit gestattet«.[33]

Eines setzt dieses »verantwortliche« und sachbezogene Imaginieren voraus, nämlich die seelische Aktivität und Wachheit des Imaginierenden, die Wachheit des Ich. Es steht im Gegensatz zu jenen Zuständen eines abgedämpften Bewußtseins, in dem sich in assoziativer Folge (etwa in schlafloser Nacht) Bilder aller Art – meist unliebsame, bedrängende – einstellen, ohne daß es einem gelingt, sie zu vertreiben. (Das ist ja auch nicht leicht möglich, da man müde ist und der liegende Zustand das Ich zusätzlich schwächt, das normalerweise der Aufrichtekraft bedarf, um seiner mächtig zu bleiben.)

Wenn der um höhere Erkenntnis Bemühte zu einer dem Bild entsprechenden inneren Wahrnehmung gelangt, die sich nicht auf einen sinnlich wahrnehmbaren Gegenstand richtet, dann muß es sich also um ein Objekt anderer Ordnung handeln.

> Worum es sich handelt, das ist genau zu unterscheiden das ganze unbewußte Leben in allerlei Visionen von dem, was der Geistesforscher als imaginatives Bewußtseinserleben meint. Das besteht darin, daß man bei allem, was da

an Bildern gewoben wird, so dabei ist, wie nur irgendwie bei dem vollbewußten, von Gedanken zu Gedanken gehenden Denken. Es gibt keine Möglichkeit, anders in die geistige Welt einzudringen, als wenn die Tätigkeit, durch die man hineintritt, so vollbewußt ist wie das bewußteste Gedankenleben. Dabei ist nur der Unterschied, daß die Gedanken als solche schattenhaft, abgeblaßt sind und daß sie erworben werden an äußeren Dingen oder irgendwie aus der Erinnerung aufsteigen, während dasjenige, was hier als Imagination gemeint ist, von der Seele selbst gewoben wird in dem Moment, wo es auftritt.[34]

Um die klare Überschaubarkeit dessen, was sich imaginativ zeigt, ist es Steiner also zu tun. Um diese zu gewährleisten und um Irrtümer von vornherein auszuschalten, beginnt der anthroposophische Schulungsweg mit einer entsprechenden Disziplinierung des *Gedanken*-Lebens. Bezüglich der Denkschulung schreibt Steiner schon 1894:

> Wer das Denken beobachtet, lebt während der Beobachtung unmittelbar in einem geistigen, sich selbst tragenden Wesensweben darinnen. Ja, man kann sagen, wer die Wesenheit des Geistigen in der Gestalt, in der sie sich dem Menschen zunächst darbietet, erfassen will, kann dies in dem auf sich selbst beruhenden Denken.

In *dieser* Weise denkend »auf sich selbst beruhend«, hat der Mensch bereits an der geistigen Welt teil. Es ist daher streng genommen der *Ausgangspunkt* für die höhere Bewußtseinsart, um die es Steiner geht. Ausgangspunkt aber besagt eben, daß sich die anthroposophische Geistesforschung keinesfalls im sogenannten »reinen Denken« erschöpft. Wichtig ist aber, daß der um Erkenntnis Bemühte von einem festen Grund aus seinen Innenweg antritt. Der Unterschied zu »okkulten« Operationen, bei denen irgendwelche anonyme oder doch nicht deutlich identifizierbare »Geister« in Aktion treten, ist offenkundig.

Entsprechendes wäre zur Bewußtseinsstufe der *Inspiration* zu sagen, die eine abermalige Metamorphose des bewußten Seelenlebens erfordert. Daß ein akustisches Phänomen ausgeschaltet ist, wurde bereits gesagt. Eine Entsprechung zur Inspiration stellen im normalen Tagesbewußtsein mehr oder minder klare Ahnungen dar. Man kann auch an die »Stimme« des Gewissens denken. Erinnert sei sodann an die aus der Tradition bekannte Erfahrung, wenn etwa Pythagoras von Sphärenharmonien spricht oder wenn Goethe dichtet: »Die Sonne *tönt* nach alter Weise / In Brudersphären Wett*gesang* . . .«, oder wenn im letzten Buch des Neuen Testaments der Apokalyptiker Johannes nach der Schilderung der (imaginativen) sieben Siegel an einer bestimmten Stelle des Offenbarungsgeschehens vom *Ertönen* der sieben Posaunen berichtet.[35] Unnötig zu sagen, daß es Schicksalsaugenblicke gibt, in denen sich Inspiration einstellt. Gleichzeitig stellt sich allerdings die Frage, inwieweit diese Momente vollständig ins Bewußtsein gehoben werden oder ob man sie wie einen zwar eindrucksvollen, aber dann doch wie einen sich leicht verflüchtigenden Traum ins Unbewußte absinken läßt. Die von Steiner gemeinte Imagination und Inspiration unterscheiden sich von solchen Erlebnissen dadurch, daß höhere Erkenntnis von vornherein in voller Bewußtseinsklarheit empfangen wird.

Intuition als dritte Stufe eines erhöhten Bewußtseins entsteht aus der Verbindung von Denken und Wollen. Steiners Schilderungen zufolge wird im Zustand der Intuition das Gefühl erweckt, man stehe nicht mehr den »Objekten« der geistigen Beobachtung gegenüber, sondern man befinde sich gewissermaßen *in* ihnen. Die Subjekt-Objekt-Distanz, die schon im Denken in gewisser Weise relativiert ist, wird hier vollends aufgehoben. Im gewöhnlichen Bewußtsein gibt es eine wichtige Entsprechung, nämlich im Ich. Dieses Ich hat man nicht, wie man z. B. einen physischen Leib, ein Lebensgefüge (Ätherleib) und eine seelische Organisation (Astralleib) »besitzt«. Dieses Ich *ist* man in je unverwechselbarer Weise. Man ist mit ihm identisch; eine Gegebenheit, der man je und je intuitiv inne sein kann, sofern man sich nicht etwa mit seiner sozialen Rolle (psychologisch: »Persona«), mit seinem Beruf oder seiner Stellung verwechselt, durch die man mit seiner Mitwelt in Verbindung steht.

Was die Vorbereitung zur Herstellung der betreffenden Bewußtseinsverfassung anlangt, so hat Steiner in seinen einschlägigen Darstellungen entsprechende Angaben gemacht.

Die Esoterische Schule

Wie ein Blick in die Geschichte des Okkultismus zeigt, führen dahin verschiedene Wege. Der eine Weg kann als derjenige der Schicksalseinweihung bezeichnet werden; man wird z. B. durch eine besondere Schicksalsfügung mit paranormalen Fähigkeiten begabt, ohne etwas dazuzutun. Der andere Weg, der auch von der Geschichte der Mystik her bekannt ist, läßt sich als ein Übungsweg beschreiten. Bei H. P. Blavatsky liegt allen Schilderungen zufolge eine schicksalhafte Einweihung vor. Bei Steiner fehlt dieses Motiv zwar nicht, aber ihm kam es darauf an, einen Weg zu zeigen, der dem Stand der heutigen Bewußtseinsentwicklung des westlichen Menschen entspricht, das heißt: nicht an die unbewußte Psyche appelliert, sondern beim wachen Denkbewußtsein ansetzt.

Diese Aufgabe im Blick, integrierte er als Generalsekretär der deutschen Sektion der Theosophischen Gesellschaft dieser Vereinigung auch eine interne »Esoterische Schule« (E. S.): die 1888 von H. P. Blavatsky gegründete, dann von Annie Besant geleitete Institution, zu der Steiner für Deutschland und Österreich 1904 als Landesleiter (Arch-Warden) ernannt worden war. Üblicherweise konnte man den Eintritt in die E. S. nach zweijähriger Mitgliedschaft beantragen. Man absolvierte eine Art Probezeit, ehe man zu den Übungen zugelassen wurde.

Durch Verpflichtung auf bestimmte, den inneren Weg betreffende Regeln verband man sich mit der Mitgliedschaft der E. S., und zwar unter der Leitung bzw. Inspiration der »Meister«. In deren Namen empfingen die E. S.-Mitglieder die Unterweisungen sowie das in brieflicher bzw. in gedruckter Form dargereichte Lehrgut. Es bestand aus Verhaltensmaßregeln, die einer spirituellen Schülerschaft angemessen sind, aus Anleitungen zur Meditation, zur Atemregulierung und dergleichen sowie aus mantramartigen Wortlauten, aus eigens formulierten Spruchworten, auf die man sich regelmäßig zu konzentrieren hatte:

In den reinen Strahlen des Lichtes
Erglänzt die Gottheit der Welt.
In der reinen Liebe zu allen Wesen
Erstrahlt die Göttlichkeit meiner Seele.
Ich ruhe in der Gottheit der Welt.
Ich werde mich selbst finden
In der Gottheit der Welt.

Die Esoterische Schule war in drei Klassen bzw. Kreise gegliedert. Einer dieser Kreise war der sogenannte erkenntniskultische Arbeitskreis, der die zweite und dritte Abteilung der E. S. bildete. Steiner war anfangs offensichtlich bestrebt, in diesem Rahmen die kultische bzw. maurerische Symbolik einzubeziehen. Zu diesem Zweck knüpfte er an die (irreguläre) Hochgradmaurerei (Memphis-Misraim-Ritus) an, wie sie von John Yarker (1833–1913) vertreten wurde.[36]

Die von Steiner in Zusammenarbeit mit seiner späteren Frau Marie, geb. von Sivers, geleitete E. S. stellte bei Beginn des Ersten Weltkriegs (1914) ihre Tätigkeit ein. Der geschlossene Charakter der Zusammenkünfte hätte in der Kriegszeit zu Mißdeutungen Anlaß geben können. Das Bedürfnis der Pflege dieser Art von Esoterik bestand in anthroposophischen Kreisen aber fort. Als sich Steiner nach einer Phase innergesellschaftlicher Krisen 1923/24 (Weihnachtstagung) zur Neubegründung der Allgemeinen Anthroposophischen Gesellschaft mit Sitz in Dornach/Schweiz entschloß, rief er nicht nur eine »Freie Hochschule für Geisteswissenschaft« ins Leben[37], sondern erneuerte damit auch die einst aus drei Klassen bestandene Esoterische Schule. Der körperliche Zusammenbruch im September 1924 und frühe Tod Rudolf Steiners am 30. März 1925 vereitelte den vorgesehenen Ausbau dieser neuen Esoterischen Schule. Von den vorgesehenen drei Klassen wurde nur die erste begonnen und von Steiner geleitet. Davon haben sich die sogenannten Klassentexte erhalten. Eine Weiterführung unter anderer Initiative unterblieb.

Der christliche Aspekt

Während die Theosophie H. P. Blavatskys darauf angelegt war, den gemeinsamen Kern aller Religionen sichtbar zu machen, steht – ausgesprochen und unausgesprochen – das Christus-Ereignis im Mittelpunkt der Anthroposophie. Diese Tatsache ist bereits aus dem Lebensgang ihres Begründers ersichtlich, der im Gefolge einer Persönlichkeitskrise zur Zeit der Lebensmitte durch eine mystische Christus-Erfahrung hindurchgegangen ist. Er spricht von »dem geistigen Gestandenhaben vor dem Mysterium von Golgatha«. Man muß nicht eigens auf Steiners Mitwirkung bei der Begründung der Christengemeinschaft als einer Bewegung für religiöse Erneuerung verweisen, um seinen Christusbezug zu unterstreichen. Seinem eigenen Bekenntnis nach ist Anthroposophie »in allen Einzelheiten ein Streben nach der Durchchristung der Welt... Wir richten über uns auf das Zeichen des Christus.«[38]

Zweierlei ist hierbei festzuhalten: Zum einen ist nicht an eine Wiederbelebung der bestehenden kirchlichen Konfessionen gedacht. In diesem Sinn wollte Steiner nicht religiös oder gar religionsbegründend wirken. Zum anderen ist

Anthroposophie durch eine alle Religionen umfassende Geisteshaltung geprägt. Insofern ist der ursprüngliche theosophische Ansatz beibehalten, aber durch die dogmenfreie Zentrierung auf Christus, und zwar unter seinem kosmischen Aspekt, erweitert. Dies ließe sich sowohl an Steiners Erkenntnisweg als auch an seinen kulturellen Impulsen, z. B. in der Waldorfpädagogik,[39] und seinen zahlreichen christologischen Vortragszyklen – Anleitungen zu einer Evangelienerkenntnis und zur christlichen Esoterik – deutlich machen.

Schließlich ist an eine Begebenheit zu erinnern, die zur Trennung von der anglo-indischen Theosophie geführt hat. Gemeint ist die Ausrufung eines Weltlehrers und Christus-Prätendenten in der Person des jungen Hindu Jiddu Krishnamurti. Für Steiner stand indes fest – worauf er in bezug auf die Reinkarnation immer wieder hinwies –, daß die einmalige Verkörperung des Christus in Jesus von Nazareth und die (kirchliche) Lehre von der Wiederkunft Christi nicht im Sinne einer Neuverkörperung in menschlicher Leiblichkeit gemeint sein könne:

> Nur wenn man nicht weiß, daß der Christus der Repräsentant des ganzen Weltalls ist, und man sich nicht durchringen kann zu dieser Christusidee, zu der durch die Geisteswissenschaft (Anthroposophie) die Elemente gegeben werden, nur dann kann man behaupten, daß der Christus mehrmals auf Erden erscheinen könne.[40]

Steiner knüpfte an die von der kirchlichen Theologie lange vernachlässigte kosmische Christologie der paulinischen Briefe (z. B. des Kolosser- und Epheserbriefes) an. Und in der Christus-Erscheinung, wie sie Paulus bei Damaskus erlebt hat, erblickte Steiner das Urbild dessen, was der Menschheit in unmittelbarer Zukunft bevorstehe. Er sprach daher von »neuen Seelenfähigkeiten« und von einem Christus-Ereignis des 20. Jahrhunderts, das sich jedoch nicht in physischer Leiblichkeit vollziehe, sondern in der »ätherischen Welt«, d. h. im Bereich der Lebenskräfte. Die Anthroposophie sei dazu da, die Herankunft dieser Christus-Kraft vorzubereiten: »Wir richten über uns auf das Zeichen des Christus.«

Der Umstand, daß Steiner der Evangeliendeutung und der christlichen Spiritualität einige Bücher und mehrere Vortragszyklen gewidmet hat, veranlaßte in der Zeit nach dem Ersten Weltkrieg eine Gruppe von meist jüngeren Theologen, mit der Frage nach Möglichkeiten für eine religiöse Erneuerung an ihn heranzutreten. Sie hatten den Eindruck, daß ein Träger solcher Geistesgaben nicht nur auf dem allgemeinen kulturellen Feld, sondern auch angesichts der Niedergangserscheinungen in der Kirche Impulse der Erneuerung zu geben vermöchte. R. Steiner stellte sich dieser Herausforderung und vermittelte die dafür erforderlichen geistig-geistlichen Grundlagen. Es entstand 1922 die von dem evangelischen Theologen Friedrich Rittelmeyer[41] (1872–1938) geleitete »Christengemeinschaft«[42]. Wenn es sich hierbei auch nicht um eine im engeren Sinn des Wortes »anthroposophische Bewegung« handelt, so wäre diese innerlich wie auch in organisatorischer Hinsicht eigenständige »Bewegung für religiöse Erneuerung« ohne Inspiration und eingehende Beratung durch Steiner nicht zu denken. Alle liturgischen Texte gehen auf ihn zurück, ohne daß jedoch die anthroposophische Weltanschauung dadurch eine dogmatische Bedeutung erlangt. Sie stellt vielmehr eine »Erkenntnishilfe« dar. Eine religiöse Funktion hat Rudolf Steiner niemals ausgeübt. Seine Aufgabe bestand lediglich darin, als geistiger Vermittler zu dienen. Damit ist einmal mehr zum Ausdruck gebracht, daß das Christus-Verständnis im Zentrum der Steinerschen Anthroposophie steht.

Krishnamurti

Krishnamurti
Von der Theosophischen Gesellschaft zu ideologiefreier Spiritualität

Verdeutlicht man, welche Anregungen von der Theosophischen Gesellschaft H. P. Blavatskys und ihrer Nachfolger in den ersten Jahrzehnten nach ihrer Begründung ausgegangen sind, dann darf man aber auch nicht die Erschütterungen verschweigen, welche die Mitgliedschaft zu verkraften hatte. Einer dieser Vorgänge ist mit der Person Jiddu Krishnamurtis verknüpft. Obwohl von indischer Abstammung, hat sich sein Leben doch in der westlichen Welt vollendet, in der Verbindung mit den anglo-indischen Theosophen wie in der Ablösung von ihrer Ideologie. Von daher scheint es sinnvoll, diesen Asiaten den hier aufzuführenden Europäern an die Seite zu stellen. Seine Bedeutung ist jedoch nicht auf den einen oder anderen Kontinent beschränkt, zumal sein Schrifttum in zahlreiche Sprachen übersetzt ist und die dank seiner Initiative begründeten Schulen weltweite Beachtung gefunden haben.

Vom Brahmanensohn zum Weltlehrer

Jiddu Narianyia wurde am 11. Mai 1895 als achter Sohn einer Brahmanenfamilie in Madanapalle/Andhra Pradesh, etwa 150 Meilen nördlich von Madras in Südindien, geboren.[1] Die Übersiedlung nach Adyar erfolgte einige Jahre später, als Vater Narianyia, selbst langjähriger Theosoph, im Dienst der Theosophischen Gesellschaft unter deren Präsidentin Annie Besant[2] eine Anstellung gefunden hatte. Hier, im Zentrum der Theosophical Society, sollte für den etwa 14jährigen Jiddu eine entscheidende Weichenstellung seines Lebens erfolgen. Die Initiative hierfür ging offensichtlich von Charles Webster Leadbeater (1847–1937) aus.

Als ursprünglicher Priester der Kirche von England (1878) hatte er sich 1883 der Theosophischen Gesellschaft angeschlossen und war Schüler von H. P. Blavatsky geworden. Seine hellseherischen Fähigkeiten qualifizierten ihn dafür, eine führende Rolle in der Esoterischen Schule der Theosophical Society zu übernehmen.[3] In dieser Eigenschaft arbeitete er mit Annie Besant eng zusammen, der es ebenfalls bestimmt war, eine die engeren Gesellschaftsgrenzen übersteigende Bedeutung in West und Ost zu erlangen.

In Übereinstimmung mit einer bereits 1889 durch H. P. B. gemachten Angabe, wonach ein Hauptziel der Theosophical Society darin bestehe, die Menschheit auf die nahe bevorstehende Ankunft des zukünftigen »Weltlehrers« (World Teacher) als Verkörperung des Maitreya-Buddha (Lord Maitreya) vorzubereiten, arbeiteten A. Besant und C. W. Leadbeater auf dieses Ereignis hin. In einer ihrer Reden hatte Mrs. Besant 1909 in Chicago zum Ausdruck gebracht, daß – gleichsam im Gegensatz zu Christus – der Erwartete nicht in Asien, sondern im Westen in Erscheinung treten werde. Der irdische Träger für die Inkorporation des Weltlehrers war auch schon in der Person eines amerikanischen Jungen namens Hubert van Hook gefunden. Dies war mit Leadbeaters hellseherischer Hilfe geschehen. Dieser korrigierte seinen Fund jedoch, als er in Adyar den jungen Jiddu (Krishnamurti) und dessen drei Jahre jüngeren Bruder Nitya traf. Leadbeater verwies auf die ganz außerordentliche Aura der beiden, insbesondere auf diejenige Krishnas. Für Besant wie für Leadbeater war klar, daß Krishnamurti dem Einfluß seiner Eltern zu entziehen sei, um ihm mit Blick auf die ihm zugedachte Aufgabe eine spezielle Erziehung angedeihen zu lassen. Dies konnte nur in unmittelbarer Nähe der theosophischen Führergestalten, eben bei Besant und Leadbeater, geschehen. Eine westliche Bildung, Aufenthalte und Studien in Europa sollten hinzukommen. Die immer wieder in Anspruch genommenen »Meister« hatten das Ihre beizutragen. Von da an liefen alle

Anstrengungen darauf hinaus, dem Hindujungen eine entsprechende Ausbildung zu geben, die sowohl intellektuell-schulischer als auch spiritueller Natur war.[4] (Daß der in moralischer Hinsicht übel beleumdete Leadbeater allzu persönliche Interessen mit seinen Erziehungsmaßnahmen früherer Jahre verband, die sowohl die Präsidentin wie die gesamte Gesellschaft in größte Verlegenheit bringen mußte, kann hier ausgeblendet bleiben.[5])

Jiddu Krishnamurti war gerade 14 Jahre alt, als man ihn für die ihm zugedachte Aufgabe ausersah. Alle Bemühungen der Akteure in Adyar gingen nun dahin, beide Jungen in den Westen zu bringen. Der energische Widerstand des Vaters, der selbst Gerichte einschaltete, konnte das nicht verhindern. Andererseits betrachteten die beiden Jungen nun Mrs. Besant als ihre Ziehmutter. Es gelang ihr dem Vernehmen nach mühelos, die volle Zuneigung Krishnamurtis zu gewinnen. Auf diese Weise fiel es ihr nicht schwer, ihn in die westliche Gesellschaft, speziell in die theosophische Bewegung einzuführen.

Entscheidendes ereignete sich schon in Indien unter der Regie von »Onkel« Leadbeater. Man hatte die beiden Jungen aus den ärmlichen Verhältnissen der Familie herausgeholt und ins Hauptquartier der Theosophen gebracht. Leadbeater unternahm es, die vergangenen Erdenleben seines Schützlings zu erkunden und darüber Bericht zu erstatten. Krishna erhielt den Namen »Alcyone«. Die Leser von »The Theosophist« konnten sich in Fortsetzungen ein Bild von den karmischen Entwicklungslinien ihres künftigen »Lehrers« machen.

Leadbeaters andere Aufgabe war es, Krishnas Astralleib jede Nacht für kurze Zeit dem Meister zuzuführen, damit er ihn mit Blick auf die bevorstehende erste Initiation unterweise. Am Morgen wurde der Junge veranlaßt, das Meisterwort niederzuschreiben, ein Unterfangen, das dem noch Ungeübten schwergefallen sein soll. Jedenfalls hatte sein Mystagoge Anlaß, den Text mehr oder weniger stark zu revidieren. So entstand die kleine Schrift »Zu den Füßen des Meisters« (At the Feet of the Master), von dem der nunmehr fünfzehnjährige »Autor« Alcyone-Krishnamurti im Vorwort betont, daß dies nicht seine Worte seien, sondern die des Meisters, der ihn belehrt hätte. Als das schmale Büchlein Ende 1910 in Adyar die Presse verließ, ließ es Annie Besant mit einem Begleitwort hinausgehen.

Die kuriosen Inszenierungen gingen weiter. Denn was bis dahin noch eine Angelegenheit war, die im engsten Kreis und mit anfänglicher Billigung von Vater Narianyia behandelt wurde, das sollte alsbald auch der Theosophischen Gesellschaft mit entsprechendem Werbeaufwand mitgeteilt werden. Zwischen dem 10. und 12. Januar 1910 fand die »erste Initiation« statt, merkwürdigerweise bei einem Zusammensein von Leadbeater und Krishnamurti im Schlafzimmer der gerade abwesenden Annie Besant. Als der Junge am Morgen des 11. erwachte, soll er ausgerufen haben: »Ich erinnere mich, ich erinnere mich!« Von seinem Mentor veranlaßt, schrieb der »Eingeweihte« seinen »Erlebnisbericht« nieder. Da geht es ohne Begegnung mit den erhabensten Meistern der speziellen theosophischen Hierarchie nicht ab:

»... Der Meister sprach längere Zeit recht freundlich mit mir. Dann gingen wir zusammen zum Haus des Lord Maitreya, wo ich vorher schon mal war. Und da trafen wir viele der Meister: den Venetianischen Meister, den Meister Jesus, den Meister des Grafen (Saint Germain), den Meister Seraphis ...« und noch andere. In diesem illustren Kreis will Krishnamurti den »Schlüssel der Erkenntnis« empfangen haben, mit dessen Hilfe er jederzeit die Mitglieder der »Großen Weißen Bruderschaft« identifizieren können sollte ...[6]

Annie Besant ist hingerissen, als sie erfährt, wie Lord Maitreya sich nun definitiv festgelegt habe, von dem »Körper dieses lieben Kindes« Besitz ergreifen zu wollen. Und was Krishnas Aufnahme in der Mysterienregion Shambhala betrifft, so verrät die Theosophie-Chefin, von welchen Assoziationen sie heimgesucht wird: »Der liebe Junge sah so wunderschön aus wie ein Bild von dem Christuskind mit seinen großen feierlichen Augen, voller Liebe und Vertrauen.«

Der östliche Stern-Orden wird begründet

Bei soviel Überschwang wäre es verwunderlich, wenn die Emotionen dieser Frau nicht auch einen Großteil ihrer verehrungsbereiten Anhängerschaft hätten infizieren können. Zu diesem Zweck erfand man ein neues Instrument. Zum Jahrestag jener ersten Einweihung Krishnamurtis rief man (Januar 1911) den östlichen Stern-Orden (Order of the Star in the East) ins Leben. In ihm sollten sich alle die vereinigen, die an das alsbaldige Kommen des großen spirituellen Lehrers glaubten und im übrigen bereit waren, ihm den Weg in die Welt zu bereiten, durch Entgegenkommen und Hingabe. Dabei handelte es sich um eine Einrichtung, zu der die Mitglieder der einzelnen Sektionen der Theosophischen Gesellschaft in der Welt Zugang haben sollten.

An organisatorischen Maßnahmen durfte es nicht fehlen. Daß als offizielle Protektoren des Stern-Ordens nur Mrs. Besant und Mr. Leadbeater in Frage kamen, stand von vornherein fest. Das Haupt war Krishnamurti selbst. Ihm standen zwei Sekretäre bzw. Tutoren zur Seite. Ein vierteljährlich erscheinendes Magazin, »Herald of the Star«, dessen Herausgeberschaft zumindest nominell in Händen von Krishnamurti lag, erschien erstmals bereits im Januar 1911. Das jugendliche Alter der »Haupt«-Person, sie war inzwischen fünfzehneinhalb Jahre alt, kümmerte die Akteure so wenig wie die Tatsache, daß der liebe Krishna vor der Hand keine Anstalten machte, eine höhere Schulbildung zu beginnen. Die Versuche, ihm die Aufnahme in ein westliches College zu ermöglichen, schlugen wiederholt fehl. Man hatte nicht gerade auf einen Messias aus Asien gewartet, der die englische Schulbank drückt.

Wichtiger erschien freilich, daß die Theosophenschaft ihrem Weltlehrer die gewünschte Reverenz erwies. Das taten auch die meisten Anhänger, nachdem, wie erwähnt, schon H. P. Blavatsky dessen baldige Ankunft geweissagt hatte. Folglich mußte die T. S. ihre wichtige Pionieraufgabe nicht vernachlässigen. Und mit ungefähr 16 000 Mitgliedern in aller Welt, verteilt auf Sektionen in allen Kulturländern sowie in 600 örtlichen Logen oder Zweigen, stellte die Theosophical Society ein beachtliches Potential dar. Doch bei weitem nicht alle folgten den Zielsetzungen der Protektoren des Stern-Ordens.

Mochte das Unternehmen mit den Grundsätzen einer weltweiten Bruderschaft zu vereinbaren sein, Widerspruch mußte die Wiederkehr des Lord Maitreya – im Westen als Christus gedeutet – konsequenterweise dort hervorrufen, wo man an der Einmaligkeit der Christus-Erscheinung festhielt. Das war unter den deutschen Theosophen bei Rudolf Steiner der Fall. Unter Hinweis auf die von ihm während eines Jahrzehnts erarbeitete Christuserkenntnis schloß er die Annahme der physischen Wiederkehr Christi grundsätzlich aus. Während das Auftreten des »Hinduknaben« in Europa vielfach mit größter Ehrerbietung, ja mit devoter Haltung quittiert wurde, bezog die Führung der deutschen Sektion kritisch Stellung. Schon 1909 trat Steiner dem Ansinnen aus Indien entschieden entgegen.[7]

In der Vorstandssitzung vom 8. Dezember 1912 beschloß Steiner in Übereinstimmung mit seinen Mitarbeitern, daß die Zugehörigkeit zum »Star of the East« mit der Mitgliedschaft in der Theosophischen Gesellschaft unvereinbar sei. Krishnamurti-Befürworter wurden aufgefordert auszutreten, andernfalls würde der Ausschluß erfolgen. Annie Besant wurde ihrerseits veranlaßt, als Präsidentin zurückzutreten. Ihr Eintreten für die Ziele des Stern-Ordens widerspreche dem elementaren theosophischen Grundsatz »Kein

Bekenntnis über die Wahrheit«.[8] Noch ehe Annie Besant am 7. März 1913 die Stiftungsurkunde der deutschen Sektion widerrief und damit der von Steiner geleiteten Theosophenschaft die bisherige Grundlage entzog, gründete Steiner am 28. Dezember 1912 in Köln die »Anthroposophische Gesellschaft«, wobei er selbst nur als spiritueller Lehrer zur Verfügung stand. Er wurde Ehrenpräsident.[9] Mit der Begründung der Anthroposophischen Gesellschaft angesichts der Christusfrage verließen über 2000 Mitglieder, d. h. der größte Teil der deutschen Sektion, die Theosophische Gesellschaft. Diese konnte den Aderlaß zumindest in zahlenmäßiger Hinsicht anscheinend recht gut verkraften, da sich die internationale Gesamtmitgliedschaft mit 36 000 Personen bis 1920 mehr als verdoppelt hatte.

Wie aber nahm Jiddu Krishnamurti die ihm zugedachte Rolle auf? Durch welche Wandlungsprozesse ging er hindurch?

Krishnamurtis Reaktionen

Zieht man in Betracht, aus welchen auch für Indien bescheidenen Verhältnissen Jiddu kam und daß es sich um einen eher langsam und spät reifenden Jungen handelte, dann wird verständlich, daß er die liebende Fürsorge seiner Ziehmutter Besant, auch seines »Onkels« Leadbeater dankbar entgegennahm. Dieser will von »Meister Koot Hoomi« die Botschaft erhalten haben, er solle die beiden Kinder etwas vom Paradies verspüren lassen; die Hölle ärmlichster Zustände im Elternhaus hätten sie lange genug erlitten. In seiner Autobiographie schildert Krishnamurti selbst, wie die erste Zeit bei den Theosophen in Adyar verlaufen sei und wie es zur Begegnung kam:

> Jeden Tag gingen wir (d. h. die beiden Brüder) zu Fuß zur Mylapore Highschool. In den frühen Morgenstunden und an den Abenden machten wir unsere Schulaufgaben.

Nach einiger Zeit begannen wir, regelmäßig mit einigen anderen Jungen aus der Nachbarschaft im Meer zu baden. Bei einer dieser Gelegenheiten, es war im Jahre 1909, trafen wir zum erstenmal meinen lieben Freund und älteren Bruder, C. W. Leadbeater. Dieses Zusammentreffen ergab sich ganz zufällig ... Ich erinnere mich nicht an eine bestimmte Unterhaltung, besonders da ich nicht gut Englisch sprach. Danach trafen wir uns sehr oft, und manchmal lud er uns in sein Haus oder, besser gesagt, seinen Bungalow ein ... als ich ihn zum erstenmal in seinem Zimmer besuchte, hatte ich große Angst, denn die meisten indischen Buben haben Angst vor Europäern. Ich weiß nicht, auf welche Weise diese Angst erzeugt wird, aber einer der Gründe scheint aus der Zeit herzurühren, da noch sehr viele politische Hetze im Gang war und unsere Befürchtungen und Ängste durch das Geschwätz über uns aufgerührt wurden ... Deshalb war es für uns eine große Überraschung zu sehen, wie anders der Engländer war, der gleichzeitig auch Theosoph war. Schon bald entstand eine tiefe Freundschaft zwischen uns. Mr. Leadbeater half uns regelmäßig bei unseren Lektionen ... Man holte von meinem Vater die Erlaubnis ein, daß mein Bruder Nitya und ich die Schule verlassen und künftig in Adyar von Mr. Leadbeater und Mr. Clark (einem jungen Ingenieur) unterrichtet werden durften. Bald machten wir größere Fortschritte als je zuvor. Unser Leben begann in geregelten Bahnen zu verlaufen. Früh am Morgen gingen wir hinunter zu Mr. Leadbeaters Bungalow, studierten bis zum Frühstück, das wir zu Hause einnahmen, und kehrten dann zu ihm zurück. Nachmittags spielten wir Tennis oder gingen zum Meer, um schwimmen zu lernen. Mein Vater war sehr erfreut über unsere Fortschritte, und so wurde am 14. August beschlossen, daß wir nicht mehr zur Schule gehen sollten.[10]

Auch über seine Initiation am 3. Januar 1910 liegt aus Krishnamurtis Hand ein Bericht vor. Seiner »lieben Mutter« A. Besant schreibt der Vierzehnjährige wenig später, wie es ihm und Nitya im Haus des bzw. der Meister ergangen sei:

> Sie sprachen sehr liebevoll. Wir verneigten uns, und der Meister zog mich auf seinen Schoß. Er fragte mich, ob ich bereit sei, mich selbst vollkommen zu vergessen und keine selbstsüchtigen Wünsche zu hegen, sondern nur daran zu denken, wie ich der Welt dienen könne. Ich sagte zu ihm, ich sei bereit und wolle eines Tages so werden wie er. Dann küßte er mich und hielt seine Hand über mich, und es war, als würde ich irgendwie ein Teil von ihm. Ich fühlte mich ganz anders als sonst und sehr, sehr glücklich, und dieses Gefühl ist seither nicht mehr von mir gegangen ...[11]

In der Schwebe bleibt, was tatsächlich in jenen Januartagen des Jahres 1910 mit Krishnamurti geschah. Ebenso bleibt offen, von wem der Text zu der erwähnten Alcyone-Schrift »Zu Füßen des Meisters« eigentlich stammt. Daß Leadbeater der wirkliche Spiritus rector gewesen sei, mutmaßten schon Zeitgenossen. Der durch mehrere Auflagen bestätigte Erfolg des Büchleins und die in »The Theosophist« bzw. in »Herald of the Star« abgedruckten angeblichen Krishnamurti-Texte verstärkten das zustimmende Echo in den Kreisen der weltweiten Theosophischen Gesellschaft. Es fehlte aber auch nicht an Kritik, ja an Spott, wenn die in ihren Sechzigern stehende, in der Welt umherreisende Mrs. Besant auf ihre beiden »Hindu-Söhne« angesprochen wurde. Die schienen vor allem die Gunstbezeugungen der Zugeneigten wahrgenommen zu haben. Einen Messias samt Bruder trifft man nicht alle Tage.

Wohin die beiden von anderen Einflüssen, z. B. von gleichaltrigen Freunden, weitgehend abgeschirmten Jungen kamen, schlug Krishna ein Echo entgegen, das ihn, den älter Werdenden, mehr und mehr befremdete. Er mußte empfinden: Nicht mir wird die Freundlichkeit zuteil, sondern meinem Ruf, mit dem sich andere schmücken. Seine Situation gestaltete sich bald so, daß er zu einer Art Doppelleben gezwungen war: Einerseits brachte er Annie Besant die Liebe eines dankbaren Sohnes entgegen; andererseits wurde ihm die Rolle des Auserwählten, dem sich die Anhänger buchstäblich zu Füßen warfen, dessen Worte sie geradezu als Meister-Offenbarungen applaudierten, zuwider. Er mußte sich immer wieder aufraffen, seinen eigenen Glauben an die Existenz der Meister zu beteuern. Wie lange sollte das Possenspiel noch andauern? Bisweilen überkam ihn eine rebellische Gesinnung. Zwar erklärte er sich bereit, für die Theosophie zu arbeiten und auf diese Weise seinem Vaterland Indien zu dienen, aber das Getue mit der auf ihn projizierten Erwartung ging ihm auf die Nerven. Mehr als einmal entfährt ihm, wie es in ihm selber aussieht: »Wie ich das alles hasse!« Er fragte sich, was er eigentlich verbrochen habe, daß die Wahl gerade auf ihn fallen mußte. Erst wollte er sich selbst finden, ehe er – sofern überhaupt – den Absichten anderer entsprach und der große Lehrer wurde.

Im Laufe der Zeit gab es aber auch Gelegenheiten, bei denen Krishnamurti teils verdeckt, teils offen das aussprach, was er wirklich meinte. Einmal geschah es z. B. in Adyar anläßlich eines Vortrags, den er um 1920 zum Thema »Der künftige Lehrer« hielt. Dabei verband er seine inzwischen gereiften Überzeugungen mit einer immerhin deutlichen prophetischen Vorwarnung:

> Er (der kommende Weltlehrer) wird nicht das sagen, was wir hören wollen, noch wird er unsere Gefühle hätscheln, was wir so mögen. Im Gegenteil: er wird uns alle aufwekken, ob uns das gefällt oder nicht.[12]

Bis dahin sollte noch eine Reihe von Jahren vergehen, ein Auf und Ab von Illusionen. Aber die Lichtpunkte nahmen zu.

Mary Lutyens, die als Biographin den Vorzug hatte, seit ihrer Jugendzeit, d. h. Jahrzehnte hindurch Krishnamurti nahegestanden zu sein, schildert eindrücklich, wie ein fortwährender innerer Aufruhr in dem jungen Mann getobt habe. Bestürzt über den frühen Tod seines Bruders Natya (1925) wuchs in ihm die Spannung, je näher der Augenblick rückte, in dem er sich als der erklären sollte, als der er ausersehen war. Das ging ohne Kontroverse mit denen nicht ab, die dem Weltlehrer als Protektoren und Tutoren behilflich sein wollten. Einzig die Zuneigung zu »Amma«, Mutter Annie Besant, blieb ungetrübt. Diese Beziehung sollte lebenslang andauern, von beiden Seiten her.

Berichtet wird von einem tiefgreifenden Wandlungsprozeß, den »Krishnaji« – so der Kosename der nächststehenden Freundinnen und Freunde – zu durchlaufen hatte. Man deutete die Vorgänge als eine abermalige »Initiation«, durch die die Inkorporation des Lord Maitreya rasch näherrücken konnte. Und war einst der Christus im Kreis von zwölf Aposteln erschienen, so mußte der jetzt Wiederkommende auch von einem Zwölferkreis umgeben sein. Mrs. Besant kam auf diese Idee. Und im vorauseilenden Vollzug dessen, was der Weltlehrer selbst tun würde, nannte die Präsidentin schon mal die ersten sieben Namen, die sie im »Herald of the Star« veröffentlichte. Dabei passierte der alten Dame nur ein kleines Mißgeschick; sie führte auch »Krishnaji« als Apostel des, ja des Krishnamurti auf...

Das konnte denn doch nicht hingehen, daß der Meister sein eigener Jünger ist. Daher war eine entsprechende Korrektur unerläßlich. Wenn man hinzunimmt, daß zur selben Zeit (um 1925) die Repräsentanten in der Leitung der T. S. sich mit immer neuen Initiationen und Beförderungen brüsteten, die sie in die obersten Regionen spiritueller Entwicklung erhoben – nicht wenige fungierten zugleich als purpurgewandete Bischöfe der Liberal-Katholischen Kirche! –, so waren all diese Sensationen geeignet, Krishnamurti »den Rest« zu geben. Die Jahre seines Erwachens und seines Erwachsenwerdens waren gekommen. Dies manifestierte sich zunächst in eigentümlicher Weise und in einem denkwürdigen Augenblick, nämlich als man sich in Adyar versammelte, um im November 1925 das fünfzigjährige Bestehen der Theosophical Society festlich zu begehen. Der anschließende Star-Kongreß, d.h. die Versammlung der im Stern-Orden vereinigten Theosophen, war so recht dazu angetan, daß sein »Haupt« die Anhängerschaft auf das Bevorstehende vorbereite. Pupul Jayakar erzählt, wie Krishnamurti einen uralten Banyanbaum als Kulisse wählte, um seine Ansprache zu halten. Die Atmosphäre schildert sie so:

> Die Sonne schien durch das Geäst, strich über die zahlreichen, verschlungenen Wurzeln und schuf ein magisches Ambiente aus Licht und Schatten. Plötzlich, mitten in seiner Rede, horchte das Publikum wie elektrisiert auf, als er von der dritten in die erste Person überwechselte. Er sprach gerade über den künftigen Weltlehrer und sagte: »Er kommt nur zu jenen, die willens sind, die dürsten, die suchen« – und dann plötzlich: »*Ich* komme zu jenen, die Freundschaft suchen und glücklich sein wollen, die sich danach sehnen, das Glück in allen Dingen zu finden. Ich komme, um zu transformieren, nicht, um niederzureißen; ich komme nicht, um zu zerstören, sondern um aufzubauen.« Viele der Anwesenden nahmen die Veränderung in seiner Stimme wahr; seine Worte waren plötzlich voller Kraft und Vitalität. Mrs. Besant sagte später: »In jenem Moment wurde die Weihe des auserwählten Werkzeuges besiegelt.«[13]

Aber auf welche Weise? Gewiß mußte er noch viel klarer sprechen. Und das tat er auch. In seinen weiteren Äußerungen, wie sie aus den folgenden Jahren überliefert sind, wurde immer deutlicher, daß mit Krishnamurti eine tiefgreifende Veränderung vor sich gegangen sein mußte. Der einstige Schützling und Sendling Leadbeaters war nicht mehr wiederzuerkennen. Alle bisherigen, länger als ein Jahrzehnt auf ihn niedergegangenen Indoktrinationen schienen wirkungslos geblieben zu sein. Er scheint vor allem keinen Schaden genommen zu haben durch fragwürdige, auf niedriger Bewußtseinsstufe empfangene »Meister«-Appelle. Endlich wagte der Erwählte, unverblümt von dem zu berichten, was ihn seit langem aufgewühlt hatte: dem Kampf um das eigene Selbst, dem Kampf um spirituelle Befreiung aus der Gefangenschaft einer vagen, die tatsächliche spirituelle Reifung hindernden Pseudo-Theosophie:

> Ich habe darum gekämpft, frei zu sein. Frei von meinen Freunden, meinen Büchern, meinen Bindungen. Ihr müßt für die gleiche Freiheit kämpfen.

Jiddu Krishnamurti war zum Rebell geworden, zum Revolutionär. Seine Kunde war nun nicht mehr mit den Dogmen theosophischer Ideologie in Einklang zu bringen. Er führte sie ad absurdum. Das geschah nicht etwa in einem beichtähnlichen Vier-Augen-Gespräch, sondern in aller Öffentlichkeit beim traditionellen »Star-Camp« im holländischen Ommen (1927). Damit war, zum Entsetzen der Drahtzieher, der Schleier der unzähligen Täuschungen endgültig zerrissen. Krishnamurtis Selbstbestimmung lautete:

> Der Geliebte (Lord Maitreya, zugleich das eigene Selbst) ist der weite Himmel, jede Blume, jedes menschliche Wesen. Krishnamurti ist nicht außerhalb, sondern in ihrem Innern. Durch seinen Schmerz und seine Trauer ist er mit dem Bild verschmolzen ... Ich und der Geliebte sind eins. Die Vision ist total. Das bedeutet Befreiung für mich ... Die Persönlichkeit J. Krishnamurtis wurde von der Flamme verzehrt. Was danach geschieht, ist gleichgültig, ob der Funke in der Flamme bleibt oder herausspringt.[14]

Niederschmetternd wirkten diese Eröffnungen auf Annie Besant. Die achtzigjährige Präsidentin erkrankte schwer. Schlagartig verschlimmerten sich die altersbedingten Ausfälle bei ihr. Immerhin war sie noch besonnen genug, die Arbeit in der Esoterischen Abteilung auszusetzen, zumindest so lange, bis die Mitgliedschaft die Fortführung erzwang. A. Besants Glaube an Krishnamurti schien trotz allem, was geschehen war, fortzubestehen. Sie war sogar (evtl. durch den Zusammenbruch bedingt?) in der Lage, Zeuge zu sein, als Krishnamurti zwei Jahre später, am denkwürdigen 3. August 1929 beim folgenden Star-Camp in Ommen, auf sein Messiastum offiziell Verzicht leistete. Es geschah in Anwesenheit von etwa dreitausend Mitgliedern des »Order of the Star«, den er auflöste.

Im pfadlosen Land der Wahrheit

Krishnamurtis abschließende Bilanz ließ keinen Posten unerledigt. Und vor jenen Theosophen, die doch einst angetreten waren, die Wahrheit über alles zu stellen, sprach er aus, was gerade sie hätten verstehen müssen, das Zeugnis von Wahrhaftigkeit und Wahrheit, gegen die er nicht länger Widerstand leisten konnte und durfte. Seine denkwürdige Ansprache brachte alle wesentlichen Punkte an den Tag. Krishnamurti, den »theosophischen« Messias-Anwärter, gab es nicht mehr:

> Die Wahrheit ist ein unwegsames Land. Es gibt keine Pfade, die zu ihr hinführen, keine Religionen, keine Sekten. Das ist mein Standpunkt, den ich absolut und bedingungslos vertrete.
> Die Wahrheit ist grenzenlos, sie kann nicht konditioniert, sie kann nicht auf vorgegebenen Wegen erreicht und daher auch nicht organisiert werden. Deshalb sollten keine Organisationen gegründet werden, die die Menschen auf einen bestimmten Pfad führen oder nötigen. Wenn ihr das

> einmal verstanden habt, werdet ihr einsehen, daß es vollkommen unmöglich ist, einen Glauben zu organisieren. Der Glaube ist eine absolut individuelle Angelegenheit, und man kann und darf ihn nicht in Organisationen pressen …

Damit hatte der Weltlehrer in der Tat seine Lehre gefunden, eine Lehre, die nicht von außen an Menschen heranzutragen ist, sondern die letztlich im Seelengrund eines jeden einzelnen aufkeimt bzw. zum Aufkeimen zu bringen ist. Journalisten fragen, was er jetzt eigentlich tun wolle, nachdem er die mehrere tausend Menschen zählende Organisation des Stern-Ordens aufgelöst hat. Der Zweiunddreißigjährige gibt eine ebenso schlichte wie plausible Antwort:

> Wenn nur fünf Menschen zuhören, leben wollen, ihr Gesicht der Ewigkeit zugewandt haben, so ist das genug. Ich habe, wie ich bereits sagte, nur ein Ziel: den Menschen zu befreien, ihm Anstöße zu geben, sich selbst zu befreien …

Noch lebt Annie Besant. Durch sie allein bleibt er noch mit der Theosophischen Gesellschaft verbunden, bis zum Tod der Sechsundachtzigjährigen im Jahre 1933. Alle anderen zwischenmenschlichen Beziehungen und Freundschaften, die lediglich auf Ideologie gegründet waren, lösen sich auf. Krishnamurti ist nun endgültig er selbst. In Adyar läßt er sich nur noch selten blicken. Eine Bleibe findet er in Ojai/Kalifornien, wo er dank Besants Vorsorge schon in früheren Jahren zeitweise gelebt hat und von wo aus er überall dorthin zu Vorträgen und Gesprächen reist, wo man ihn, ihn und seine Erkenntnis, nicht aber die Figur der Stern-Leute von einst, hören will. Und man will ihn hören, will das Wort vom geistigen Brückenschlag hören, das Zugang zu einem neuen erfüllten Leben zu schaffen versucht. Heilend will er wirken, wobei ihm eine natürliche Heilkraft eignet, die er dann und wann zur Verfügung stellt.

Daß es im Grunde keiner religiösen oder spirituell-weltanschaulichen oder gar »esoterischen« Organisation mit Prinzipien oder Statuten bedarf, hatte er mit klarer Entschiedenheit oft genug gesagt. Da sparte er auch nicht mit rigorosen Formulierungen. Als er beispielsweise einmal gefragt wurde, wie er über die Zulassung von Parias zu den Tempeln denke, da hob er den Grund dieser Frage mit der Gegenfrage auf: Wozu eigentlich noch Tempel? – Wenn sich in den folgenden Jahren sogenannte Krishnamurti-Foundations bildeten, in England, Amerika und Indien (mit Verbindungsleuten in zahlreichen europäischen wie außereuropäischen Ländern), dann oblagen ihnen lediglich administrative Funktionen. So war es zumindest von ihm gedacht. Seine Reisen in alle Kontinente mußten vorbereitet, seine Vorträge dokumentiert und in Büchern publiziert werden. Hier lagen und liegen auch künftig die Aufgaben der Krishnamurti-Foundations. Dagegen wollte ihnen der Namensgeber keine geistigen Funktionen oder Führungsaufgaben zuerkennen, durch die wiederum Menschen in Abhängigkeit kommen könnten.

Ein Schulkonzept

Eine Besonderheit stellen die Schulen dar, deren Begründung Krishnamurti mit Rat und Interesse begleitete. Mary Lutyens hebt hervor, daß das erzieherische Element für sein ganzes Leben bestimmend gewesen sei. Vorurteile über die rassische, religiöse, kulturelle Andersartigkeit anderer Menschen sollten bei der jungen Generation erst gar nicht aufkommen. Es galt somit, die Grundsätze Krishnamurtis bereits dem heranwachsenden Menschen in möglichst undoktrinärer und beispielgebender Form zu vermitteln und im jeweiligen Alltag einzuüben. Gleichzeitig legte man Wert auf solide, möglichst herausragende Schulabschlüsse, die sich sehen lassen können.

In mancher Hinsicht ähneln diese Einrichtungen den Waldorfschulen Rudolf Steiners, wenngleich die Eigenständigkeit und Unvergleichbarkeit da und dort kaum geleugnet werden kann.[15] Wenn man aber beispielsweise von dem Erziehungszentrum »Brockwood Park« in England hört, daß Lehrer, Schüler und Mitarbeiter ein soziales Ganzes verkörpern, daß akademisch gebildete Mitarbeiter im schulischen Bereich nicht anders besoldet werden als die in Haus, Küche, Garten oder Büro Tätigen, ferner daß jedem Mitarbeiter die seiner Funktion gemäße Sachautorität zugesprochen wird, dann geht daraus hervor, daß auch hier mehr als nur eine der herkömmlichen Reformschulen gemeint ist.

Wie der Gang durchs »pfadlose Land der Wahrheit« in einer solchen Schule erprobt wird, hat David Bohm, bekannt als Professor für Theoretische Physik an der Universität London, skizziert, indem er einige der Kernaussagen Krishnamurtis herausstellte:

> Die Kernaussage weist darauf, daß die Menschheit zu Gewalt, Angst und Selbsttäuschung konditioniert worden ist und daß diese Konditionierung nur durch die Kunst des Lernens beendet werden kann. Ein solches Lernen ist nicht in erster Linie auf ein Ansammeln von Wissen gerichtet; dies wird nur als ein Nebenprodukt angesehen. Das Wesentliche ist der Akt des totalen Zuhörens, Sehens und Bewußt-Seins, und zwar nicht nur der äußeren Realität, sondern auch der inneren Reaktionen wie Zuneigung und Abneigung, Kränkung, Aggression, Vergnügen und Leid ... Bei diesem Lernen gibt es keine vorgegebene Autorität, die einem die Illusion von Sicherheit vorgaukeln könnte. Alles kann und muß hinterfragt werden, besonders das »Selbst« oder das »Ego«. Es versteht sich, daß die alltäglichen Beziehungen als eine Art Spiegel funktionieren können und sollten, der die Tatsache der Konditionierung offenbart und einem die Ge-

legenheit bietet, diese augenblicklich zu erkennen und somit davon frei zu sein.
Brockwood Park ist ein Ort, wo die Lehre Krishnamurtis erprobt wird. Wenn Mensch und Gesellschaft sich in diesem Mikrokosmos, in den die Schüler, Mitarbeiter und Lehrer mit all den Problemen der gesamten Welt hineinkommen, fundamental verändern können, dann könnte eine solche Transformation auch in breitem Raum stattfinden, vielleicht zunächst in weiteren Stätten der Erziehung und Bildung und später dann in der gesamten Gesellschaft ...[16]

Aufruf zur Veränderung

Zu den Menschen, die außerhalb der Theosophischen Gesellschaft auf Krishnamurti aufmerksam wurden und ihm neue Interessenten erschließen halfen, gehörte der englische Schriftsteller Aldous Huxley (1894–1963). Der an Fragen der »Philosophia perennis« und auch der östlichen Tradition interessierte Romancier und Essayist war schon in den dreißiger Jahren auf ihn aufmerksam geworden. Eine langjährige Freundschaft verband die beiden etwa gleichaltrigen Männer. Für eine der ersten Buchveröffentlichungen Krishnamurtis, »The first and the last Freedom« (1954), stellte Huxley ein ausführliches Vorwort zur Verfügung. Mary Lutyens meint, die darin zum Ausdruck gebrachte Begeisterung habe sicherlich mehr Menschen für Krishnamurtis Lehre gewonnen als jede andere Publikation in jenen Jahren:

> [Dieses Vorwort] umfaßt das ganze Spektrum seiner Lehre, bis zu dem ungewissen Datum, zu dem es geschrieben wurde. Seine kompromißlose Weigerung, Trost zu spenden, ist etwas, das ihn einzigartig von allen anderen religiösen Lehrern unterscheidet. Er weigert sich, unser Guru zu sein: er will uns nicht sagen, was wir

tun sollen; er hält uns nur einen Spiegel vor und verweist auf die Ursachen von Gewalt, Einsamkeit, Eifersucht und das übrige Unglück, das der Menschheit anhaftet, und sagt: »Nehmt es an oder laßt es sein. Und die meisten von Euch werden es sein lassen, aus dem offensichtlichen Grund, daß Ihr keine Befriedigung darin findet.«[17]

Keine Spur von all dem Brimborium, mit dem sich Applaus und Huldigung gewohnte (Pseudo-)Gurus aus dem Osten vor einer sensationssüchtigen westlichen Anhängerschaft präsentieren. Krishnamurti weigert sich, deren Krücke zu sein; er weigert sich auch, sich in den Käfig einer geistblinden Verehrung sperren zu lassen. Lange genug war er als »Haupt« des Stern-Ordens und als Messias-Anwärter das Objekt eines derartigen Personenkultes. Dieser ist für beide Seiten gefährlich. Wer auf diese Weise vor sich selbst warnt, eignet sich schwerlich zum Heiland, Weltlehrer oder Erlöser. Wenn sich dennoch nach Orientierung und Selbst-Werdung Suchende in großer Zahl in aller Welt um ihn scharten, beispielsweise im schweizerischen Saanen, wo er bis in seine letzte Lebenszeit hinein Jahr für Jahr zu Vorträgen und Gesprächen erschien, dann waren von ihm schwerlich Schmeicheleien zu hören. Selbst klar definierte Übungsanleitungen für einen spirituellen Weg oder bestimmte Verhaltensmaßregeln erwartete man von Krishnamurti vergebens. Dafür nährte er die Skepsis gegen eben solche Ermahnungen oder Ratschläge, als hätte es keinen Sinn, Eigenerfahrungen weiterzugeben und Erkanntes zu vermitteln.

In mancher Hinsicht erinnerte er an Sokrates' mäeutische Kunst, d. h. an die Fähigkeit des athenischen Philosophen, das Erfragte aus dem Fragesteller selbst herauszuholen oder das Gesuchte von dem Suchenden selbst finden zu lassen. Das aber bedeutete vielfach eine Kehrtwendung, eine radikale Veränderung der Einstellung, mit der Menschen sich an Krishnamurti wandten.

Diese Veränderung konnte bereits damit beginnen, daß er die Unterscheidung von Meister und Schüler, von Führer und Geführten aufhob, insbesondere dann, wenn – wie im heutigen Guru-Geschäft üblich – allzu geschäftstüchtige Mittelsleute zwischen beiden stehen, zwischen oben und unten. Meist ist der besagte »Meister« selbst allzu fern gerückt, oder er thront allzu erhaben über »denen da unten«. Da sind ganz andere Qualitäten gefragt; Nüchternheit, Selbstverleugnung und Demut. Hierzu Krishnamurti:

> Echte Demut kennt keine Scheidung zwischen Oberen und Unteren, zwischen Meistern und Schülern. Solange das Bewußtsein zwischen Meister und Schüler, zwischen seiner Wahrheit und der eigenen Unvollkommenheit unterscheidet, ist keine Erkenntnis möglich. Im Innewerden der Wahrheit gibt es weder Meister noch Schüler, weder Fortgeschrittene noch Anfänger. Wahrheit ist das Innewerden dessen, was *ist*, von einem Augenblick zum anderen, unbelastet von dem, was war und was vielleicht noch in die Gegenwart nachwirkt.[18]

Aber ist es bei nüchterner Einschätzung derer, die nach einer Orientierungshilfe fragen, nicht doch nötig, daß man sich – etwa in Krisensituationen – Führung und Geleit geben läßt und sie andererseits Bedürftigen auch gewährt? – Krishnamurtis Stellungnahme fiel jeweils kompromißlos, ja rigoros aus:

> Wer uns veranlaßt, einen politischen oder geistigen Führer zu erwählen, ist unsere Geistesverwirrung, und darum ist diese Wirrnis bei dem Erwählten nicht geringer als bei uns selbst. Wir möchten geschmeichelt und getröstet sein. Wir verlangen, daß man uns Mut macht und uns belohnt; darum wählen wir den als Lehrer, der uns gibt, was wir begehren. Was wir suchen, ist nie die Wahrheit, denn im Grunde sind wir nur hinter Anerkennung und Eindrükken her. Indem wir uns einen Lehrer, einen Meister zule-

gen, erweisen wir unserem Ich und seiner Selbstverherrlichung einen großen Dienst, denn dieses Ich wäre in Angst und Wirrnis verloren, wenn ihm seine Nichtigkeit zum Bewußtsein käme... Kann ein Außenstehender, mag er noch so bedeutend sein, etwas dazu tun, daß man innerlich ein anderer wird?[19]

Man könnte an dieser Stelle fragen, wie ernst die unverhüllte Provokation dieser Sätze eigentlich gemeint ist. Wer die in aller Welt in großer Zahl verbreiteten Bücher, die Audio- und Videokassetten Krishnamurtis in ihrer Publikumswirkung zur Kenntnis nimmt, dem wird nicht entgehen, daß auch dieser Rufer zur Ideologiefreiheit – nolens volens – eine nicht geringe Suggestivwirkung ausgeübt hat. Wer daher nun seinerseits Krishnamurti dogmatisch nimmt, wie er gar nicht genommen werden wollte, der verfängt sich eben im Netz dessen, der andere aus den bisherigen ideologischen Gefangenschaften befreien wollte. Festzuhalten bleibt indes seine Maxime: »Innerlich ein anderer werden.« Dieser Aufruf zur Veränderung darf nicht verstummen.

Aber Krishnamurti, der Zerstörer aller Götzenbilder, wäre nicht Krishnamurti, warnte er nicht auch vor dem falschen Gebrauch dieser Forderung und würde er nicht an seinem eigenen Kranz rupfen. Denn statt sich von irgendeinem Imperativ unterjochen zu lassen, käme es darauf an, still zu sein und nicht länger den Einflüsterungen der eigenen Gedankenverbindungen zu trauen, die ungeprüft die Schwelle des Bewußtseins überschreiten. In einem seiner Vorträge und Gespräche in Saanen (1980) kam er auf dies Thema jener unablässigen Geschwätzigkeit zu sprechen, die wie automatisch in uns abläuft, wenn es uns nicht gelingt, ihr Einhalt zu gebieten:

Wenn Sie nun irgend etwas – einen Baum, eine Blume, die Silhouette der Berge – beobachten wollen, müssen Sie hinausschauen, müssen Sie still sein. Aber Sie interessieren sich ja gar nicht für die Berge oder für die Schönheit der Hügel und Täler und der Flüsse. Sie wollen nur irgendwo ankommen, geistig etwas erreichen. – Kann man denn nicht auf natürliche Weise still sein? Kann man denn nicht einen Menschen anschauen, einem Lied oder dem zuhören, was Ihnen jemand sagt? Ruhig, widerstandslos zuhören? Ohne dabei zu sagen: »Ich muß mich wandeln, ich muß dies oder das tun!«, sondern nur ruhig sein? Offensichtlich ist das am allerschwersten. Deshalb üben Sie systematisch das Stillwerden. Erkennen Sie jetzt, wie falsch das ist, wenn man sich in einer Methode übt, einem System, einer regulären täglichen Routine folgt, von der Sie glauben, daß sie Ihren Geist schließlich still machen wird? ... Können wir also als gewöhnliche Menschen voller Schwierigkeiten und Unruhe still sein und dem Geplapper unsrer eigenen Gedankengänge zuhören? Kann man still sitzen oder stehen oder gehen, ohne daß einen jemand dazu veranlaßt hat, ohne Belohnung, ohne Verlangen nach außergewöhnlichen, übersinnlichen Erfahrungen? Beginnen Sie auf der Ebene der Vernunft. Von da aus kann man sehr viel weitergehen.[20]

Also doch wieder ein Ratschlag, die Empfehlung dessen, was gar nicht empfohlen werden soll? Auch Paradoxien enthalten einen Wink. Krishnamurti verstand es, Winke dieser Art zu geben. Und das Resümee, das über seinem langen Leben stehen könnte, lautet:

Wir müssen also unser eigener Lehrer und Schüler sein. Es gibt außerhalb keine Lehrer, keinen Heiland und keinen Meister. Wir müssen uns selbst ändern, und daher müssen wir lernen, uns zu beobachten und zu kennen. Dieses Kennenlernen ist faszinierend und eine fröhliche Sache ...[21]

Jiddu Krishnamurti, der Homo Magus, der keiner sein wollte und eben dadurch einer war, verstarb am 17. Februar 1986.

Alice Ann Bailey unter der Inspiration des Tibeters

Gedanken sind weiterwirkende Kräfte. Spirituelle Impulse, die einmal empfangen worden sind und weitergegeben werden, sind nicht mit Meteoriten zu vergleichen, die verglühen und damit aus dem menschlichen Sichtbereich verschwinden. So ist die mit H. P. Blavatsky manifest gewordene Geistesart, d. h. das Beeinflußtwerden von »östlichen Meistern«, nicht etwa vergangene Geschichte. Abgesehen von der anglo-indischen Theosophie als solcher, die auf ihre Weise das Erbe ihrer Begründerin angetreten hat, gibt es ein Fortwirken in ihrem Stil, wenngleich mit verändertem Akzent. Dabei ist an die Engländerin Alice Ann Bailey (1880–1949) zu denken.

Von außen betrachtet mag es freilich verwunderlich erscheinen, wenn man sieht, wie mit ihr eine Persönlichkeit auf den Plan getreten ist, die ähnlich wie Madame Blavatsky sich durch angeblich fernöstliche Instanzen – hier »der Tibeter« – inspirieren ließ. Die Problematik einer derartigen Methode liegt auf der Hand, wenn man bedenkt, daß die wesentlichen Aussagen in Gestalt schriftlicher Kundgaben in zahlreichen, zum Teil umfangreichen Büchern gleichsam am bewußten Ich dieser Frau vorbeigingen. Die Schreiberin, die großen Wert darauf legte, zwar »Mittelsperson«, jedoch nicht Medium zu sein, diente buchstäblich als Instrument unter der Führung einer verborgenen »Hierarchie«. Wieder kommen okkulte »Meister« ins Spiel. Und die Inspirierte hat das Empfangene als eine Fügung hinzunehmen, die Kundgaben – bis zu einem gewissen Grad widerspruchslos – durchzugeben. Von individueller Freiheit kann da nicht die Rede sein.

Sollte weder die aufgrund eigener leidvoller Erfahrung betriebene Aufklärungsarbeit Krishnamurtis noch die an die heutige Bewußtseinsart appellierende Aktivität Rudolf Steiners fähig gewesen sein, hier als Korrektur zu wirken?

Erste Lebenszeit

Alice Ann Bailey – abgekürzt: A. A. B. – eine geborene Le Trobe-Bateman, stammt aus England. Sie wurde am 16. Juni 1880 in Manchester als Tochter eines Ingenieurs geboren. Ihre Ahnentafel ließ sich väterlicherseits bis ins hohe Mittelalter, d. h. bis in die Zeit vor den Kreuzzügen, zurückführen; eine andere Linie verweist auf einen hugenottischen Zweig, den der Name Le Trobe kenntlich macht. Das Familienwappen deutet sie wie folgt:

> Es besteht aus einem Heroldsstab mit je einem Flügel an beiden Enden, und zwischen beiden Flügeln erscheinen der fünfzackige Stern und der Halbmond. Letzterer geht natürlich auf die Kreuzzüge zurück, an denen einige meiner Vorfahren anscheinend teilgenommen haben. Aber ich stelle mir das ganze Symbol gern als ein Sinnbild unseres beschwingten Aufstieges vor, als den Stab der Einweihung, als eine Beschreibung des Zieles und seiner Mittel und Wege, des Evolutionszieles und des Anspornes, der uns alle der Vollendung entgegentreibt, einer Vollendung, die am Ende durch den Stab den Ritterschlag der Anerkennung empfängt. In der Sprache der Symbolik hat der fünfzackige Stern seit jeher den vollendeten Menschen bedeutet, und der zunehmende Mond beherrscht angeblich die niedere oder Formnatur. Das ist das ABC okkulter Symbolik, aber ich finde es interessant, daß all das in unserem Familienwappen zusammentrifft.[1]

Der Ingenieurberuf des Vaters bedingte, daß der Familie verschiedene Reisen und längere Auslandsaufenthalte bevorstanden. Auch später lernte A. A. B. die Welt kennen, den europäischen Kontinent, Kanada, die Vereinigten Staaten, wo sie mit der eigenen Familie einen großen Teil ihres Lebens verbrachte, und Indien.

Wie man aus ihrer »Unvollendeten Autobiographie« erfährt, wuchs A. A. B. in einer konservativ ausgerichteten Familie auf, in der man sich strikt nach den gängigen Konventionen zu richten pflegte. Folglich hatte sich auch Alice, die schon in der Kindheit beide Eltern infolge Tuberkulose verlor, diesem Regelkomplex zu unterwerfen:

> Bis zum 20. Lebensjahr war mein Leben gänzlich der Regelung durch meine Erzieher oder den sozialen Bräuchen meiner Zeit unterworfen. Ich durfte dies und jenes nicht tun; diese oder jene Haltung war unkorrekt; was würden die Leute darüber denken oder sagen? Du kommst ins Gerede, wenn du dies oder jenes tust; das ist nicht der Typ eines Menschen, mit dem du bekannt werden darfst; sprich nicht mit jenem Mann oder jener Frau; feine Leute sprechen oder denken nicht so; du darfst nicht in Gegenwart anderer gähnen oder niesen; du darfst erst sprechen, wenn du angesprochen wirst usw. usw. Das Leben war eingeengt durch das, was man unmöglich tun durfte, und das verlief nach peinlichst genauen Regeln, die jede nur mögliche Situation vorsahen.[2]

Siebenundzwanzigjährig heiratete sie in erster Ehe Walter Evans, den Rektor der Protestant Episcopal Church, mit dem sie drei Töchter hatte. Sie war zur bibeltreuen Protestantin geworden. Evangelisation und Sozialarbeit sah sie als besondere Verpflichtung an. Wie naiv und unvorbereitet sie in die Welt hineinging, schildert sie selbst in ihrem Lebensbericht. Die Aufzeichnungen machen darüber hinaus deutlich: Hier spricht die schlichte, ohne besondere Bildung ausgestattete Hausfrau mit bescheidenen Ansprüchen. In ihren »inspirierten« Büchern hingegen kommt ein anderer als der eigentliche Autor zu Wort. Das individuelle Ich bleibt weitgehend ausgeblendet. Im selben Jahr 1919, in dem die Ehe durch Scheidung beendet wurde, meldete sich

»Meister Djwhal Khul« (D.K.) auf telepathischem Weg, der ominöse »Tibeter«. Doch Grenzerlebnisse waren schon der jungen Alice geläufig. In diesem Zusammenhang ist wohl auch die Tatsache zu sehen, daß sie als kleines Kind mehr als einmal den Versuch machte, die »Schwelle« zu überschreiten, d. h. aus dem Leben zu scheiden. Hinzu trat das Interesse für alles Okkulte, so auch für die anglo-indische Theosophie. Deshalb war sie 1915 als Mitglied der Adyar-Theosophie Annie Besants in die Theosophical Society eingetreten, wo sie – ähnlich wie ihr zweiter Mann, Foster Bailey, Generalsekretär der T. S. in den USA – mit verschiedenen Aufgaben betraut wurde.

Ein »Meister der Weisheit« meldet sich

Folgt man ihren autobiographischen Aufzeichnungen, dann gab es im Leben von A. A. B. schon zu einem Zeitpunkt denkwürdige Erlebnisse besonderer Art, als sie sich noch im traditionellen Kirchentum befand und von ihrer späteren Sendung keine Ahnung haben konnte. Ein solches Datum war für sie der 30. Juni 1895. Alice war vierzehn Tage vorher gerade 15 Jahre alt geworden. Freimütig schildert sie ihre damalige seelische Verfassung und was sich – scheinbar in Raum und Zeit – begab:

> Monatelang hatte ich unter dem Druck jugendlicher Gemütsverstimmungen gelitten. Das Leben schien mir nicht der Mühe wert. Überall sah ich mich nur von Leid und Beschwerlichkeit umgeben. Ich hatte mich nicht danach gedrängt, in diese Welt zu kommen, und doch war ich hier. Ich war gerade 15 geworden. Niemand liebte mich, und ich wußte, daß ich eine häßliche Gemütsart hatte, und war daher nicht überrascht, daß mir das Leben Schwierigkeiten bereitete. Die Zukunft versprach mir nichts... Die Welt war geteilt in diejenige, die Christen waren und sich um die Erlösung von Seelen bemühten,

> und in die anderen, die Heiden waren und sich anbetend vor steinernen Bildern verneigten. Der Buddha war ein steinernes Bild ... Ich tastete vollkommen im Nebel. Und dann – auf dem Höhe-(bzw. Tief-)Punkt meiner Betrübnis und inmitten meines Dilemmas und meiner Zweifel – kam einer der Meister der Weisheit zu mir. Zur Zeit dieses Ereignisses und viele Jahre danach hatte ich nicht die blasseste Ahnung, wer »er« war. Die Begebenheit ließ mich vor Angst erstarren ...[3]

Subjekt dieses Ereignisses war jedoch kein Ungeheuer, sondern ein »hochgewachsener Mann in europäischer Kleidung von sehr gutem Schnitt, wie ich mich entsinne, aber mit einem Turban auf dem Kopfe«. Der Fremde hatte den Raum betreten, sich neben das eingeschüchterte Mädchen gesetzt und es auf seine künftige Verwendbarkeit für ihn und für die Welt hin angesprochen, »ich würde über die ganze Welt reisen, viele Länder besuchen und dabei ›allezeit deines Meisters Werk‹ tun«. Es waren Worte, die sie nie vergessen konnte. Dabei sollten mehr als zwei Jahrzehnte vergehen, bis die Inspirationen des »Tibeters« einsetzten. Die Autobiographin will jedoch viele Jahre später (1918) herausgefunden haben, daß ihr Besucher »Meister Koot Hoomi (K. H.)« gewesen sei, jener K. H., der in der Theosophischen Gesellschaft seit den Tagen H. P. Blavatskys eine so maßgebende und richtungweisende Rolle gespielt hat. Weiter legt A. A. B. Wert auf die Feststellung, daß sie seit jenem Jugenderlebnis im Dienst dieses Meisters stehe und mittlerweile »einer der älteren Jünger in seiner Gruppe, in seinem Ashram« sei.

Buddha und Christus

Zweierlei ist an dieser Stelle festzuhalten: Zum einen deutet Alice A. Bailey rückblickend dieses frühe Erlebnis so, daß es in demselben Inspirationszusammenhang erscheint, in dem Blavatsky und ihr Anhang gestanden haben will; sie sieht sich demnach in dieselbe Kontinuität hineingestellt wie ihre große als Vorbild verehrte Lehrerin. Zum anderen bot die Theosophical Society in diesen Tagen keineswegs ein besonders vorteilhaftes Bild. A. A. B. kommt gelegentlich auf mancherlei menschliche Schwächen und Unzulänglichkeiten zu sprechen, unter denen sie selbst und ihr Mann zu leiden hatten. »Theosophie« und Theosophische Gesellschaft sind daher auch in ihren Augen deutlich zu unterscheiden.

Erinnert man daran, daß H. P. Blavatsky zwar die Ethik Jesu hoch hielt, jedoch zum Christentum in seiner Gesamtheit ein Verhältnis hatte, das diese Religion stark relativierte, dann ist bei A. A. B. ein anderer Akzent gesetzt. Hier kommt Christus von neuem zu Ehren. Symbolischer Ausdruck dieser Einschätzung des Christus ist das von ihr verwendete Zeichen: ein gleichschenkliges Kreuz in der Mitte eines fünfstrahligen Sterns. Ihre fundamentalistischen Anschauungen von früher vermochte diese bibelgläubige Frau offensichtlich unschwer in die von ihr vertretene Theosophie hinüberzuretten. Der Christus war demnach nicht nur einer unter anderen »Religionsstiftern«, sondern eine Mittelpunktsgestalt im Kreis der großen »Meister der Weisheit«. Ihre Erfahrung drückt A. A. B. einmal mit folgenden Worten aus, als sie das Gegenüber von Christus und Buddha, wie sie es verstand, näher zu beschreiben suchte.

> Ich hatte das Gefühl des Wiedererkennens. Gleichzeitig wußte ich, daß unser Christus dadurch in keiner Weise in seinem Wert geschmälert wurde. Ich erhielt einen kurzen Einblick in die Einheit und den Plan, für den sich Christus, Buddha und alle Meister unaufhörlich und hingebungsvoll einsetzten. Erstmalig, wenngleich verschwommen und unsicher, erkannte ich die Einheit aller Manifestationen, und es wurde mir bewußt, daß alles Beste-

hende: die materielle Welt, das Reich des Geistes, der aufstrebende Jünger, das sich entwickelnde Tier und die Schönheit des Pflanzen- und Mineralreiches ein göttliches, lebendiges Ganzes ausmacht, das sich vorwärtsbewegt, um die Herrlichkeit des Herrn zu bekunden. Ich begriff – verschwommen –, daß die Menschenwesen den Christus, Buddha und alle Mitglieder der planetarischen Hierarchie nötig haben und daß es Vorgänge und Ereignisse gibt, die von weit größerer Bedeutung für den Fortschritt der Menschenrasse sind als diejenigen, welche die Geschichte verzeichnet ... Mein Leben war und ist noch heute von dem Wissen bestimmt, daß es Meister und subjektive Ereignisse auf den inneren, geistigen Ebenen und in der Welt der Bedeutung gibt, die einen Teil des Lebens selbst und vielleicht seinen bedeutendsten Teil ausmachen.[4]

Der »Tibeter« spricht

Es waren zunächst überaus leidvolle und bedrückende Erfahrungen, die Alice A. Bailey in den Jahren ihrer Lebensmitte, d. h. um das 35. Lebensjahr, verkraften mußte: Die endgültige Auflösung der Ehe mit dem protestantischen Pastor Evans hatte allerlei körperliche und seelische Torturen verursacht, die die durchaus angepaßte Frau zu erdulden hatte; dann aber auch die Enttäuschungen in und mit der Theosophischen Gesellschaft, namentlich in deren E. S. (Esoterische Schule), die sich ebenfalls als ein Instrument der Gängelung und des Machtmißbrauchs erwies, während das Esoterische als solches in den Hintergrund gerückt war. Die Lebensbegegnung mit Foster Bailey, der sich für die Besonderheit innerer Wahrnehmungen seiner späteren Frau zu öffnen vermochte, war indes eine entscheidende Hilfe. Er brachte ihr nicht zuletzt großes Verständnis entgegen, als »der Tibeter« auftauchte. Dieser sollte – ähnlich wie »die

Meister« im Leben von H. P. B. – auch ihr künftiges Leben und Schaffen bestimmen. Dabei handelte es sich um den Empfang all dessen, was in ihren Schriften niedergelegt ist und was A. A. B. schließlich befähigte, als Frau ohne sonderliche Bildung, eine Geistesschule zu begründen und zu leiten, die Arkanschule.

Über das zugrundeliegende Problem suchte sich Mrs. Bailey selbst Rechenschaft zu geben. Zum einen wußte sie, welche großen Unterschiede im geistig-seelischen Bereich bestehen. Sie meinte damit einerseits allerlei psychische Mechanismen, sogenanntes automatisches Schreiben, spiritistische bzw. mediale Durchsagen, den Empfang telepathischer Sendungen, wobei Quellen der Täuschung und des Betrugs nicht immer auszuschalten sind. Auf der anderen Seite lernte sie die Quellen jener Inspiration unterscheiden, aus denen Künstler und schöpferisch tätige Menschen aller Art schöpfen. Mit dieser Art der Einsprache schien für A. A. B. all das verwandt zu sein, was sie in personifizierter Form als den »Tibeter« bezeichnete. Nach ihrer Schilderung der Ereignisse begann es so:

> Im November 1919 kam ich zum ersten Mal mit dem Tibeter in Verbindung. Ich hatte die Kinder zur Schule geschickt, wollte mir ein paar freie Minuten gönnen und ging auf einen Hügel, nicht weit von unserem Haus. Ich setzte mich und begann nachzudenken, als ich plötzlich auffuhr und aufhorchte. Mir war, als ob ich eine klare musikalische Note hörte, die vom Himmel her durch den Hügel hindurch und in mir ertönte. Dann hörte ich eine Stimme, die mir sagte: »Es ist erwünscht, daß einige Bücher geschrieben und veröffentlicht werden. Sie können sie schreiben. Wollen Sie das tun?«[5]

Nach den erwähnten Anlagen oder Neigungen zu okkulten Phänomenen zu schließen, könnte man vermuten, A. A. B. wäre alsbald auf das Ansinnen dieses Unbekannten eingegangen. Aber sie widersprach energisch, weil sie »kein erbärmliches Medium« sein wollte. Die Stimme sagte ihr daraufhin, man wolle ihr Zeit zum Überlegen einräumen. Damit war die Manifestation beendet. Doch nur für wenige Wochen war das merkwürdige Erlebnis von den Pflichten als Hausfrau und von der Sorge für ihre drei Kinder überdeckt. Die Stimme meldete sich eines Abends wieder, als die Kinder ins Bett gebracht waren und im Haus Stille eingekehrt war. Nach anfänglichem Widerstand gegen das Ansinnen des Unbekannten entwickelte A. A. B. eine gewisse Neugierde für das, was ihr als Buchtext zugesprochen werden sollte.

So empfing sie binnen weniger Wochen die ersten Kapitel ihres späteren Buches »Initiation, menschliche und solare Einweihung«. Für die Empfängerin war dies selbst eine solche Einweihung in eine bislang verborgene Welt. Es handelte sich insofern um eine Initiation, als der Text auf eine Erweiterung des Denkens und auf eine Qualifizierung des Erkennens hinweist. Zur Sprache kommen im Buch die verschiedenen Bewußtseinsebenen des Planeten sowie Fragen der menschlichen Evolution und des spirituellen Wachstums:

> Die einzelnen Vorgänge der Einweihungsrituale, die hier enthüllt werden, stimulieren die Vorstellungskraft; aber im wesentlichen wird der einzelne Aspirant, der den Weg der Jüngerschaft geht, auf seine eigenen inneren, geistigen Quellen verwiesen, als dem einzigen Mittel, wodurch ein Fortschritt gemacht und das Bewußtsein erweitert werden kann. Auf sie ist er so lange angewiesen, bis er für die von der Hierarchie benutzte und gelenkte Energie sensitiv und reaktionsfähig geworden ist. Ein Jünger ist »einer, der dient« – und wird schließlich zu einem, der »dem Einen« dient ...[6]

Das Buch »Initiation – menschliche und solare Einweihung« bildete den Auftakt für die weiteren Niederschriften A. A. Baileys. In der Werkausgabe der »Autorin« handelt es sich um 24 zum Teil umfangreiche Bücher, z. B. »Briefe über okkulte Meditation«, Abhandlungen über Weiße Magie, über esoterisches Heilen, esoterische Psychologie, esoterische Astrologie, die Wiederkunft Christi u. ä.

Was die Autorschaft anlangt, so begriff sich A. A. B. lediglich als Schreiberin, ja als das Schreibwerkzeug, den Bleistift etwa, den sie gerade benützte. (Der Vorgang als solcher ist von Menschen mit der Gabe des automatischen Schreibens durchaus bekannt. Andere hören innerlich den Wortlaut und können dann ihrerseits das soeben Vernommene rasch fortlaufend diktieren.)

A. A. B., die die Versorgung ihrer Familie mit den drei noch schulpflichtigen Kindern nicht aufs Spiel setzen wollte, stellte sich der inspirierenden Instanz selbstbewußt entgegen, indem sie mit dem Unbekannten eine Absprache traf, wie die weitere »Zusammenarbeit« erfolgen könne. Anfangs gab es für die Diktate des Tibeters bestimmte für die Erfüllung der Aufträge erforderliche Zeiten. So wurde eine Beeinträchtigung bei der Erfüllung ihrer Alltagspflichten vermieden oder doch verringert. Und so lief die Einsprache ab:

> Es wurde mir Wort für Wort gegeben, und zwar so, daß ich sagen könnte, ich hörte deutlich eine Stimme. Man könnte also sagen, daß ich am Anfang eine hellhörende Technik benutzte, aber in dem Maße, wie sich unser Denken aufeinander abstimmte, fand ich bald heraus, daß das unnötig war und daß ich mich bloß genügend zu konzentrieren und meine Aufmerksamkeit entsprechend zu sammeln brauchte, um die einströmenden Gedanken des Tibeters (d. h. seine klar formulierten und ausgedrückten Ideen) aufzunehmen und niederzuschreiben. Dazu gehört die gespannte Aufmerksamkeit. Es ist etwas Ähnliches wie die Fähigkeit des fortgeschrittenen Meditationsschülers, der das von ihm erreichte Niveau geistiger Aufmerksamkeit auf seinem höchstmöglichen Punkte

> festzuhalten weiß... Es ergibt sich daraus eine Klarheit des Denkens und eine Stimulierung...[7]

Aufgrund dieser und anderer Beschreibungen des Vorgangs ist zum Ausdruck gebracht, daß sich Alice A. Baileys seelisch-geistige Verfassung in der Tat von denen deutlich abhebt, die unter völliger Ausschaltung ihres wachen Ich-Bewußtseins lediglich passive Empfänger/innen von »Wissen« geworden sind, jedoch unfähig, das Empfangene seelenaktiv zu rezipieren, d. h. auch, unfähig die Inhalte einer kritischen Prüfung zu unterziehen. Ob es A. A. B. möglich gewesen wäre, die Bewußtseinsarbeit noch zu intensivieren und damit eine gewisse Unabhängigkeit von dem ominösen Tibeter zu erlangen, ist eine offene Frage. Daß das spezielle Vokabular benutzt und auch das Sprechen von Meistern wie Koot Hoomi, von »planetarischen Hierarchien« und dergleichen von A. A. B. geübt wurde, ist aus ihrem zeitweiligen Kontakt mit der Theosophischen Gesellschaft verständlich. Anfangs nahm man dort die empfangenen Texte gern zum Abdruck in »The Theosophist« entgegen, bis Eifersüchteleien auftraten und die speziellen Fähigkeiten von A. A. B. auf administrative Weise nicht beliebig zu steuern waren.[8]

Hinweise darauf, daß A. A. B. im Laufe der über drei Jahrzehnte, d. h. bis zu ihrem Tod am 15. Dezember 1949 in New York, währenden Zusammenarbeit mit dem Tibeter sowohl eine Hebung des Bewußtseinspegels als auch eine Steigerung ihres Selbstbewußtseins erlebt haben wird, gibt die Autobiographin einmal selbst. Wenige Jahre vor ihrem Tod schreibt sie:

> Nach siebenundzwanzigjähriger Arbeit für den Tibeter kann ich mich jetzt ohne die geringste Mühe jederzeit mit ihm telepathisch in Verbindung setzen. Dabei kann ich mein eigenes Denken unvermindert aufrechterhalten und auch jederzeit Einwendungen erheben, wenn es mir – als Westländerin[9] – gelegentlich so scheint, als wisse ich bes-

ser als er, wie man sich ausdrücken sollte. Wenn es zu irgendwelchen Meinungsverschiedenheiten zwischen uns kommt, schreibe ich unweigerlich den Text so, wie er (!) es wünscht: Es kommt aber auch vor, daß er seine Darstellung abändert, nachdem er mit mir darüber gesprochen hat. Ändert er seine Worte und seinen Standpunkt nicht, dann mache ich auch keinerlei Änderungen an dem, was er gesagt hat.[10]

Die Große Invokation

Will man sich einen Eindruck von der Spiritualität verschaffen, die den Lehren von A. A. B. zugrunde liegt, dann sollte man sich in den Wortlaut der Großen Invokation vertiefen und auf sich wirken lassen. Es gehört zum Wesen von spirituellen Lehrsystemen, namentlich von solchen, deren Ursprung mancherlei Fragen aufwirft, daß Fremdartiges zu Vorurteilen und zu vorschneller Abwehr Anlaß gibt. Man nimmt Maß an den bisherigen eigenen Überzeugungen und Einsichten. Gleichzeitig verfängt man sich in zeitbedingten Begriffen und Formulierungen.

Diese »Anrufung« ist indes geeignet, den Blick über die glaubensmäßigen bzw. weltanschaulichen Horizonte zu erheben und über Trennendes hinweg neue Ausblicke zu gewinnen. Zunächst der ursprüngliche englische Text der Großen Invokation:

From the point of Light within the Mind of God
Let Light stream forth into the minds of men,
Let Light descend on Earth.

From the point of Love within the Heart of God
Let Love stream forth into the hearts of men,
May Christ return to Earth.

From the centre where the Will of God is known
Let purpose guide the little wills of men –
The purpose which the Master knowes and serves.

Form the centre which we call the race of men
Let the Plan of Love and Light work out,
And may it seal the door where evil dwells.

Let Light and Love and Power restore the Plan on Earth.

Nun liegen verschiedene Übersetzungsversuche ins Deutsche vor. Hier die Übertragung, die Otto A. Isbert geboten hat[11], indem er die beiden impulsierenden Grundkräfte des Lichts und der Liebe besonders herausstellt, auch indem er das menschliche Denken, Fühlen und Wollen in die Sphäre des kommenden Christus gerückt sieht, mit Ausblick auf das Endziel der Weltenvollendung. In diesen spirituellen Zusammenhang kann der Meditierende bewußt, dienend hineintreten:

Aus des Lichtes Quell im Denken Gottes
Ergieße Licht sich in das Menschendenken,
Ströme Licht hernieder auf die Erde.

Aus der Liebe Quell im Herzen Gottes
Ergieße Liebe sich in Menschenherzen,
Wende Christus wieder sich zur Erde.

Aus dem Zentrum in dem Willen Gottes
Sei gelenkt der kleine Menschenwille
Zu dem Endziel, dem der Meister wissend dient.

Aus dem Zentrum, das die Menschheit bildet,
Sei der Plan von Licht und Liebe wirksam,
Und das Tor zum Bösen sei versiegelt.

Aus Weisheit, Liebe, Allmacht erstehe neu der Plan auf Erden.

Alice A. Bailey hatte sich zwar die Inhalte der Adyar-Theosophie, so auch die Werke H. P. Blavatskys »Geheimlehre« zu eigen gemacht. Für Interessenten hielt sie unter anderem Einführungen in dieses Hauptwerk der Gründerin. So wichtig dieses Studium auch für sie anfangs war, mit der Zeit kam sie jedoch zur Überzeugung, daß dieses ebenso voluminöse wie chaotische Werk inzwischen überholt und dem Bewußtsein des heutigen Menschen nicht mehr angemessen sei. Wichtiger noch als die bloße Anhäufung von okkultem Wissen schien ihr die spirituelle Arbeit als solche, Gebet und Meditation. H. P. B.s Einrichtung der Esoterischen Schule deutete, wie bereits berichtet, auf dieses Erfordernis hin.

Die Autobiographin berichtet, sie sei mit alten Blavatsky-Schülern zusammengetroffen und habe manches alte Material aus der Frühzeit der Theosophischen Gesellschaft in die Hand bekommen. Darunter befanden sich auch Schriftstücke, wonach H. P. B. die Absicht gehabt habe, die Esoterische Schule in »Arkanschule« (von lat. *arcanum*, »das Verschlossene«, »das Geheimnis«) umzubenennen und wohl auch entsprechend umzugestalten. Weil es dazu aber nie kam, wollte Alice Bailey diese Absicht verwirklichen. Das geschah, unterstützt von ihrem Mann Foster Bailey und einigen Mitarbeitern im Jahr 1923. Wie aus dem bisher Berichteten hervorgeht, hielten die telepathisch vermittelten Inspirationen des Tibeters noch an. A. A. B. legt jedoch Wert auf die Feststellung, daß die Begründung der Arkanschule allein in ihrer Verantwortung lag. Eine kleine Meditationsgruppe, die sich regelmäßig traf, war bereits 1921 begründet worden. Diese Menschen bildeten gleichsam den Kern dieser esoterischen Einrichtung, zumal die Praxis der Meditation im Mittelpunkt der esoterischen Schulung stehen sollte.

> Im Jahre 1923 begannen wir also mit einer Schule, die weder an einer Lehrmeinung starr festhielt, noch sektiererisch war und auf der ewigen Weisheit beruht, die uns seit grauester Vorzeit überliefert wurde. Wir gründeten eine Schule, die einen ganz bestimmten Zweck und ein spezifisches Ziel vor Augen hätte, eine Schule, die ihrem Wesen nach inklusiv und nicht exklusiv war ...[12]

Wenn die Schulgründerin im gleichen Zusammenhang davon spricht, daß in dieser Schule »der wahrhaft okkulte Gehorsam« entwickelt werden sollte, dann bezog sich dies nicht etwa auf Unterwerfung unter Personen oder Lehrmeinungen, sondern vielmehr darauf, den Eingebungen der eigenen Seelentiefe bereitwillig Folge zu leisten. Und in dem Maße, indem dies geschähe, werde schließlich der einzelne zum Mitarbeiter am Reich Gottes. Dagegen war von Treueiden oder Verpflichtungen gegenüber Menschen nicht die Rede. Noch wurde verlangt, bestehende Mitgliedschaften in Kirchen oder anderen Gruppierungen aufzugeben, weil das in dieser Schule Erarbeitete letztlich überall umgesetzt werden könne. Auf den betont internationalen und multikulturellen Charakter wurde eigens aufmerksam gemacht.

So schwierig es für die Verantwortlichen war, die Arkanschule zu organisieren und ausschließlich in Form schriftlicher Korrespondenzen zu führen, der Erfolg blieb nicht aus. Die Schule wurde angenommen, sie florierte, zunächst von New York aus in den USA, in späteren Jahren auch in Europa sowie in anderen Teilen der Welt, z. B. in den spanischsprechenden Ländern Südamerikas. Auf dem europäischen Festland koordiniert heute die Lucis Verlagsgesellschaft den Vertrieb der Literatur. Hinzu kommt noch eine Reihe weiterer Aktivitäten, deren Ziel es ist, die Botschaften Alice A. Baileys in der Weise zu verbreiten, daß der einzelne und Gruppen, z. B. aus drei einander räumlich entfernten Menschen bestehende Einheiten (»Dreiecke«), zu bilden und für das gemeinsame Ziel – d. h. im Sinne der Großen

Invokation – zu wirken. Auf die Frage, welcher Art die Arkanschule sei und worin die in ihr praktizierte Esoterik bestehe, hat A. A. B. ausführlich geantwortet. Sieht man einmal davon ab, daß Theorie und Praxis – bedingt durch die als Lehrende und Lernende Tätigen – auseinanderklaffen, dann wird man die von der Gründerin formulierten Richtlinien zur Kenntnis nehmen müssen. Danach soll diese esoterische Schule helfen, ein Leben in Übung und spirituellem Wachstum zu eröffnen, damit sich »Göttlichkeit« in Mensch und Welt offenbaren könne. Da sei die *eine* Wahrheit, die eine allem zugrundeliegende zeitlose Weisheit, die Generation um Generation in einer rasch sich verändernden Welt zu verwirklichen strebt. Wenngleich sich die Methoden und Artikulationsweisen wandeln, so kann sich doch diese Ur-Weisheit nicht verändern.

Alice A. Bailey hat sieben Prinzipien genannt, gemäß denen die Arkanschule in Aktion zu treten habe. Dazu gehört der Grundsatz, daß sie eine »Trainingsschule für Jünger« sein will – für Menschen, die erkennend wie handelnd und beispielgebend anderen dienend vorangehen können. Erwachsene Männer und Frauen werden angesprochen, die willens sind, »den nächsten Schritt auf dem Evolutionspfad zu gehen«. Die Arkanschule anerkennt das Bestehen einer geistigen Hierarchie, an deren Spitze Christus steht. Sie lehrt die Einheit der Menschheit: »Die Seelen der Menschen sind *eins*.« Ansprüche auf Stand, Macht oder geistigen Rang werden nicht erhoben. Das abschließende Prinzip unterstreicht nochmals die »zeitlose Weisheit«, mit Blick auf die Erscheinung des Gottesreiches auf Erden, auf die fortschreitende Evolution bis hin zum Offenbarwerden der Gottesliebe in einem jeden Menschen.

Im Zusammenhang ihrer Aussagen über die Hierarchie kommt A. A. B. auch auf den Inhalt der höheren Grade der Schule zu sprechen:

In den höheren Graden betont die Arkanschule das Wesen des Planes, den neuen Evolutionszyklus, in den die Menschheit jetzt eintritt, und die Unmittelbarkeit der Wiederkunft Christi, wie sie in allen Weltreligionen gelehrt wird. Die Christen bereiten sich auf den Advent des Christus vor, die Juden erwarten noch immer das Kommen des Messias, die Buddhisten warten auf den kommenden Bodhisatva, die Hindus auf den Avatar und die Mohammedaner auf das Erscheinen des Imam Mahdi. Die Universalität dieser Lehre, dazu die allgemeine Erwartung, sind Hauptargumente für die Tatsächlichkeit der darin enthaltenen Wahrheit. Die weitverbreitete Annahme einer Wahrheit in allen Zeiten und in jeder Zivilisation und Kultur spricht für die göttliche Darbietung einer geistigen Tatsache. Heute muß der Appell dieser Wahrheit in mentaler Art erfolgen und wissenschaftlich begründet, nicht aber nur emotionell und »mystisch« sein, wie das bisher allgemein der Fall war.[13]

Zur Wiederkunft des Christus

Wenn in der »Großen Evokation« die Erwartung artikuliert wird, Christus möge wiederkommen auf Erden (»May Christ return to Earth«), dann stellt dieses Votum im Gesamtwerk von A. A. B. nicht nur eine beiläufige Äußerung dar. Die zentrale Stellung Christi war ihr seit ihrer anfänglichen Kirchenfrömmigkeit in früher Jugend eingepflanzt worden. Die Botschaften des Tibeters haben A. A. Baileys Christusbeziehung nicht gemindert, sondern eher noch intensiviert.

Als Glied der einen, in einem Prozeß des geistigen Erwachens begriffenen Menschheit ist diese Frau von dem Gedanken der »Wiederkehr« des Christus in der Weise erfüllt, daß dieser Gedanke recht bald auch konkrete Gestalt annehmen möge. So gesehen ist ihre Christus-Vorstellung nicht historischer Natur, sie ist nicht rückwärts gewandt. A. A. B. teilt vielmehr die seit Jahrtausenden währende Menschheitshoffnung auf den, »der kommen soll«, ganz gleich welcher Name dem Erwarteten in der Religionsgeschichte jeweils beigelegt wird. Ihre Position hat A. A. B. einmal so beschrieben:

> Ich schreibe hier nicht im Geist eines Fanatikers oder Adventisten; ich spreche auch nicht als spekulativer Theologe oder als Vertreter einer einseitigen religiösen Auffassung, die aus Wunschgedanken entspringt. Ich rede offen, weil es viele schon wissen, daß die Zeit reif ist, und daß der Ruf der einfachen, gläubigen Herzen bis zur höchsten geistigen Sphäre vorgedrungen ist und Energien und Kraftströme in Bewegung gesetzt hat, die jetzt nicht mehr aufzuhalten sind. Der Notruf einer gequälten Menschheit hat an Umfang und Stärke derart zugenommen, daß er – im Verein mit der Weisheit und Erfahrung der geistigen Hierarchie – im Hause des Vaters gewisse Tätigkeiten ausgelöst hat ...[14]

Unter Hinweis darauf, daß das Zukunftswissen in den meisten Weltreligionen vorhanden sei, stellt A. A. B. Christi Wiederkunft in naher Zukunft in Aussicht. Ihre Vorstellung präzisiert sie dahingehend, daß es sich im strengen Sinn des Wortes um ein Wieder-*Erscheinen* handle, weil Christus die Erde gar nicht verlassen habe. Ja, »er leitete in einem physischen Körper und in geschützter Verborgenheit die Angelegenheit der geistigen Hierarchie, seiner Jünger und Mithelfer, die sich zu gemeinsamem Dienst für die Erde verpflichtet haben«.[15] Dies ist zweifellos eine erstaunliche Aussage.

Gar nicht mehr erstaunlich ist dann die Ankündigung eines irdisch verkörperten Christus, etwa nach Art des theosophischen »Weltlehrers« oder wie er in fundamentalistischen Kreisen vorgestellt wird. Selbst vor einer Banalisierung scheut A. A. B. nicht zurück, wenn sie das Evangelienwort, Christus werde »auf den Wolken des Himmels«

(Matth. 26, 64) erscheinen, mit dem heutigen Flugverkehr in Verbindung bringt – »wo doch heute zu jeder Tages- und Nachtstunde Millionen von Menschen in Wolken kommen und gehen«.[16] So gesehen sei das Bildwort des Evangelisten wiederum belanglos; es besage wenig. Wichtig sei allein die Tatsache seines Kommens. Der Möglichkeit einer spirituellen Bibelinterpretation traut die Verkünderin ihres »Christus« demnach wenig zu. Daher erblickt sie eine der »bedeutendsten Eröffnungen« darin, »daß Christus derzeit (bereits) in einem *physischen* (!) Körper auf Erden lebt« und daß spezielle Bevollmächtigte für das Wohl der Menschheit arbeiten.[17]

Angesichts derartiger Behauptungen, die ein bezeichnendes Licht auf die hier vertretene »Christus«-Vorstellung werfen, ist der Spekulation gerade derer Tür und Tor geöffnet, zu denen Alice A. Bailey gerade nicht gehören will.[18]

Angesichts dieser Äußerungen kann man den Eindruck gewinnen, daß sich im Erleben und Gestalten dieser auf ihre Weise erstaunlichen Frau recht unterschiedliche Elemente mischen: Einerseits ist da der »Tibeter«, die inspirative Instanz, die schließlich ihr ganzes Leben ausfüllt. A. A. B. meldet sich zwar gebieterisch zu Wort und vermag, wie sie berichtet, sogar von ihrem bewußten Ich her auch einen gewissen Widerstand entgegenzusetzen. Das deutet darauf hin, daß A. A. B. in der Auseinandersetzung mit ihm eine gewisse Eigenständigkeit erringen konnte. Auf der anderen Seite existiert jenes an die physische Leiblichkeit gebundene Christusbild so, als sei die Christuserscheinung auch in der Gegenwart an eine einmalige menschliche Repräsentanz gebunden. Bedenkt man, daß Alice A. Bailey zu den Wegbereitern und Wegbereiterinnen des »Neuen Zeitalters« (New Age) gerechnet wird, dann werden sich zwiespältige Empfindungen nicht von der Hand weisen lassen.[19]

G.I. Gurdjieff

G. I. Gurdjieff
Die Faszination eines Magiers

> Es gibt zwei Linien, entlang denen die menschliche Entwicklung vonstatten geht: die Linie des *Wissens* und die Linie des *Seins*. Bei richtiger Evolution entwickeln sich die Linie des Wissens und die Linie des Seins gleichzeitig, parallel und unterstützen einander ... Die Menschen denken, Wissen hänge nicht von dem Sein ab. Die Menschen westlicher Kultur schreiben dem Wissensniveau eines Menschen einen großen Wert zu, aber sie achten nicht das Seinsniveau und schämen sich nicht der geringen Stufe ihres eigenen Seins. Sie verstehen nicht, was das heißt. Und sie verstehen nicht, daß das Wissen eines Menschen von der Stufe seines Seins abhängt.[1]

So lautet eine der Feststellungen, mit denen Gurdjieff Ausgangs- und Zielpunkte seines Denkens markierte. Nicht ein abgehobenes, nicht ein von der Lebenswirklichkeit abgespaltenes esoterisches Wissen gilt es zu erwerben. Alles Wißbare muß mit dem Sein in Beziehung gebracht werden. Von daher erhält es erst Wert und Rang.

Diese scheinbare Binsenweisheit soll ins Bewußtsein, ja vielmehr noch: ins Sein, in die Existenz gehoben, soll also verwirklicht werden. Der moderne Mensch verbringt sein Leben ohnehin wie in einem Schlafzustand. Viele, wenn nicht sogar die meisten Lebensvollzüge laufen mechanisch ab, als könnte der Mensch gar nicht anders handeln. Wird dieser Tatbestand vom Menschen eingesehen, dann fällt auch ein erhellendes Licht auf die ihm gestellte Aufgabe, nämlich vom Schlaf eines fahrlässigen Unbewußten aufzuwachen, über die eigene geistig-seelische Verfassung nachzudenken und sodann denkend wie handelnd das »Sein« zu verwandeln.

So einleuchtend eine derartige Forderung erscheinen mag, Leben und Schaffen Gurdjieffs rufen in der Regel einen ganz anderen Eindruck hervor, und zwar nicht nur auf Außenstehende. Auch auf Menschen seiner unmittelbaren Umgebung, auf seine Freunde und Schüler wirkte er rätselhaft. Jeder meinte ein anderes Persönlichkeitsbild zeichnen zu können. Einer von ihnen, dessen Auskünfte es verdienen, ernst genommen zu werden, der Schriftsteller John G. Bennett, gesteht:

> Gurdjieff ist für uns in vielerlei Hinsicht ein sehr großes Rätsel. Am auffälligsten ist die Tatsache, daß jeder, der ihn kannte, eine andere Ansicht darüber hatte, wer und was Gurdjieff war. Wenn man sich die Literatur über Gurdjieff anschaut und wenn man seine eigenen Schriften liest, stellt man fest, daß keine dieser Beschreibungen einer anderen ähnelt. Jeder, der ihn gekannt und sich mit dieser Literatur beschäftigt hat, gewinnt den Eindruck, daß alle diese Ansichten über Gurdjieff den Kern der Sache im Grunde nicht treffen.[2]

So meint offenbar jeder dieses internen Personenkreises, der die einschlägige Literatur studiert, daß in der Regel der »Kern der Sache« verfehlt wird, und damit der Meister selbst – von den einen bald als der »Magier«, als »mysteriöser Wundermann«, bald als »Cagliostro des 20. Jahrhunderts« etikettiert. Tatsächlich verblüffte er seine Zeitgenossen durch intuitive, telepathische Fähigkeiten ebenso wie durch völlig überraschende Reaktionen oder durch sein Wissen um außerordentlich erscheinende Tatbestände.

So ist der Text seiner Biographie, in dem Maße ihrer Rekonstruierbarkeit, stets auch mit einem Faden der Legende und des Mythos durchwoben.

Verdeckte Spuren

Schon die Frage nach Herkunft, nach Geburtszeit und früher Prägung läßt sich nicht ganz widerspruchsfrei beantworten. Georg Iwanowitsch Gurdjieff wurde in der südrussisch-transkaukasischen Stadt Alexandropol (ehemals Gumri) nahe der persischen Grenze geboren. Als Geburtsdatum stand in seinem Reisepaß der 28. Dezember 1877. Doch behauptete er selbst, viel älter zu sein. J. G. Bennett, der sich um die Verifizierung der über ihn bekannten Lebensdaten bemüht hat, empfand es als ungemein schwierig, die Chronologie seines Lebens mit dem Datum von 1877 in Einklang zu bringen, während die Familie auf der Richtigkeit dieser Angabe zu bestehen scheint. Ein anderes Datum lautet auf das Jahr 1865/66. Aber gehen wir von 1877 als Geburtsjahr aus, herrschte gerade der in diesem Gebiet ausgetragene russisch-türkische Krieg, in einer Region, die Zwangsumsiedlungen großen Ausmaßes erlebte. Die spannungsvolle Nachbarschaft verschiedener Kulturen und Religionen gab seinem bewegten Leben das Gepräge. »Der vorwiegend armenisch-christliche Kaukasus lag zwischen den mohammedanischen Kulturen des Ostens, Westens und Südens. Das war die Heimat Gurdjieffs.«[3]

Seine Vorfahren gelten als reiche Besitzer von Schafherden, die im Raum der russisch-türkischen Grenze ansässig waren. Angenommen wird, daß die kaukasische Namensform »Gurdjieff« von der ursprünglich griechischen Form »Georgiades« herrührt, zumal die Vorfahren väterlicherseits byzantinische Griechen gewesen sein sollen, die kurz nach der Eroberung von Konstantinopel (1453) ausgewandert sind, um der Verfolgung durch die Türken zu entgehen. Georgien bzw. Armenien wurde dann die Heimat der Familie.

Diese Mitteilung macht Gurdjieff in seinem Lebensbericht »Begegnungen mit bemerkenswerten Menschen«.

Darunter versteht er solche, die sowohl durch ihre Geistesgaben wie durch ihre vorbildliche Lebensführung herausragen. Und weil er bei seinem Vater ebendiese Qualitäten wahrnahm, steht dieser an der Spitze der Schilderungen. Erwähnenswert ist dabei die Tatsache, daß Vater Gurdjieff als ein sogenannter »Ashokh«, d. h. als ein volkstümlicher Erzähler und Dichter, in der ganzen Region in hohen Ehren stand. Als Ashokh hatte er noch teil an der mündlichen Tradition, mit der ältestes Erzähl- und Weisheitsgut – vor der ersten schriftlichen Aufzeichnung – weitergegeben wurde. Dazu gehörte beispielsweise das uralte Gilgamesch-Epos, das lange vor der biblischen Schöpfungsgeschichte und Sintflut-Erzählung geformt worden sein muß. So waren es nicht Bücher, sondern die lebendigen Erzählungen des Vaters, aus denen Georg Iwanowitsch diese Überlieferungen, dazu allerlei Praktiken und Bräuche kennenlernte. Tief haben sich ihm die Erlebnisse mit seinem Vater eingeprägt, die er in seinen Erinnerungen so schildert:

> Mein Vater hatte eine einfache, klare und ganz bestimmte Anschauung vom Ziel des menschlichen Lebens. Er sagte mir in meiner Jugend viele Male, das Hauptstreben jedes Menschen solle sein, innere Freiheit zu gewinnen und sich dadurch ein glückliches Alter zu bereiten. Er fand die Unerläßlichkeit und Notwendigkeit dieses Zieles so offensichtlich, daß es jedem Menschen ohne jedwedes Klügeln verständlich sein sollte ... Mein Vater liebte mich, als seinen Erstgeborenen, besonders und übte großen Einfluß auf mich aus. In meinem Innersten empfand ich ihn nicht als einen Vater, eher als einen älteren Bruder. Seine häufigen Gespräche mit mir und seine ungewöhnlichen Erzählungen begünstigten in meinem Wesen das Erwachen poetischer Bilder und das Streben nach hohen Idealen.[4]

Darin unterstützten den Heranwachsenden die armenischen Priester, deren außerschulischen Unterricht er genoß, ehe er sich auf den Weg in die Welt machte. Ihn verlangte nach mehr Wissen und Können, allerlei Okkultismen und traditionelle Weisheit eingeschlossen, wie man sie auf den allgemeinen Schulen und Akademien naturgemäß nicht zu hören bekommt. Den Mittleren Osten und ferne Gebiete Innerasiens will er aufgesucht haben, abgelegene Klöster, christliche wie buddhistische. »Meister der Weisheit«, in welche Gestalt sie ihm begegnen mochten, wurden seine Lehrer, eine Praxis, wie man sie etwa vom »Landfahren« des Paracelsus her kennt. Von exakter, nach Ort und Zeit benennbarer Datenkenntnis kann weder bei dem einen noch bei dem anderen die Rede sein. So gesehen liegen einige Jahrzehnte von Gurdjieffs Biographie im dunkeln. Er selbst verspürte offensichtlich auch nicht das Bedürfnis, mehr über seine »Wanderjahre« mitzuteilen, als was in der Hauptsache in seinem Buch »Begegnungen mit bemerkenswerten Menschen« niedergelegt ist. Einerseits erlebten ihn seine Schüler als einen mitteilsamen Lehrer, andererseits erweckte er den Eindruck, als wollte er seine Lebensspuren bis in seine dreißiger oder vierziger Jahre hinein ganz bewußt verwischen. Was er im erwähnten Buch zum Teil einigermaßen plausibel erzählt, will selten ganz wörtlich genommen werden. Dichtung und Wahrheit vermischen sich. Gurdjieff war eben der Sohn eines Geschichtenerzählers, dem bei aller Treue zum uralten Mythos die Fama wichtiger sein mußte als die historisch nachprüfbaren Daten, die vom Wesenhaften nichts zu sagen vermögen.

Um 1912/13 tauchte er wieder in Rußland auf. Der Erste Weltkrieg war bereits ausgebrochen, als es zu einer für das weitere Leben und Schaffen des Zurückgekehrten bedeutsamen Begegnung kam. Der russische Naturwissenschaftler und Mathematiker P. D. Ouspensky (1877–1947), selbst ein weitgereister Wahrheitssucher, war auf den Magus aufmerksam geworden. Gerade über London und Skandinavien aus Asien in seine Geburtsstadt Moskau übergesiedelt, stieß er auf die Notiz, wonach ein »Inder« ein in Ballettform dargestelltes Mysterienspiel vorführe, den »Kampf der Magier«, nach Gehalt und Gestalt eine eigenartige Präsentation asiatischer Magie. Kein anderer als Gurdjieff war dieser »Inder«. Für Ouspensky sollte die Begegnung zur Lebenswende werden. Er berichtet:

> Ich erinnere mich noch sehr gut an diese Begegnung. Wir gingen zu einem kleinen Café in einer lärmigen Seitenstraße. Dort sah ich dann einen Mann von orientalischem Typus, nicht mehr jung, mit schwarzem Schnurrbart und stechenden Augen. Erstaunlicherweise schien er mir verkleidet zu sein, so wenig paßte seine Erscheinung zu Umgebung und Atmosphäre. Ich war immer noch unter dem Einfluß meiner Eindrücke aus dem Osten. Dieser Mensch mit dem Gesicht eines indischen Radjas oder arabischen Scheichs, den ich mir sofort in weißem Burnus oder vergoldetem Turban vorstellte, saß hier in einem kleinen Café, wo Kleinhändler und Handlungsreisende sich zu treffen pflegten, angetan mit einem schwarzen Mantel mit Samtkragen und einem schwarzen steifen Hut. Diese Ausstattung machte einen merkwürdigen, unerwarteten und fast erschreckenden Eindruck: ein schlecht verkleideter Mensch, dessen Anblick einen verlegen macht, weil er sichtlich nicht das ist, was er vorgibt, und man sich so verhalten und sprechen soll, als ob man den Mummenschanz nicht durchschaue. Er sprach ein unkorrektes Russisch mit starkem kaukasischem Akzent, und dieser Akzent, mit dem wir alles andere zu assoziieren pflegen als philosophische Ideen, verstärkte noch die Fremdheit und Unerwartetheit des Eindruckes.[5]

Daß dieser Ersteindruck im Laufe der Zeit einer besonderen Wertschätzung wich, die auch andere teilten, wird durch kein Zeugnis besser belegt als durch Ouspenskys posthum veröffentlichtes Buch »Auf der Suche nach dem Wunderbaren« (1949), in dem die »Fragmente einer unbekannten Lehre«, nämlich die Gurdjieffs, vorgestellt werden. Das geschieht in einer Weise, wie es der magische »Philosoph« wohl kaum klarer hätte tun können.

Noch eine Reihe anderer Sucher stießen zu ihm, wie Schüler zu ihrem lange vermißten Meister, wie z.B. der ukrainische Komponist Thomas von Hartmann (1885–1956), ehe es zur eigentlichen Schulbildung kommen konnte. Die Anfänge hierzu lagen noch auf russischem bzw. georgischem Boden, nach Ausbruch der Oktoberrevolution und des anschließenden Bürgerkriegs zunächst im nordkaukasischen Essentuki bzw. in Tiflis. Es handelte sich um das »Institut für die harmonische Entwicklung des Menschen«. Die Ausweitung des Kriegs nötigte zur Flucht, erst nach Konstantinopel (Istanbul), schließlich nach Frankreich. Auch London war um 1920 einmal dazu ausersehen, das »Institut« zu beherbergen. Doch dessen endgültige Bleibe wurde 1922 im »Château du Prieuré« in Avon bei Fontainebleau gefunden.

Hier waren die Bedingungen für die beabsichtigte Arbeit gegeben. Eine kontinuierlich wachsende internationale Schülerschaft fand sich im Schloß ein, obwohl mancherlei Gerüchte die Runde machten, insbesondere von den harten körperlichen Anforderungen, die der Magus an seine Schüler stellte. Doch hielt dies ernsthaft Strebende nicht ab, unter ihnen nicht wenige Intellektuelle, Publizisten, Schriftsteller, Künstler. Die Autorin Katherine Mansfield beschrieb bei ihrer Ankunft im Prieuré das alte »sehr schöne Schloß, umgeben von einem wunderbaren Park«, in dem man sich um die Tiere kümmere, den Garten pflege, musiziere und über alledem »zu den Dingen« erwache, weil das besser und wirkungsvoller sei, als nur über sie zu reden. Nach drei Wochen meinte Mrs. Mansfield, bei Gurdjieff so viel gelernt zu haben, als wäre sie einige Jahre in Indien, Arabien, Afghanistan und Persien gewesen. An keinem Ort der Welt könne man mehr lernen ... Freilich wird es wohl nicht nur das »Lernen« gewesen sein, weswegen K. Mansfield zu Gurdjieff kam. Er sollte die letzte Hoffnung der schwer Lungenkranken sein. Das dürfte auch der Grund gewesen sein, weshalb er sie – entgegen seiner Gepflogenheit – zuerst ablehnen wollte. Dennoch, als sie Anfang 1923 dort verstarb, wollte die Klatschpresse wissen, wessen »Opfer« die bekannte Schriftstellerin geworden sei.

Aus eigenem Antrieb ging Gurdjieff selten an die Öffentlichkeit. Als einziges öffentliches Auftreten seiner Schule wird eine Tanzaufführung im Théâtre des Champs-Elysées im Oktober 1923 genannt. Andere Darstellungen dieser Art inszenierte er u. a. in New York: Ausdruckstanz, Rekonstruktionen des Derwisch-Tanzes, also eine Bewegungskunst mit spirituellem Inhalt. Daß es hierbei um eine Verbindung westlicher und östlicher Spiritualität ging, ergibt sich aus der Tatsache, daß Gurdjieff seine Eindrücke aus der sufischen Tradition mit dem verbinden konnte, was seine Schüler Alexander und Jeanne von Salzmann von der Eurhythmie von Jacques Dalcroze einzubringen hatten. Jeanne von Salzmann war vor dem Ersten Weltkrieg eine Schülerin von Dalcroze in Hellerau bei Dresden.[6] Im Château du Prieuré nutzte Gurdjieff die Möglichkeit, das weiterzuführen, was infolge des wirtschaftlichen Niedergangs im Nachkriegsdeutschland in der erforderlichen Weise dort nicht mehr realisiert werden konnte.

Ein schwerer Autounfall bedeutete einen tiefen Einschnitt im Leben Gurdjieffs. Geldmangel und der Verlust mancher Freunde zwangen ihn zu einer Umorientierung in bezug auf seine Arbeit. Die erschütterte körperliche Gesundheit dürfte einer der Gründe gewesen sein, weshalb er zur Feder griff und zum Schriftsteller wurde. Es entstanden u. a. sein Erinnerungsbuch »Begegnungen ...« und das umfangreiche, mit dem eigentümlichen Titel versehene Werk »Beelzebubs Erzählungen für seinen Enkel«, das laut Untertitel »eine objektiv-unparteiische Kritik des Lebens des Menschen« zu sein beansprucht.

1932 verließ er Prieuré und siedelte nach Paris, wo er bis zu seinem Tod am 29. Oktober 1949 lebte. So schwer verständlich und damit kaum wirksam seine Bücher anfangs waren, gelang es ihm dennoch, sein Gedankengut, vor allem seine Impulse, weiterzugeben. Eine Anzahl seiner Schülerinnen und Schüler sorgten für die Verbreitung in der westlichen Welt.

Praxis als Lehre

Auf seinen ausgedehnten Reisen durch orientalische Regionen war Gurdjieff mit allerlei Lehren bekannt geworden, die sich schwerlich auf einen gemeinsamen Nenner bringen lassen: Vorstellungen aus dem islamischen wie vorislamischen Bereich, buddhistische Anschauungen. Eine zeitweilige Heilertätigkeit als Hypnotiseur sowie schamanistische Praktiken trugen dazu bei, den geheimnisvollen Mann mit einem magischen Nimbus zu bekleiden. Dadurch, insbesondere durch seine Begegnungen mit »bemerkenswerten Menschen«, ging ihm auf, daß der Mensch die in ihm verborgenen Möglichkeiten in aller Regel nicht realisiert. Sie bleiben ungenutzt. Sie schlummern in ihm. Das ist ein Ausdruck jenes Schlafs, in dem man sich befindet, weil man dabei nicht weiß, was man unwillkürlich tut bzw. unterläßt. Was kann geschehen?

Um aufzuwachen bedarf es bisweilen ganz einfacher Impulse. Statt nun nach Art eines westlichen spirituellen Lehrers etwa zur Meditation oder zur gedanklichen Vertiefung anzuregen, mutete er seinen Schülern u. a. anstrengende, bis an die Grenzen der Leistungsfähigkeit gehende Arbeiten zu.

Als beispielsweise der englische Schriftsteller A. R. Orage in den dreißiger Jahren auf den Magier von Fontainebleau aufmerksam wurde und sich bei ihm meldete, schickte der ihn kurzerhand mit einem Spaten in den Garten von Prieuré. Der Intellektuelle hatte harte Feld- und Gartenarbeit als eine Art Kontrastprogramm nötig. Arbeit diente dazu, der automatisch funktionierenden »Maschine« Mensch einen kräftigen Stoß zu versetzen, damit er aufwache, um sich selbst in die Hand zu bekommen. So gehörten handwerkliche wie hauswirtschaftliche Tätigkeiten und bestimmte Arten der Bewegung, die erwähnte »Eurhythmik«, zu den Mitteln, um den Menschen auf die Bahn einer leiblichen, seelischen und geistigen Harmonisierung zu bringen. Er selbst hatte sich in den Jahren seiner eigenen Entwicklung mit Grundfragen der Psyche, z. B. mit solchen der Beeinflußbarkeit des Menschen, beschäftigt, jedoch nicht um andere durch seine zweifellos starke Faszinationskraft zu gängeln, sondern um die Schwäche signalisierende Suggestibilität überwinden zu helfen. Das autoritative Element in der Arbeitsweise Gurdjieffs ist indessen nicht gering zu veranschlagen. An diesem Punkt wird der Unterschied zwischen östlicher und westlicher Seelenführung in gravierender Weise deutlich!

John G. Bennett, der seit den zwanziger Jahren in Gurdjieffs Nähe war, weist darauf hin, wie wichtig diesem die Erkenntnis des menschlichen Wesens erschien:

> Wahrscheinlich verhalf ihm der Kontakt mit der Schule zu einer befriedigenden Erklärung dieses Tatbestandes, der heute sehr selten verstanden wird, sogar von Menschen, die Gurdjieffs Ideen entweder in seinen Schriften oder durch praktische Übung studiert haben. Unsere grundlegende Illusion betrifft die Natur des Bewußtseins. Was wir gewöhnlich als Bewußtsein bezeichnen, ist nur eine Spiegelung des eigentlichen Bewußtseins. Das wahre Bewußtsein ist die Umkehrung von dem, was gewöhnlich als Bewußtsein bezeichnet wird ... Es ging darum, Methoden zu finden, die es dem Menschen ermöglichten, sein wahres Bewußtsein zu kontaktieren; natürlich ohne den Kontakt zur äußeren Welt zu verlieren.[7]

Wenn der Arbeit eine so große Rolle zugewiesen wird, dann deshalb, weil es Gurdjieff darum geht, einen Prozeß der Transformation in Gang zu bringen. Die äußere, quantitativ betrachtete Leistung wird durch eine zugrundeliegende, qualitative erst bedeutsam. Schon in jungen Jahren hatte er erkannt, daß jeder mit Bewußtsein vollzogenen Arbeit eine Weltbedeutung zugesprochen werden kann. Sie ist jedenfalls nicht umsonst, was immer Inhalt und Zweck des Arbeitens sein mag. Bennett folgert, daß es ein *zweifaches Leben* geben müsse, ein sichtbares, somit im Vordergrund liegendes, und ein wenig beachtetes, wenn überhaupt bewußt vollzogenes Leben, für das wir eben erst erweckt werden müssen:

> Man könnte das erste Leben als kausales Leben bezeichnen; in jenem Leben produzieren Ursachen, die in der Vergangenheit liegen, Folgen, die in der Gegenwart erwartet und in der Zukunft Realität werden. Man kann dies auch als den Fluß der Ereignisse bezeichnen ... Das zweite Leben ist *nicht-kausal*; es existiert nur, insofern es erzeugt wird. Es ist das Leben der Kreativität. Jeder rechtschaffen ausgeführte kreative Akt ermöglicht es, an jenem zweiten Leben teilzunehmen. Die Suche nach der Schöpfung ist die Suche nach jenem Leben ... Dies ist mit dem Wort »Arbeit« gemeint, und wenn wir über »die Arbeit« oder über das große Werk sprechen – das Magnum Opus –, so bezieht sich dies auf die unsichtbare Welt, die ständig geschaffen werden muß, damit sie *ist*. Hierzu werden wir berufen ...[8]

Unnötig zu sagen, daß diese »unsichtbare Welt« nicht in einem fernen Jenseits zu orten ist, sondern stets im Jetzt und Hier, in dem durch mannigfache Übung – Arbeit und Tanz – geöffneten Leben. Auf diese Weise wollte Gurdjieff auf die drei von ihm unterschiedenen »Zentren« des intellektuellen, des emotionalen und des instinktiven Lebens harmonisierend wirken, die jeweils durch eine eigene Energie in Gang gehalten werden. (Ein Vergleich mit der anthroposophischen Dreigliederungs-Idee des menschlichen Organismus bietet sich an, wenngleich Ausgangsorte, Methode und

Zielpunkte beider Schulungswege denkbar weit auseinanderliegen und Gurdjieff nicht die Konsequenzen in den Blick faßt, die Rudolf Steiner beispielsweise für eine Neuordnung des sozialen Organismus gezogen hat.)

Eigens hervorzuheben ist die Bemühung, durch die praktische Umsetzung des »Systems«, in angeleiteten Gruppen, den egoistisch durchsetzten Individualismus des einzelnen aufzulösen, wie er beim Einschlagen eines spirituellen Wegs oft verursacht wird.

Fragt man nach den konkreten Resultaten dessen, was der Gründer von Prieuré zuwege gebracht hat, dann kann man mit Colin Wilson resümieren: »Gurdjieff verwandelte an seinem Institut gelangweilte egozentrische und verwirrte Menschen in ausgeglichene Individuen, die zu beschäftigt waren, um über sich (selbstsüchtig) nachzudenken. Seine Übungen aktivieren die natürlichen Kapazitäten der Schüler.«[9]

Sieht man einmal davon ab, daß spirituelle Lehrer auch dann ihre Schüler auf ihre Person fixieren, wenn sie »Erweckung« und »Befreiung« zu ihrem Programm erklärt haben, so ist an dieser Stelle festzuhalten, daß Gurdjieffs Werk auch nach seinem Tod nicht nur weiterexistierte, sondern Ausmaße erlangt hat, an die er kaum gedacht haben mag. Zu nennen ist die Gurdjieff-Foundation mit Arbeitszentren in der westlichen wie in der östlichen Welt: in Nord- und Südamerika, Europa, Asien, Afrika und Australien. Die Aktivitäten der Foundation fördern das Studium der Ideen ihres Gründers, vor allem die gemeinsame, von kleinen Gruppen getragene praktische Arbeit, den »eurythmischen« Tanz, nicht zuletzt den Einbezug der jungen Generation und Öffentlichkeitsarbeit. So gesehen hat die »Schule Gurdjieffs« weniger den Charakter einer der herkömmlichen Ausbildungsstätten. Sie ist eher mit einem Ashram, einer Bruderschaft oder einer Schule nach Art derjenigen des Pythagoras zu vergleichen.[10]

»*Beelzebubs Erzählungen*«

Spirituelle Literatur verlangt eine ihr gemäße Weise des Lesens und des Verarbeitens. Die bloße Kenntnisnahme von Sachverhalten oder Wissenskomplexen verfehlt das Wesentliche. Bei einem Menschen von einer Geistesart, die an Mischformen östlicher Mentalität orientiert ist, bekommt diese Feststellung noch eine zusätzliche, ganz andere Nuance.

Wer daher ohne besondere Vorbereitung zu Gurdjieffs Büchern greift, stößt auf Unerwartetes, in hohem Maße Befremdliches. In den »Erinnerungen mit bemerkenswerten Menschen« schreibt er noch allgemeinverständlich. Der Titel »Beelzebubs Erzählungen« signalisiert aber bereits, daß die magische Sphäre betreten wird. Das heißt, die gedankliche Sphäre wird alsbald verlassen. Skurrilität und Phantastik bestimmen die Schilderungen, die jedoch ihrerseits eine Botschaft vermitteln wollen. J. G. Bennett will in den Aufzeichnungen Elemente entdeckt haben, wie sie in heiligen Schriften, im Matthäus-Evangelium oder auch im Tao-te-king oder in der Bhagavadgita, enthalten sind. Akzeptabler scheint folgende Charakteristik:

> Es gibt viele Geschichten in »Beelzebubs Erzählungen«, die an der Oberfläche wenig mehr als recht antiquierte Satiren über die Kultur des frühen zwanzigsten Jahrhunderts zu sein scheinen, die jedoch sehr bedeutsame Einsichten in den Vorgang enthalten, durch den der Mensch seinen Weg aus der Verwirrung des modernen Lebens herausfinden kann. Einige der heftigsten und offensichtlich unwichtigen Angriffe auf die menschliche Dummheit sind als Richtlinien für die Selbstbeobachtung und Selbstdisziplin zu deuten... Herr Beelzebub versteht nicht alles, was er beobachtet, auch wenn er behauptet, viele Einzelheiten der menschlichen Psyche enthüllt zu haben. Andere Personen in der Geschichte sind Engel und Erz-

> engel, deren Natur nicht geteilt ist und die es folglich schwer finden, sich in die Gefühle gewöhnlicher Sterblicher zu versetzen. Sie machen Fehler, wie sie keine Zugeständnisse machen können... Menschen erlangen durch ihre bewußten Bemühungen und absichtlichen Leiden die Heiligengestalt. Das sind etwa die Gründer von Bruderschaften und große Wissenschaftler... Weibliche Gestalten spielen in »Beelzebubs Geschichten« keine bedeutsame Rolle, und über das Leben gewöhnlicher Menschen wird sehr wenig gesagt...[11]

Erschwert wird schließlich die Lektüre dadurch, daß die kuriose Sprache mit lautmalenden Begriffen und Kunstwörtern durchsetzt ist, die aus keiner menschlichen Sprache stammen dürften. Dem Leser wird demnach ein Jargon, ein Slang zugemutet, der offensichtlich dadurch zur Konzentration und Achtsamkeit zwingen will, daß er durch die Schwerverständlichkeit Anstöße gibt, ein Analogon zum Einsatz harter Arbeit.

Das Enneagramm

Den wenigsten Benutzern des seit einer Reihe von Jahren in breiten Kreisen bekannt gewordenen Enneagramms[12] wird bewußt sein, daß die zugrundeliegende Struktur dieses Instruments zur Selbsterforschung aus östlichen Quellen kommt, vor zweitausend Jahren in Afghanistan entstanden sein soll, als Bestandteil sufischer Geheimlehre weitergegeben wurde und in diesem Jahrhundert insbesondere durch Gurdjieff im Westen Verbreitung gefunden hat. Das Enneagramm (von griech. *ennea*, »neun«; *gramma*, »Buchstabe«, »Punkt«) kann als eine auf der Neunzahl basierende Typologie der menschlichen Charaktere angesehen werden; es ist gleichzeitig ein Mittel, die eigene Schattenhaftigkeit zu erkennen.

Geht man davon aus, daß in vielen Symbolen Zahlen mit geometrischen Figuren verknüpft sind, die sich gegenseitig beleuchten, dann ergibt sich das Enneagramm aus den Punkten eines Kreises, das in neun gleiche Teile geteilt ist. Dabei sind sechs Punkte durch eine Figur verknüpft, die in bezug auf einen Durchmesser, der den Kreisumfang am obersten Punkt durchschneidet, symmetrisch ist. Ferner ist der oberste Punkt der Scheitel eines gleichseitigen Dreiecks, das die Punkte miteinander verbindet, die nicht in die ursprüngliche komplizierte Figur einbezogen sind. P. D. Ouspensky, der diese Figur näher beschreibt, referiert hierzu Gurdjieffs weitere Angaben, mit denen er das Enneagramm als ein Ganzheit repräsentierendes Symbol charakterisiert. An dieser Stelle seien nur die folgenden Gesichtspunkte wiedergegeben, die die Besonderheit des Ganzen kenntlich machen und zu weiterem Studium anregen:

> Jedes vollständige Ganze, jeder Kosmos, jeder Organismus, jede Pflanze ist ein Enneagramm. Aber nicht jedes dieser Enneagramme hat ein inneres Dreieck. Das innere Dreieck zeigt das Vorhandensein höherer Elemente nach der Tabelle der »Wasserstoffe« in einem bestimmten Organismus an. Dieses innere Dreieck befindet sich in Pflanzen wie Hanf, Mohn, Hopfen, Tee, Kaffee, Tabak und vielen anderen, die im Leben des Menschen eine bestimmte Rolle spielen... Allgemein gesprochen muß man verstehen, daß das Enneagramm ein *universales* Symbol ist. Alles Wissen kann im Enneagramm zusammengefaßt und mit Hilfe des Enneagramms gedeutet werden. Und so kann man sagen, daß man nur das *weiß*, beziehungsweise versteht, was man in das Enneagramm einfügen kann... Das Enneagramm ist *dauernde* Bewegung, das gleiche »perpetuum mobile«, das die Menschen seit dem ältesten Altertum gesucht und niemals gefunden haben. Und es ist klar, warum sie das perpetuum mobile nicht finden können. Sie suchten außerhalb von sich, was

in ihnen war; und sie versuchten dauernde Bewegung zu konstruieren, wie man eine Maschine konstruiert, während die wirkliche dauernde Bewegung ein Teil einer anderen dauernden Bewegung ist und nicht losgetrennt von ihr erzeugt werden kann ... Um das Enneagramm zu verstehen, muß man es sich bewegt, in Bewegung vorstellen. Ein sich nicht bewegendes Enneagramm ist ein totes Symbol; das lebendige Symbol ist die Bewegung ...[13]

Damit ist der Punkt bezeichnet, von dem aus eine gedankliche Verbindungslinie zu den speziellen Tänzen und Derwischübungen gezogen werden kann, die Gurdjieff in seinem Institut von Prieuré ausführen ließ. So wurde, wie Ouspensky berichtet, auf den Boden der Übungshalle ein großes Enneagramm gezeichnet. Die teilnehmenden Schüler und Schülerinnen standen an den Stellen, die mit den Zahlen eins bis neun bezeichnet waren. »Und dann begannen sie sich in Richtung auf die Zahlen der Perioden in einer sehr interessanten Bewegung zu bewegen, wobei sie sich an den Treffpunkten umeinander drehten, das heißt an den Punkten, wo sich im Enneagramm die Linien kreuzten. Damals sagte Gurdjieff, daß Übungen mit Bewegungen nach dem Enneagramm in seinem Ballett ›Der Kampf der Magier‹ eine wichtige Rolle spielten ... Der Rhythmus der Bewegungen selbst suggeriert die notwendigen Ideen und erhält die notwendige Spannung aufrecht. Ohne sie kann man nicht fühlen, was das Wichtigste ist ...«[14]

»Desorientierte Wahrheitssucher«

So knapp und so fragmentarisch eine Skizze über die »Fragmente einer unbekannten Lehre« (P. D. Ouspensky) sein mag, um die Frage nach ihrer Rezeptionsfähigkeit kommt man nicht herum. Und diese Frage ist nicht mit Blick auf ihre methodisch-technische Realisierbarkeit gestellt, sondern hinsichtlich ihrer Nähe oder Ferne zur Bewußtseinslage des westlichen Menschen, der die abendländische Tradition auch dann nicht leugnen kann, wenn er ihr – ihrer Philosophie, ihrer Religion, ihrer humanen Kultur – entwachsen zu sein behauptet. In der Gefolgschaft wie im Sympathisantenkreis Gurdjieffs fehlt es nicht an bekannten Namen, die im westlichen Kulturleben eine durchaus gewichtige Rolle gespielt haben, unter ihnen William Orage, Aldous Huxley, Arthur Koestler, Margaret Anderson, Katherine Mansfield, Arnold Keyserling, Carlos Castaneda und viele andere.

Die zu stellende Frage geht indes dahin, ob eine in einseitiger Weise an den Willen appellierende schamanenhafte und der Magie verpflichtete Grundhaltung dem westlichen Menschen aufgepfropft werden kann wie ein Edelreis auf einen Baum, der keine Frucht trägt. Wäre nicht wenigstens der Versuch zu machen, nach Möglichkeiten der Anknüpfung und des geistig-seelischen Austausches zu suchen? Ein derartiges Bedürfnis hatte der kaukasische Magus inmitten der westlichen Intelligenzia offenbar nicht. Wo der Weg der Macht – einerseits der Auslieferung an einen Guru, andererseits der Übervorteilung des Schwächeren – betreten wird, stehen Wollen und Bessersein in hohem Kurs. Was wird indes aus den Qualitäten menschlicher Zuwendung, was aus der Qualität des Daseins für andere; was gelten Liebe und Vertrauen? – Fragen dieser Art ließen sich vermehren. In diesem Zusammenhang ist auch das Votum eines Jean Gebser kritisch zu hören, der von der Attraktion »östlicher Unangepaßtheit an westliches Denken« gesprochen hat, einer Attraktion, der immer wieder »desorientierte Wahrheitssucher« anheimfallen.[15]

Wie der Meister und die ihm zugeneigten »Waldphilosophen« von Fontainebleau erlebt worden sind, von Jüngern und von Fremden, von Belastungs- wie von Entlastungszeugen, weiß man seit langem, z. B. durch den Bericht des Ex-Gurdjieffianers Louis Pauwels[16]. Im übrigen ersparte

Gurdjieff seinem Anhang die Desillusionierung nicht, die man von jedem – zugegeben: disziplinierten – Meister des Wegs erwarten darf: Er verwies sie auf sich selbst. Gurdjieff tat es unmittelbar vor seinem Tod mit der ihm eigenen Direktheit. Er traf die vielgedeutete-eindeutige Feststellung: »Da laß ich euch also in der Patsche.«

René Guénon und die integrale Tradition

Exkurs: Auf der Suche nach der Tradition

Seit langem gehört es zu den ernüchternden, um nicht zu sagen: erschütternden Wahrnehmungen, wonach die Besinnung auf das geistig-kulturelle Erbe der Menschheit – auf regionaler wie auf überregionaler Ebene – in überaus sträflicher Weise vernachlässigt wird. Augenscheinlich wird es längst nicht mehr zum Grundbestand des (im weiteren Sinn des Wortes zu verstehenden) Gebildetseins gerechnet, daß man sich des verpflichtenden Reichtums geistiger Überlieferung bewußt ist, aus diesem Bewußtsein heraus lebt und gestaltet. Bisweilen hat man den Eindruck, in den Bereichen unreflektierter Religiosität und des gewachsenen Brauchtums bestehe »noch« eher eine Beziehung oder zumindest ein Sensorium für das Erbe der Väter (und Mütter!) als dort, wo man von akademisch-geisteswissenschaftlicher und theologischer Bildung her dergleichen erwarten können sollte. Ignoranz und Mißverständnis dominieren; ein Mißverständnis, das Traditionsbewußtsein mit rückwärtsgewandtem, gegenwartsflüchtigem und zukunftsblindem Traditionalismus verwechselt; eine Ignoranz, was das Grundwissen an spirituellen Zusammenhängen anbelangt. Die Bekanntschaft mit den Zusammenhängen ist jedenfalls überaus selten anzutreffen. Das erste und letzte Wort ist in Moderne und Post-Moderne dem Pragmatismus vordergründiger »Problemlösungen« und dem allfälligen »Krisenmanagement« zugesprochen.

Ein spirituelles Vakuum größten Ausmaßes ist entstanden. Der Grad der bestehenden Defizite bemißt sich daran, daß man sich vielerorts nicht einmal des empfindlichen Mangels an spiritueller Regsamkeit bewußt ist. Der im

Laufe von Generationen eingetretene Substanzverlust wird oft gar nicht mehr registriert. Völlig in Anspruch genommen von den jeweils aktuellen wirtschaftlich-materiellen und den erklärten politisch-strategischen Notwendigkeiten und Interessen (man denke an die vielschichtige Europa-Problematik) wird vergessen, daß die Aufgaben des Tages stets auch eine geistige Dimension haben, die nicht vernachlässigt werden darf.

Wer besitzt, sucht nicht. Wer dagegen seines Verlustes inne wird, macht sich auf den Weg. Man sucht das Verlorene zu benennen, es zu beschreiben und kenntlich zu machen, um sich gegebenenfalls mit geistesverwandten Suchern zusammenzutun, auch wenn sich die Gefährten auf dem Weg nicht immer einig sind. Offensichtlich gibt es unterschiedliche Benennungen, auch unterschiedliche Methoden und spirituelle Disziplinen, somit unterschiedliche Zugänge. Das zeigt sich schon an der Vielgestalt der Religionen und Denominationen. Aber ein Einendes, ein Verbindendes, ein Rettendes gibt es auch. Es läßt sich ermitteln, diesseits und jenseits der Pferche und Zäune, an denen gestrenge Dogmenhüter darauf achten, daß das jeweils eigene geistige Erbgut allem anderen vorzuziehen sei. Dabei entsteht nicht nur ein west-östlicher Dualismus, sondern auch eine binnenreligiöse Aufspaltung. Das Verlangen nach dialogischer Überwindung aber regt sich ebenfalls; es ist im Wachsen begriffen.

Um aber Spiritualität nicht allein auf ihre religiöse Erscheinungsweise zu beschränken, sei in unserem Zusammenhang auch an die *Philosophia perennis*[1], die immerwährende Philosophie (wörtlich »Liebe zur Weisheit«) erinnert. Sie begreift in sich die bleibenden Grundgehalte zunächst der abendländischen Philosophie seit Platon und Aristoteles, dann darüber hinausgreifend den Strom einer Urweisheit, aus dem – bewußt oder unbewußt – letztlich alle Späteren schöpfen. Den »Wissenden« bzw. wissenschaftlich Forschenden gehen die »Weisen *(sophoi)* voraus, d. h. sie sind höheren Ranges, und zwar auch dann, wenn dies bei jenen in Vergessenheit geraten sein sollte.

Letztlich hat jede Religion, jede Spiritualität, jede Tradition ihre Urweisheit, repräsentiert durch Träger der Offenbarung und durch »Meister der Weisheit«. Die Weisheit (griech. *sophia*; hebr. *chochma*) selbst liegt letztlich nicht im Verfügungsbereich des Menschen. Die tiefer Blickenden haben das immer gewußt. Devotion der Wahrheit wie der Weisheit gegenüber gehört seit je zu den Elementartugenden einer spirituellen Schulung. Auf die Person der Lehrenden kommt es letztlich nicht an. Ihr kommt stets die dienende, nie die herrschende, den Mittelpunkt fordernde Rolle zu.

Die Weisheit ist göttlicher Natur, »am Anfang Seiner Wege, eingesetzt von Ewigkeit, von Anfang an, vor der Erde, da die Tiefen noch nicht waren ...« (Sprüche Salomonis 8, 22ff.)

Obwohl und weil sie allem Grund legt, muß man sie suchen. Man kann nach ihr Ausschau halten, weil ihre Signaturen allerorts ausgestreut sind: in Mythen und Symbolen, in Hieroglyphen und heiligen Aufzeichnungen, allem voran die »signatura rerum«, die die Schüler eines Paracelsus, eines Jakob Böhme an der geschöpflichen Mitwelt zu entziffern wußten: »Aus Gras und Kraut und Meer und Licht / Schimmert Sein kindlich Angesicht« (Novalis). Die Suche nach dem, »was uns unbedingt angeht« (P. Tillich), ist in vollem Gang, seit Jahrtausenden. Diese Suche als ein Prozeß der Reifung ist es, die das Menschsein des Menschen konstituiert. Deshalb ist sie kein naturhafter Vorgang. Hier bedarf es der Initiation und des Entschlusses zum Aufbruch.[2]

Im engeren Sinn des Wortes der Tradition und dem Traditionalen verpflichtet sind im 20. Jahrhundert Männer wie der Franzose René Guénon, der Italiener Julius Evola und der Deutsche Leopold Ziegler. Jeder hat auf seine Weise den

Versuch unternommen, sich des Verlorenen zu vergewissern und diese »Wissenschaft« mit den ihnen zur Verfügung stehenden Erkenntnismitteln weiterzugeben. Oder um es zuständigermaßen Ziegler sagen zu lassen:

> Allzulange hat Europa aus der stygischen Lethe Vergessenheit getrunken und darum mehr und mehr vergessen, was nie hätte vergessen werden dürfen. Nun wird Anámnesis (Wiedererinnern) gegen Lethe aufgeboten, falls es nicht bereits zu spät ist. In vorderster Reihe dieses Aufgebotes streitet René Guénon ...[3]

Lebenslinien ostwärts gewendet

René Jean Joseph Guénon wurde am 15. November 1886 in Blois/Anjou, im Tal der Loire gelegen, als Sohn eines Architekten geboren.[4] Geschildert wird die behütete Kindheit des Jungen mit einer nicht immer gefestigten Gesundheit. Nach dem Besuch einer katholischen Schule in Blois studierte er Rhetorik, Philosophie und Mathematik, ab Oktober 1904 in Paris. Das umtriebige Quartier Latin verließ er. Er übersiedelte zur ruhigeren Ile Saint-Louis. Sein Lebensthema holte den Zwanzigjährigen 1906 ein: die Suche nach dem »verlorenen Wort«, verbunden mit einem Leben als »réalisation metaphysique«.

Die folgenden sechs Jahre wurden für seinen weiteren Weg wichtig. Die französische Hauptstadt bot ihm viele Möglichkeiten, um okkultistische Zirkel westlicher und östlicher Provenienz sowie maurerische Verbindungen kennenzulernen. Dazu gehörten die Kurse an der Ecôle Hermétique, die okkultistische Bewegung von Papus (d. i. Gérard Encausse, (1865–1916), dem Wiederbegründer des Martinisten-Ordens (»Ordre Martiniste«, nach Martinez de Pasqually). Er trat 1909 der 1889 gegründeten Eglise Gnostique des J. Doinel bei, die den Anspruch erhob, die authentische

Fortführung des historischen Katharertums zu sein, wurde einer ihrer Bischöfe und gab wenige Jahre hindurch deren Zeitschrift »La Gnose« (»Gnosis«) heraus.

Durch alle diese Gruppierungen ging er gleichsam hindurch. Ihn verlangte nicht nach vermeintlicher oder imitierter Initiation, sondern nach Authentizität, nach echter Esoterik. In einer Reihe der Aufsätze in »La Gnose« (1909–1912) sind bereits Gedanken ausgesprochen, die später in einigen seiner Bücher in ausgearbeiteter Form niedergelegt sind, u. a. in »Die Symbolik des Kreuzes« (»Le Symbolisme de la Croix«). Eingehende Studien des Hinduismus, des Taoismus und vor allem des Islam in seiner mystischen Ausformung (Sufismus) erstreckten sich über mehrere Jahre.

1912 fand R. Guénon Aufnahme in einem Sufi-Orden. Auch hier war er auf Ursprünglichkeit und beglaubigte Sukzession (hier: Initiationsvollmacht) bedacht. Wenn man in »Die Symbolik des Kreuzes« die Widmung des Buches an Sheikh Abder-Rahman Elish El-Kebir findet, dann handelt es sich um den moslemischen Weisen aus Kairo, dem er sich 1912 anschloß. Guénon übersiedelte nach Kairo, wo er 1934 mit der Tochter eines Scheikhs eine Familie gründete und unter dem Namen »Abdel Wahed Yahia« ein verborgenes Leben führte. Er tauchte völlig in die islamische Lebens- und Glaubenswelt unter. Man bescheinigte ihm, daß er ein akzentfreies Arabisch sprach und sich in nichts von seinen moslemischen Brüdern unterschied. Aus ebendieser Sicht eines französischen Moslem sind seine zahlreichen Bücher geschrieben, in denen er seine unablässige Suche nach den Quellen der Überlieferung, insbesondere der hinduistischen und der moslemischen, vollzog.

Die abgeschiedene, von großer Einfachheit gekennzeichnete Lebensart hinderte ihn nicht, mit einem wachsenden Kreis von innerlich Zugewandten in brieflichem Kontakt zu stehen. Seit den zwanziger Jahren fanden seine Bücher durch Übersetzungen ins Italienische, Englische, Deutsche,

Spanische, Portugiesische, selbst ins Tibetische, immer weitere Verbreitung. Diese Tatsache ist jedoch nicht im Sinne einer seinem Wesen widersprechenden breiten Popularisierung zu verstehen. Gerd-Klaus Kaltenbrunner, der ihn als einen »überragenden Philosophen« einschätzt und zu den »tiefsinnigen religiösen Denkern unseres Jahrhunderts« in der Nachfolge Heraklits, Meister Eckharts, Jakob Böhmes rechnet, gibt gleichzeitig zu bedenken: »Sein Name taucht in keinem der gängigen philosophischen Nachschlagewerke auf, die doch sonst noch den letzten Epigonen berücksichtigen. Ebenso fehlt er im vierzehnbändigen ›Lexikon für Theologie und Kirche‹ und im Brockhaus ...[5]

So pflegt das Schicksal seine Lieblinge zu bedenken. Der »Schleier der Isis« sichert ihre Verborgenheit. – Guénon verstarb am 6. Januar 1951 in Kairo, den Gebetsruf »Allah!« auf den Lippen.

In Julius Evolas Nachruf heißt es:

> Für ihn gibt es kaum einen Ersatz; er hat viele beeinflußt; ich weiß aber von keinem, der auf demselben Niveau sein Werk fortsetzen könnte. Die Sache ist für mich unheimlich, da ich nicht denken kann, daß er schon alles gegeben hat, was er geben konnte, um Licht in diese trübe Zeit zu bringen ...[6]

In der Gegenwart des Geistes

Die zentrale Gestalt, die die Hauptlast der vollgültigen Präsentation der traditionalen Lehren des Orients im modernen Westen trug, war René Guénon, ein Mann, der für diese Aufgabe von der Tradition selbst ausgewählt worden war und eine geistige Funktion supra-individueller Natur erfüllte ... Guénon, wie er sich in seinen Werken spiegelt, schien mehr eine geistige Funktion als ein »Mensch« zu sein. Sein luzider Geist und Stil und sein

> großer metaphysischer Scharfblick scheinen von der traditionalen Sophia selbst zur Neuformulierung und Darlegung jener Wahrheit auserkoren worden zu sein, deren Verlust so großes Leid über die moderne Welt gebracht hat.[7]

Mit diesen Worten hat der persische Religionswissenschaftler Seyyed Hossein Nasr von seinem Beobachtungsort aus Guénons Rang markiert. Will man sich nun ein Bild von dessen »integraler Tradition« machen, dann ist darunter nicht allein die bloße Weitergabe *(traditio)* von Überlieferungsgut aus der Vergangenheit zu verstehen. Es geht auch nicht allein um die Weitergabe etwa einer kanonisierten Lehre *(Dogma)* oder um die Übertragung der Weihegewalt *(successio Apostolica)* im Sinne der katholischen Kirche, der östlichen wie der westlichen. Gäbe es allein diese Sukzession, so bestünde (wie in der römischen Kirche üblich) ein unkündbares Abhängigkeitsverhältnis des sogenannten Laien von den jeweiligen Amtsinhabern und religiösen bzw. spirituellen Autoritäten. Deren »Unfehlbarkeit« ist umstritten, zumindest aus der Sicht der heutigen Bewußtseinslage.

Aber auch wenn man – z. B. als romgetreuer Katholik – an diesem Traditionsverständnis festhält, wird einzuräumen sein, daß es nicht nur eine Tradition in der historisch bedingten Horizontalen gibt. Es gibt auch, ja in erster Linie und vor ihr, eine *Tradition in der Vertikalen.* Es ereignet sich Mal um Mal Geistes-Gegenwart; christlich gesprochen: Die Gegenwart des Christus im Geist, »wo zwei oder drei in meinem Namen versammelt sind« (Matth. 18,20), da konstituiert sich »Kirche« (ekklesia), der Leib des Christus im Geist. Die Christus-Gemeinschaft konstituiert Christen-Gemeinschaft.

Auf dieser Tradition in der Vertikalen basiert Offenbarung. Sie ermöglicht »mündliche Tradition«. So weit ist immerhin selbst die historisch-kritisch arbeitende Theologie gelangt, nämlich bis zum Eingeständnis, daß zeitlich vor der Fixierung heiliger Schrift das sprechende Wort der Inspiration liegen muß: Tradition. Daß das geschriebene Wort in *Ver-ant-Wort-ung* vor ihr eine spirituelle, d. h. eine geistgemäße Interpretation verlangt, ergibt sich von daher. Diejenigen, die in der Tradition bzw. im Erkenntniszusammenhang echter Esoterik stehen, haben das immer nicht allein »gewußt«, sondern vor allem beherzigt: seit Origenes, über eineinhalb Jahrtausende und mehr Jahre hinweg, im Grunde schon seit dem neutestamentlichen Zeugnis: Er, der Auferstandene, »öffnete ihnen die Schrift« (Luk. 24,32).[8]

Was nun Guénon betrifft, so bedeutet »integrale« Tradition die Gesamtheit aller Teiltraditionen; keiner kann einen Monopolanspruch auf geheimes Wissen erheben. Diese Gesamtheit lebt von einer Integrität, die beides umschließt: Ganzheit und Reinheit des spirituell Zugrundeliegenden sind »integral« ineinandergefügt. Diese »Fügung« will in der Begegnung der nach Glauben und Erkennen Verschiedenen je und je realisiert werden; gewiß nicht in einer organisierbaren oder auch nicht organisierbaren, daher scheiternden Ökumene auf der Horizontalen, sondern in der *Ökumene des Geistes.*

In seinem ersten Buch »Introduction générale à l'étude des doctrines hindoues« (Paris 1921) hat Guénon bereits die für sein gesamtes Denken wichtigen Gesichtspunkte niedergelegt.[9] Wenn er in diesen Zusammenhängen von »Geist« spricht, dann unterscheidet er ihn (lat. »intellectus«) vom Verstand (ratio). Es gilt den sonnenhaften Geist und den mondenhaften, weil gespiegelten Verstand auseinanderzuhalten. Von daher ergab sich Guénons kritische Auseinandersetzung mit dem »Geist« der Moderne und mit all jenen, die etwa modernes Evolutionsdenken mit spirituellen Zielsetzungen in Verbindung brachten, z. B. in der Theosophie H. P. Blavatskys. Deshalb schon im Vorwort seine Warnung vor der Gefahr, die darin besteht, europäische Begriffe, theologische (wie Selbsterlösung, Reinkarnation

u. ä.) bzw. philosophische auf orientalische Kulturzusammenhänge zu übertragen.

Wenn er des weiteren den Orient mit dem Okzident konfrontiert, dann geschieht dies in dem Bewußtsein einer Distanz, die seit dem Mittelalter immer weiter anwächst, indem im Westen im Zuge der Bewußtseinsevolution gleichzeitig eine Entfernung von dem Heiligen, vom Spirituellen und Esoterischen, in einem: von dem Traditionalen eingetreten ist. Die drei von Guénon herausgestellten östlichen Kulturen – China, Indien, moslemische Welt – verfügen gemäß seiner Sicht über eine metaphysische Grundlage, die zur überindividuellen Schau der höchsten Wirklichkeit befähigen, während das von ihm untergeordnete Individuelle an Form und Erscheinung gebunden ist. Die Metaphysik ist für ihn wesenhaft Erkenntnis des Universellen, Alleinigen, allem Zugrundeliegenden. Hierzu die Erläuterung Ernst Kürys:

> Guénon nennt die Metaphysik nie Wissenschaft (science), sondern immer Erkenntnis (connaissance). Zwischen beiden gibt es kein gemeinsames Maß und keinen Widerspruch; diese bezieht sich auf das Universale, jene auf das Generelle. Die metaphysische Erkenntnis ist unveränderlich, denn nur das Individuelle, Formhafte ist dem Wandel unterworfen. Während die Wissenschaft in ständiger Entwicklung ist, bleibt sich die Metaphysik im Kern gleich ... Weil bei der geistigen Schau Subjekt und Objekt zusammenfallen, ist ein Irrtum unmöglich. Es gibt in der Metaphysik keine Hypothesen, sondern nur Gewißheit ...[10]

Zusammenfassend könnte man sagen: Als Abendländer suchte Guénon aus dem Blickwinkel des Morgenländers jene Metaphysik zurückzugewinnen, die im Westen seit langem verlorengegangen ist. Das hatte naturgemäß nicht als eine vordergründige Empfehlung asiatischer Geistigkeit zu geschehen, sondern eher als eine Anregung zur Synopse,

d. h. zur Zusammenschau der neu zu vergegenwärtigenden westlichen mit der östlichen Überlieferung, und zwar anders als dies durch Theologie, Philosophie und Orientalistik zu geschehen pflegt. Guénons »réalisation métaphysique« verachtet zwar nicht die Methoden wissenschaftlicher Textforschung, besteht aber darauf, über den Buchstaben hinauszudringen zum ursprunghaft-gegenwärtigen Geist, der aller Erscheinung in Geschichte und Gegenwart zugrunde liegt. »Die indischen Lehren scheinen ihm als Mittel hierzu am geeignetsten. Hier beruht die Einheit der Kultur nicht auf einer religiösen Organisation oder einer Rasse, sondern auf der metaphysischen Lehre ... Veda heißt nichts anderes als ›überlieferte Lehre‹.[11]« Unnötig, eigens darauf hinzuweisen, daß man sich nicht in »wissenschaftlicher« Haltung dieser Erkenntnisgebiete bemächtigen kann, als handle es sich lediglich um Texte und historisch bedingte philosophische Anschauungen, die man auch ohne existentielle Betroffenheit analysieren kann. Vielmehr verlangt die Begegnung mit der so verstandenen »überlieferten Lehre« die ihr angemessene Lebenseinstellung, vergleichbar der Christus-Nachfolge im Christentum.

»Der König der Welt«

Es liegt im Wesen der traditionalen Erkenntnislehre, daß in ihr dem Symbol eine zentrale Bedeutung zugewiesen wird. Das ist schon deshalb unumgänglich, weil das Symbol (von griech. *symballein*, »zusammenfügen«) die Einheit von geistig-übersinnlicher Realität und sinnenhafter Erscheinungsform verkörpert. So gesehen ist ein echtes Symbol ein Sinn tragendes, spirituelle Realität vergegenwärtigendes, zugleich ein mehrdimensionales Zeichen. Es ist nicht zu verwechseln mit den einsinnigen, in der Alltagswelt verwendeten Zeichen und Bezeichnungen, selbst wenn diese bisweilen irrtümlich »Symbole« genannt werden.

Ein echtes Symbol ruft den Betrachter auf, sich dem zu öffnen, was sich eigentlich der Aussagbarkeit oder der bildhaften Verdeutlichung entzieht. Wer ein Symbol auf sich wirken läßt, der ist sich im klaren darüber, daß das Angeschaute über den sinnenhaften Eindruck – etwa von Wasser, Brot, Wein, Kreuz, Rose und dergleichen – hinausweist, nämlich auf das mit den leiblichen Augen nicht zu betrachtende Eigentliche, das Heilige. Doch das sinnenhaft Wahrnehmbare wird – dem darauf Eingestellten – transparent für das gemeinte Übersinnliche. Insofern kann grundsätzlich jedes Ding zur materiellen Basis für ein Symbol werden, wenngleich es in der Regel bestimmte Objekte oder Wesen sind, die sich dafür in besonderer Weise eignen und je nach religiösem oder kulturellem Zusammenhang – einen Symbolkanon konstellieren. Jede Religion hat ihre Symbolsprache. Und zwischen diesen Symbolkomplexen bestehen vielfältige, gleichsam von einer »Ursprache« oder Archetypik der Symbole abzuleitenden Gemeinsamkeiten.

Das für die Alltäglichkeit erforderliche Verstandesdenken, die Ratio, kennt kein Symbol, sondern bestenfalls die Metapher, die Allegorie, am häufigsten das vom Zweck- und Funktionsdenken geforderte eindeutige Zeichen, z. B. im Straßenverkehr, auf Maschinen, zur Abkürzung von Sachzusammenhängen und dergleichen.

Ein Menschheitssymbol, das uns in der Welt der Religionen, der Mythen, der Märchen, in der Sprache der Dichter in vielfältiger Weise begegnet, ist »der König der Welt« – nicht zu verwechseln mit dem »König dieser Welt«. Der König der Welt steht für Gott; der König dieser Welt für seinen irdischen Gegenspieler. In seinem Buch »Le roi du monde« bespricht Guénon dieses Thema, indem er das Königsmotiv in einen symbolgeschichtlichen Zusammenhang mit verwandten Motiven aus verschiedenen Überlieferungssträngen rückt:

> Der Titel »König der Welt« kommt in seiner höchsten und vollkommensten, zugleich auch strengsten Bedeutung genaugenommen »Manu«, dem ursprünglichen und universalen Gesetzgeber, zu, dessen Name sich unter verschiedenen Formen bei einer großen Anzahl alter Völker wiederfindet. Erinnern wir uns an Mina oder Menes der Ägypter, an Menw der Kelten und Minos der Griechen. Dieser Name bezeichnet in Wirklichkeit übrigens weder eine geschichtliche noch eine mehr oder weniger legendäre Persönlichkeit, sondern ein Prinzip, die kosmische Intelligenz, die das reine geistige Licht widerspiegelt und das Gesetz (dharma) verkündet, das den Bedingungen unserer Welt oder unseres Daseinszyklus zugrunde liegt. Zugleich ist es auch der Archetyp des Menschen, insbesondere seines denkerischen Aspektes (Sanskrit: *manava*). Wesentlich ist zu erwähnen, daß dieses Prinzip sich in einem geistigen, in der irdischen Welt bestehenden Zentrum manifestieren kann, in einer Organisation, deren Aufgabe es ist, die geistige, in ihrem Ursprung »nicht menschliche« *(apaurusheya)* Tradition unversehrt zu bewahren, durch die sich die Jahrhunderte hindurch die Ur-Weisheit denen mitteilt, die sie aufzunehmen vermögen.[12]

Angespielt ist hierbei auf das urtümliche König-Priestertum, einem Symbolkomplex, dem man im Osten wie im Westen begegnen kann, personifiziert in dem »Priester (bzw. Presbyter) Johannes« und seinem geheimnisvollen, kaum lokalisierbaren Königreich. Dessen Nichtlokalisierbarkeit oder Nichtumgrenzbarkeit entspricht dem Wesen des Archetypischen. In seinem perspektivenreichen Werk »Johannes ist sein Name« hat Gerd-Klaus Kaltenbrunner die Sphäre dieses sakralen Königtums als eines Zentrums der »königlichen Kunst« geortet:

> Das unauffindbare Reich des Presbyters Johannes weist ebenso wie das Gralsreich (mit dem es schließlich verschmilzt) auf jenes Urzentrum hin, an das die Überliefe-

> rungen der verschiedensten Völker erinnern. Es bedeutet den hierarchischen Übergang vom Offenbaren zum Geheimen, vom Exoterischen zum Esoterischen. Daß es erdkundlich nicht nachweisbar ist, ändert nichts an seiner Wirklichkeit. Es ist wirklicher als das, wovon im politischen Teil der Tageszeitung von heute die Rede ist.[13]

Es entspricht dem spirituellen Reichtum wie der gedanklichen Dichte seines dem Umfang nach schmalen Buchs, wenn man sieht, wie René Guénon vielfältige Symbolverschränkungen aufzeigt, die zwischen den einzelnen Motiven bestehen, etwa zwischen solchen des Alten Testaments und des fernöstlichen Weisheitsgutes oder zwischen biblischen und kabbalistischen Texten. Daß den Gralserzählungen, den Rittern der Tafelrunde und den Trägern der Templer-Spiritualität besondere Bedeutung zugemessen wird, bedarf keiner besonderen Begründung:

> Alle Traditionen spielen in diesem Zusammenhang auf etwas an, das von einer bestimmten Zeitepoche an verlorenging oder geheimgehalten wurde. Hierzu gehört zum Beispiel der »Soma« der Hindus oder der »Haoma« der Perser, der »Trank der Unsterblichkeit«, der in sehr unmittelbarer Beziehung zum Gral steht, da dieser das heilige Gefäß sein soll, das Christi Blut und damit auch den »Trank der Unsterblichkeit« birgt. Die Symbolik im einzelnen mag übrigens verschieden sein; so bei den Juden, die das Aussprechen des großen göttlichen Namens verloren haben. Die Grundidee jedoch ist immer die gleiche... Ebenso wie das irdische Paradies unzugänglich geworden ist, kann das höchste Zentrum, das im Grunde dasselbe ist, während einer Zeitspanne äußerlich nicht in Erscheinung treten. Dann läßt sich sagen, die Tradition ist für die gesamte Menschheit verlorengegangen, da sie nur noch in bestimmten, streng geheimen Zentren gewahrt wird, und die Menge, im Gegensatz zum ursprünglichen Zustand, nicht mehr in bewußter und wirksamer

Weise daran teilnimmt. Dies ist genau der Zustand unserer jetzigen Zeit, deren Anfang übrigens weit hinter dem zurückliegt, was die gewöhnliche »profane« Geschichtsschreibung zu erfassen weiß.[14]

Im Umkreis traditionalen Denkens

Wenn es die innere Einheit aller großen Überlieferungskomplexe der Menschheit gibt, dann ist die Gefolgschaft derer gefordert, die ihrer inne werden. Zwar trifft es zu, daß integrales Denken immer noch in den Anfängen steht. Aber dieses Denken ist »auf dem Weg«. Nach ihm wird gefragt.

Der Versuch einer Popularisierung widerspräche freilich dem großen Thema. Wo Initiation und Erkenntnisarbeit, sodann verpflichtende Nachfolge verlangt werden müssen, schließt sich der »Erfolg« der großen Zahl ganz von selbst aus. Nicht einmal die Chance zu einer Schulbildung kommt in Betracht. Guénon hat es vorgezogen, keine auf seinen Namen schwörende Schülerschaft um sich zu scharen. Dennoch mehrt sich ernsthaftes Interesse. Abgesehen von einer Reihe von Übersetzungen ist sein Werk in Frankreich wiederholt aufgelegt worden. Die Herausgabe immer neuer, an seine Sichtweise anknüpfende Studien erfolgt dort. G. K. Kaltenbrunner, der dazu beigetragen hat, traditionales Denken bei uns wachzuhalten[15], merkt an:

> In Lateinamerika, insbesondere in Argentinien und Chile, aber auch in Italien, der Schweiz und im Elsaß formieren sich Zellen und Gruppen metaphysikoffener Konservativer, die in René Guénon einen Träger und Interpreten ältester religiöser Überlieferungen verehren. Der seit Jahren in der Bundesrepublik Deutschland wohnende argentinische Schriftsteller J. C. Forcat kann geradezu als Prophet dieser Richtung angesehen werden. Ihr Einfluß ist wachsend, ebenso wie der des Italieners Julius Evola und des Indo-Amerikaners Ananda Kentish Coo-

maraswamy (1877–1947), zweier mit dem Franzosen wesensverwandter Denker. Das Schweigen des öffentlichen Kulturbetriebs konnte nicht verhindern, daß Guénons Werke eine geistig hochstehende Leserschaft in aller Welt gefunden haben und von ihm eine tiefe, wenngleich verborgene Strahlkraft ausgeht. Nur in Deutschland scheint die Stunde für René Guénons Einbürgerung noch nicht geschlagen zu haben.[16]

In den letzten Jahren wurden nur wenige, von der evangelischen Publizistin und Verlegerin Ursula von Mangoldt (1904–87) übersetzte Schriften verbreitet.[17] In den weiteren Umkreis traditionalen Denkens gehören der deutsch-österreichische Universalphilosoph Otmar Spann (gest. 1950)[18]; der Vertreter einer »Sophia perennis« und Deuter der islamischen Esoterik Frithjof Schuon (geb. 1907)[19]; der Schweizer Titus Burckhardt (1908–1984), dessen Studien zur Alchemie, zum Wesen heiliger Kunst und traditionaler Erkenntnisweise Beachtung gefunden haben[20]; Leo Schaya (1916–1986) u. a. als Interpret der sefirotischen Lehre[21]; schließlich der mit O. Spann wie mit L. Ziegler in Austausch stehende österreichische Wirtschaftswissenschaftler Walter Heinrich.[22] Die von ihm (1951) unter Hinweis auf seine drei Gewährsleute gezogene Summe lautet:

> Mit der Ideenlehre ist die traditionelle Methode verwandt, weil auch sie das »Interferieren von Übergeschichte und Geschichte« (J. Evola) lehrt; mit der Ganzheitslehre ist sie verwandt, weil ihr alle Teiltraditionen und alle deren Lebensäußerungen Glieder einer integralen Tradition sind (R. Guénon und L. Ziegler). Die traditionelle Methode ist deshalb so wenig neutral, weil sie zu besonders weittragenden Folgerungen für die Erkenntnis über die menschliche Gesellschaft, die Kulturen und die Menschheitsgeschichte führt ...[23]

Julius Evola

Julius Evola
Profil eines Hermetikers

Wenn von den Vertretern der neuzeitlichen Hermetik gesprochen wird, dann darf Julius Evola (1898–1974) nicht unerwähnt bleiben. Dem traditionalen Denken und Operieren verpflichtet, das einer »Erhebung wider die moderne Welt«[1] entspricht, hat sich Evola mit Grundfragen spiritueller Überlieferung beschäftigt. Vereinfacht ausgedrückt handelt es sich um eine »Zwei-Naturen-Lehre«. Sie besagt:

> Es gibt eine physische Ordnung und eine metaphysische Ordnung. Es gibt eine sterbliche Natur und eine Natur der Unsterblichen. Es gibt den höheren Bereich des Seins und den niederen des Werdens. Allgemeiner: es gibt ein Sichtbares und Berührbares, und – vor und jenseits von ihm – ein Unsichtbares und Unberührbares als Überwelt, Prinzip und Leben. Wo immer es eine tatsächliche Tradition gegeben hat, sei es im Orient oder im Okzident, in der einen oder anderen Form, ist diese Erkenntnis stets gegenwärtig gewesen als unerschütterliche Achse, um die alles übrige hierarchisch angeordnet war. Wir sprechen von einer Erkenntnis, nicht von einer »Theorie«.[2]

Um das Gemeinte beispielhaft zu veranschaulichen, lassen sich im besonderen zwei Felder aus Evolas Forschungen herausstellen: die *Alchemie* als der klassische kulturübergreifende Symbolkomplex hermetischer Geisteshaltung und die um den *heiligen Gral* sich anordnenden Sinnbilder der Geistessuche in templerisch-ritterlicher Disziplin. In beiden aneinandergrenzenden, ineinandergreifenden Bezirken esoterisch-spirituellen Strebens geht es freilich um viel mehr als um bloße Abbildung oder Schilderung von Vergangenem.[3] Da wie dort steht die Initiation im Zentrum der Bemühung, das Prinzip der Einweihung, der Selbst-

Werdung durch Selbst-Verwandlung im Sinne der Mysterientradition. Diese Suche nach dem Initiatischen entspricht der Wiederentdeckung einer verlorenen, von dem Schleier der Vergessenheit überzogenen Dimension.

Nennt man Evola – ähnlich wie übrigens René Guénon – in der Nachbarschaft von Theosophie oder Anthroposophie, dann soll damit keineswegs der Eindruck erweckt werden, diese Vertreter traditionalen Denkens erblickten in derartigen Bewegungen geistesverwandte Strömungen. Ihm bzw. ihnen beiden ist nicht verborgen geblieben, daß eine äußere Mitgliedschaft in einer so oder so sich nennenden Vereinigung, in der ebenfalls von Initiation gesprochen wird, nicht schon die Gewähr für spirituelle Vollzüge bietet. Eine Einsicht übrigens, die beispielsweise Rudolf Steiner geteilt haben muß, wenn er, abgestuft von der vereinsmäßigen Zugehörigkeit zur Theosophischen bzw. Anthroposophischen Gesellschaft, eine in »Klassen« gegliederte »Esoterische Schule« mit einer sogenannten erkenntnis-kultischen Abteilung geführt hat. Inwieweit eine derartige Einrichtung »gelingt«, d. h. inwieweit sie ihrem Zielbild als eine auf Initiation aufbauende Mysterienvereinigung näherkommt, hängt jeweils von verschiedenen Faktoren ab. Von Initiationen reden und sie vollziehen, sie unter Erschütterung und Wesenswandlung erleben, ist stets zweierlei. Wo das nicht erkannt wird, bricht eine Quelle vieler Mißverständnisse auf. Das Mysterium »sagt sich nicht«. Dennoch gibt es Teilhabe am Mysterium. Jede geschwätzige Preisgabe des Geheimnisses, die sich leichtfertig als »Mysterien-Veröffentlichung« darzustellen sucht, verfehlt, was ihre Vertreter zu besitzen oder bezeugen zu können vorgeben.

Darin waren sich Guénon und Evola einig. Von daher ergab sich für beide die Möglichkeit einer zumindest partiellen Zusammenarbeit. Bei näherer Betrachtung sind aber auch Unterschiede nicht zu übersehen, beispielsweise in der positiven Einschätzung der Alchemie, der Guénon nicht zu folgen vermochte. Evola befürwortete aber die Übersetzung von Guénons Schriften ins Italienische, und zwar noch bevor die Veröffentlichung in Frankreich erfolgen konnte. Dem französischen Esoteriker verdankte er wesentliche Einsichten und Anstöße für seine eigene Erkenntnisarbeit.

Magie als Wissenschaft vom Ich

Ähnlich wie R. Guénon in Frankreich, so sah sich Evola in seinen jungen Jahren in der okkulten Szene Italiens gründlich um. In Rom trat er in den zwanziger Jahren mit diversen theosophischen und freimaurerischen Kreisen in Verbindung. Es war die Zeit, als er bereits eine philosophische und eine künstlerische Phase im Umfeld der Dadaisten absolviert hatte. Er nahm bald eine führende Stellung in der esoterischen Bewegung ein. Neben Guénon war es vor allem der aus Florenz stammende Arturo Reghini (1878–1946), der in jener Zeit als einer der bedeutendsten Vertreter der klassischen Tradition besonders pythagoreischer Prägung galt. Renato del Ponte, Leiter des Centro Studi Evoliani, hebt den starken Einfluß Reghinis auf Evola hervor.[5] Er selbst hat ihm in seiner Autobiographie einen Denkstein gesetzt.[6] Welche Ausrichtung Reghini und andere freimaurerische »Rito Filosofico Italiano« einnahmen, geht aus der Tatsache hervor, daß er bereits 1911 den berühmt-berüchtigten englischen Magus Aleister Crowley ehrenhalber aufnahm. Reghini wird ohnehin der »heidnisch«-antichristlichen Linie zugerechnet, auf der ihm Evola gefolgt ist. Ihm galt später das Christentum als eine traditionsfeindliche Größe, und zwar ungeachtet der vielen aus der Überlieferung stammenden Elemente, die bis in Kultus und Hierarchie der katholischen Kirche hinein nachweisbar sind.

In den zwanziger Jahren war es vor allem die von dem erst neunundzwanzigjährigen Evola gegründete »Gruppe von UR«, die zwischen 1925 und 1929 aktiv war. Den in ihr

Versammelten ging es nicht um schöngeistige Verbrämung, sondern um erlebbare Esoterik, um den Vollzug initiatischer Riten. Von Rom aus gründete man in verschiedenen italienischen Städten Zweigverbände oder »Forschungsgemeinschaften«. Renato del Ponte spricht von der Errichtung »magischer Ketten«, in denen es darum ging, einschlägige antike Texte zu studieren, andererseits aber auch die Erzeugung bzw. »Herabholung feinstofflicher Kräfte und Einflüsse« in gemeinschaftlicher Arbeit zu bewerkstelligen. Was nun Inhalt und Thematik anlangt, so hat Renato del Ponte hierzu mitgeteilt:

> Die als erste zu lösende Aufgabe der Gruppe von UR bestand darin, dem Begriff »Magie« einen im besonderen Maße aktiven Ausdruckswert zukommen zu lassen, der, weit entfernt von der im Altertum vor allem Weisheit ausdrückenden Magie, eher dem von Roger Bacon verbreiteten Konzept einer *praktischen Metaphysik* ähnelte. Sich deutlich von den verabscheuten, damals modischen »spiritualistischen« Praktiken absetzend, d. h. vom vulgären Spiritismus, vom humanitären Theosophismus und anderen Formen eines herabgekommenen Okkultismus, war es die Absicht der Gruppe von UR, über die spezifischen Geistesströmungen, die dem einen oder anderen Mitarbeiter nahegestanden haben mögen, hinauszugehen und wiederum eine Verbindung mit den Urquellen der traditionalen initiatischen Lehre zu schaffen, eben in Übereinstimmung mit dem Prinzip von Kremmerz, für den »die Magie in ihrer Gesamtheit eine Aufeinanderfolge von beweisbaren Lehrsätzen und auf konkrete Wirkungen gerichteten Erfahrungen darstellt: Die magischen Wahrheiten, wie abstrakt sie auch sein mögen, beweisen ihre offensichtliche Richtigkeit eben durch ihre »Verwirklichung«, genauso wie dies die Wahrheit abstrakter Mathematik durch ihre mechanische Anwendung tut.[7]

Wie Evola selbst berichtet, war man in der Gruppe von UR bestrebt, »eine höhere Kraft zu wecken, die als zusätzliche Hilfe bei der individuellen Arbeit jedes einzelnen dienen sollte«. Da ist von Evokationen, von der Erlangung und Beherrschung »feinstofflicher Kräfte« die Rede. Die zu leistende Erkenntnisarbeit ist operativer Natur. Es zählt nicht die Meinung der einen oder der anderen »Autorität«, wie es in »theosophischen« Kreisen der Fall ist, in denen man dem »Geheimschüler« lediglich Lehren mitteilt, die bis in wilde Phantastereien hineingehen mögen. Sondern es zählt das Experiment, der operative Vollzug (opus magicum). Die von Evola und der Gruppe UR vertretene »Magie als Wissenschaft vom Ich« ist daher nicht angetreten, die vorhandenen Lehrsysteme lediglich um eine weitere zu vermehren, sondern Anstöße zur Selbstverwandlung zu geben.

Um was es sich handelt, wird in zahlreichen Beiträgen ihrer Publikationsorgane dargelegt. Daß diese »Publikationen« gleichzeitig der Arkandisziplin unterliegen, also mit einer verschlüsselten Sprache arbeiten, hermetische Termini und Pseudonyme für die einzelnen Autoren der Texte benützen, zeigt an, daß nur Erkenntniswillige angesprochen sind. Hierzu erfährt man:

> Vom initiatischen Standpunkt bedeutet *erkennen* nicht, das erkannte Objekt »denken«, sondern es *sein*. Eine Sache erkennt man also erst dann tatsächlich, wenn man sie *verwirklicht*, und das wiederum heißt, wenn sich das Bewußtsein in sie umwandelt. Damit wird Erkenntnis gleichbedeutend mit *Erfahrung*, und die initiatische Methode erweist sich als eine rein experimentelle Methode... Es ergibt sich aus dem Grad der *aktiven Identifikation*, d.h. aus dem Grad, in dem das Ich in seine Erfahrung eingewoben und mit ihr eins ist und worin das Ich das Objekt dieser Erfahrung als *Sinn*gehalt klar wird. Und in Entsprechung dieser Grade steigt die Stufenleiter von »Zeichen« zu »Zeichen«, von »Name« zu »Name«,

bis sie einen Zustand vollkommener, überrationaler geistiger Schau erreicht, in dem das Objekt im Ich und das Ich im Objekt völlig aktualisiert und realisiert sind. Das bedeutet in bezug auf das Erkannte einen Zustand der Macht und gleichzeitig der absoluten Selbstverständlichkeit: einen Zustand, nach dessen Erlangung jegliches Herumdenken und Mutmaßen überflüssig und jegliches Diskutieren sinnlos erscheinen. Daher der bekannte Ausspruch, daß man nicht zu den antiken Meistern ging, um zu »lernen«, sondern um zu »erlangen«, und zwar mittels eines tiefen Eindrucks, einer heiligen Erfahrung.[8] Als Folge davon erachtet es die initiatische Lehre eher negativ denn positiv, wenn der Verstand dazu neigt, zur Deutung oder Lösung dieses oder jenes philosophischen Problems abzuschweifen und irgendwelche Theorien aufzubauen oder sich für die eine oder andere Ansicht der profanen Wissenschaft zu interessieren ...[9]

Das hier gemeinte Initiatische handelt nicht davon, daß sich der um Identifikation mit dem Erkenntnisobjekt Bemühte etwa dahinein versenkt, sich darin verliert, also in einem unterintellektuellen oder gefühlsbeladenen Zustand versetzt, sondern »einen Zustand *über*rationaler, wesenszentrierter Klarheit« anstrebt – eine Forderung übrigens, die in der Richtung einer Erkenntnisbemühung liegt, wie sie z. B. in der Anthroposophie eingeschlagen wird. Vor der bloßen Übernahme von Wissensinhalten anderer muß gewarnt werden. Das hielt Evola jedoch wohl nicht prinzipiell von der Anthroposophie als einem Erkenntnisweg ab. Jedenfalls finden sich auch Anthroposophen in seinem Umkreis, dazu Denker von der Statur des Römers Massimo Scaligero (1906–1980), der in seiner Lebensmitte Rudolf Steiners »Philosophie der Freiheit« (1894) begegnet ist.[10]

Als einer, der auf einem kurvenreichen Weg seinen eigenen Wesensmittelpunkt erst finden mußte, um zum »totalen Erwachen« zu gelangen, war es Evola freilich nicht gegeben, als geborenem Römer die dort verankerte kirchliche Tradition zu seiner eigenen zu machen oder sich ihr anzuschließen. Er erfuhr für sich eine völlig andere Verbindung und Gemeinsamkeit, wenn er betont:

> Jenseits des vernunftgebundenen Intellekts, jenseits der Glaubensrichtungen, jenseits von all dem, was im allgemeinen als Kultur oder Wissenschaft Geltung hat, gibt es ein höheres Wissen. In ihm erlischt die Angst des Individuums. In ihm wird das Dunkel erhellt, und die Zufälligkeit des menschlichen Daseins nimmt ein Ende; in ihm wird das Problem des Seins gelöst. Dieses Wissen ist transzendent, auch im Sinne, daß es einen völligen Zustandswechsel voraussetzt. Man kann dieses Wissen nur erlangen, wenn man den einen Seinszustand in einen anderen Seinszustand überführt, indem man das eigene Bewußtsein völlig umwandelt... Die Selbstumwandlung ist die unabdingbare Voraussetzung der höheren Erkenntnis. Diese behandelt auch nicht »Probleme«, sondern Aufgaben und innere Verwirklichungen...[11]

Initiation oder Gegeninitiation

Im Zusammenhang mit »Magie« ist die Frage nach deren Qualität unerläßlich. Es ist die Frage, worauf man sich einläßt bzw. in welcher Geisteshaltung man selbst tätig wird. René Guénon hat zur Unterscheidung der Geister einmal einen Vergleich gebraucht, dem sich auch Julius Evola konsequenterweise anschließt:

> Das traditionale Lehrgebäude kennt die initiatische Symbolik einer Schiffahrt, die über den Ozean führt, der den »psychischen« Bereich versinnbildlicht, den es mit allen seinen Gefahren zu überwinden gilt, will man zum Ziele gelangen. Was soll man von jemandem halten, der sich mitten in diesen Ozean hineinstürzt und nichts anderes

anstrebt, als darin zu ertrinken? Nichts anderes bedeutet nun aber jene »Verschmelzung« mit einem »kosmischen Bewußtsein«, das in Tat und Wahrheit nur die undurchsichtige und nicht unterscheidbare Masse aller »psychischen Einflüsse« ist; und diese Einflüsse haben, was sich auch immer einige Menschen einbilden mögen, ganz sicher nichts mit den spirituellen Einflüssen gemeinsam, mag es ihnen auch manchmal gelingen, sie in dieser oder jener äußeren Erscheinung nachzuahmen. Diejenigen, die in diese fatale Unverständnisgrube fallen, vergessen oder kennen überhaupt nicht den Unterschied zwischen den »oberen Wassern« und den »unteren Wassern«. Statt sich zum Ozean des Oberen emporzuschwingen, versinken sie in den Abgründen des Ozeans des Unteren; statt alle ihre Kräfte zu sammeln, um sie auf die Welt zu lenken, die frei von Formen ist und die allein spirituell genannt werden kann, verschwenden sie sie in der unbestimmt wechselnden und flüchtigen Verschiedenheit der Formen der feinstofflichen Erscheinungswelt, ohne den geringsten Verdacht zu schöpfen, daß das, was sie für eine Fülle von »Leben« halten, in Wirklichkeit nur das Reich des Todes ist.[12]

Diese Warnung Guénons, die sich mit dem Aufruf zur Unterscheidung der Geister verbindet, ist klar: Evola und seinem Kreis kommt es ganz wesentlich darauf an, nicht auf die Kräfte eines niederen Psychismus zu setzen, wie er sich z. B. in Gestalt des Spiritismus, auch des Mediumismus darstellt. Die dabei sich ergebenden Phänomene sind gerade wegen ihrer allgemeinen Faszination geeignet, spirituell strebende Menschen zu verwirren und vom Weg abzubringen. Initiation, d. h. der Einstieg in den Prozeß übersinnlicher Erfahrungen, verkehrt sich alsbald in eine Gegeninitiation. Statt auf dem spirituellen Weg vom Normalbewußtsein ins »Reich des Übernormalen« hineinzugehen, also eine Intensivierung und eine Aufhellung des Bewußtseins zu erzielen, lassen sich unkritische Menschen in verlokkende Sphären eines »Unterbewußten« hinabziehen. Dabei ist es relativ gleichgültig, ob es sich um Manifestationen der Parapsychologie oder um religiös getönte Phänomene handelt, die als »mystisch« ausgegeben werden. Dabei versäumt man jedoch, Mystik und deren Fehlformen, d. h. den Mystizismus, deutlich genug zu unterscheiden. Sowohl Guénon wie auch Evola legten großen Wert auf die Klarstellung, ob mit den Mitteln eines Überbewutßseins oder mit solchen eines undifferenzierten Unterbewußtseins (nicht zu verwechseln mit dem psychologischen Begriff des Unbewußten!) gearbeitet wird.

Den Materialismus überwinden wollen reicht allein noch nicht aus. Wer sich um geistige Erfahrung bemüht, darf sich nicht auf die Ebene des Nebulösen, Undurchschauten hinabziehen lassen. Was visionäre Erscheinungen anlangt, so ist das Imaginative noch nicht die geistige Wirklichkeit als solche, sondern bestenfalls ein Bild, das über sich auf die keines Bildes bedürftige Dimension hinausweist, will man im Visionären nicht geradezu den »Teufelsbereich« (jap. *makyo*, »gemäß der Zen-Erfahrung«) erblicken, der durchschritten und überwunden werden muß. So betrachtet sind derlei Phänomene gerade nicht die von Evola gemeinte Verwirklichung, sondern es sind Faktoren, die im Sinne einer »Gegen-Initiation« Verwirrung stiften können. Daß dies in diversen Zirkeln oder Sekten in großem Ausmaß geschieht, dafür fehlt es nicht an abschreckenden Beispielen in der sogenannten okkulten bzw. esoterischen Szene.

Das Mysterium des Grals

Es liegt in der Natur traditionalen Erkennens, daß man sich an entsprechendem Überlieferungsgut orientiert. Wie bekannt, hat der Gral und der zu ihm gehörige Motivkreis im Laufe der letzten Jahrzehnte ein starkes Interesse erzeugt.

In Julius Evolas Denken spielt der Gral eine zentrale Rolle. Auch hier bedarf es einer Abgrenzung, und zwar in zweifacher Hinsicht, zumal sich die Gralslegende in ihrer Ganzheit und spirituellen Tiefe nicht erfassen läßt:

> Der Gral hat weder mit den mystisch-schöngeistigen Ausschweifungen der ersten noch mit den gelehrten Zergliederungen der zweiten Richtung zu tun. Im Gral liegt ein lebendiger Inhalt, ein »Mysterium«, verborgen, das heute noch als in hohem Maße unbekannt zu betrachten ist. Dieses Geheimnis ist vor allem rein metaphysisch.[13]

Evolas Gesichtspunkte lassen sich folgendermaßen skizzieren: Danach sind das Reich des Grals und das Gralsrittertum mittelalterliche »Erscheinungsformen der allgemeinen, traditionsgebundenen Idee eines obersten Weltzentrums«. Die Gralssuche symbolisiert »das Bestreben, Fühlung mit diesem geheimnisvollen Zentrum zu nehmen. Die verschiedenen Gralsabenteuer, weit davon entfernt, Fabeln und Erdichtungen zu sein, versinnbildlichen ihrem Wesen nach geistige Handlungen und Momente jenes inneren Wachstums und jener inneren Wandlung, die als Bedingung zu solchem Kontakt zu betrachten sind«.[14] Von daher gesehen ist der gesamten Gralsliteratur ein initiatorischer Charakter zuzusprechen. Es geht demnach nicht etwa um historisch oder geographisch lokalisierbare Schilderungen aus längst vergangener Zeit, sondern um das Einweihungs-, Erprobungs- und Reifungsgeschehen des Menschen, der sich auf die Suche (Quest) macht.

Daher stellt Evola den Gralsmythos in seinen verschiedenen Ausformungen den »verschiedenen Mysterien- oder Initiatentraditionen des alten Abendlandes und des Morgenlandes« an die Seite. Für seine spezielle, »traditionsgebundene Methode« der Interpretation ist der Geist entscheidend, in dem die Deutung vorgenommen wird. Hervorzuheben sei dabei der »universale Charakter einer Lehre oder eines Sinnbildes, indem es mit entsprechenden Elementen anderer Traditionen in Verbindung gebracht wird«.[15]

Auf dieser Basis archetypischer und damit übergeschichtlicher Wirklichkeit wird auch das Geschehen in Raum und Zeit deutbar, etwa in der Weise, daß der Gral die Krönung des mittelalterlichen Kaisermythos und das höchste Glaubensbekenntnis des Gibellinentums[16] bildete: »Der Hof des Grals, der zu neuem Glanz zu bringen gewesen wäre, ist das mittelalterliche Reich selbst. Durch ungefähr ein und ein halbes Jahrhundert lebt das ganze ritterliche Abendland intensiv den Mythos von König Arthurs Hof und seiner Ritter, die sich auf die Gralssuche begeben.«[17] Es handelt sich um einen ritterlichen Dienst esoterischer Prägung, wobei Evola im Templerorden als einer initiatisch gebundenen Gemeinschaft die eigentliche geistige Gralsritterschaft erblickt. Diese Hervorhebung vollzieht der »Heide« Evola nicht zufällig, weil sich anhand der Vernichtung der Templer durch die Kirche am ehesten die seiner Meinung nach tatsächliche Rolle der »Templeisen« und ihres Mysteriums darstellen lasse. Das läuft zweifellos auf eine Relativierung des von ihm abgelehnten christlichen Anteils hinaus.

Die Bedeutung der Gralstechnik ergibt sich schließlich aus der Tatsache, daß sich von diesem Ursymbol von Schale und Stein sowie vom Gralszyklus als solchem vielfältige Verbindungslinien ziehen lassen: Der mittelalterliche Kaisermythos und die Templer wurden schon erwähnt. Evola beleuchtet ferner die Beziehung zum Katharertum und zu der esoterischen Verbindung der »Getreuen der Liebe« (Fedeli d'amore), die er als gibellinische Miliz charakterisiert. Von besonderer Bedeutung sind seine Querverweise zur hermetischen Tradition und zum Rosenkreuzertum.

Die hermetische Tradition

Wie aus seiner Biographie ersichtlich begannen Evolas Studien der Alchemie, nachdem er seine dadaistische bzw. seine frühe philosophische Entwicklungsphase bereits absolviert hatte. Arturo Reghini sowie andere vermittelten ihm entsprechende Hinweise und Aufschlüsse.[18] Der Philosoph Benedetto Croce unterstützte ihn bei der Veröffentlichung seines wiederholt aufgelegten Werkes »La tradizione ermetica« (Bari 1931).

Was nun die Hermetik anlangt, so wird sie auf die mythische Gestalt des Hermes Trismegistos zurückgeführt. Der Hauptteil des als Corpus Hermeticum zusammengefaßten antiken Schrifttums wurde erst in der Renaissance bekannt und dank der Übersetzung aus dem Griechischen ins Lateinische durch Marsilio Ficino (1463) im Westen verbreitet. Evola meint jedoch speziell die Alchemie, wenn er von der hermetischen Tradition spricht.

Diese Formulierung unterstreicht, was sich aus seinem traditionalen Denken bereits ergibt, nämlich daß Alchemie nicht als (vorwissenschaftliche) Frühform der neuzeitlichen Chemie anzusehen ist, sondern als ein authentisches Mysterienwissen. Eingebettet ist es in den großen Strom gesamtmenschheitlicher Überlieferung, wenn man bedenkt, daß es nicht allein eine aus der Antike in die abendländisch-christliche Geisteswelt einmündende Alchemie gibt, sondern auch Parallelerscheinungen in den östlichen Kulturen – will man nicht auch die Schmiedekunst etwa Afrikas einbeziehen, sofern es sich um ein »Können« handelt, das in arkanen Bezirken beheimatet gewesen sein muß, also in den Bereichen von Geheimnisschutz und Einweihung gestanden hat.[19] Für die Alchemie ist von daher eine andere Denk- und Betrachtungsweise gefordert, als sie auf dem Feld der quantifizierenden Wissenschaft üblich ist:

Die Bilderwelt der Alchemie ist in ihrer Tiefe dem heute vorherrschenden abstrakten Verstande einfach nicht zugänglich. Man muß für einmal das dauernde Plärren des Denkprinzips abstellen und mit den »Ohren des Herzens« hören, ob nicht verwandte Saiten in uns mit dieser Symbolik mitschwingen. Zwei Welten treffen sich hier: eine zeitlose, über dem Denken liegende, vor- und überhistorische einerseits und eine zeitgebundene, historische und dem dialektischen Denken verhaftete andererseits ...[20]

Seine Abhandlung gestaltet Evola so, daß er in einem ersten Teil des Buches die Symbol- und Lehrbildung der Alchemie aufzeigt und im zweiten Teil die Praxis der »königlichen Kunst« darstellt. Da wie dort erweist er sich als ein Kenner, dem auch die reiche literarische Überlieferung des Westens wie des Ostens zu Gebote steht. Stets ist sein Blick auf die symbolische Ur-Tradition gerichtet, ob sie sich in der östlichen Spiritualität in der Bibel oder der antiken Mythen niedergeschlagen hat. Es fällt auf, wie stark sich Evola auch hier gegen eine mystische Deutung der alchemistischen Operationen abgrenzt. Ähnliches gilt für seine Abwehr eines »verharmlosenden Unverständnisses der Wissenschaftsgeschichtler« oder der Tiefenpsychologie, und zwar einschließlich der Studien C. G. Jungs.[21]

Seinen Lesern versichert Evola, in seinem Werk »Hermetische Tradition« alle für das Verständnis der hermetisch-alchemistischen Texte erforderlichen Aufschlüsse gegeben zu haben, wobei die von ihm vollzogene Weichenstellung – Initiationserkenntnis statt der herkömmlichen Mißdeutungen – in der Tat als richtungweisend anzusehen sein wird. Die Tradition beginnt zu sprechen, freilich in einer anderen Weise als es am buchstäblichen Vordergrund hängenbleibende fundamentalistische bzw. positivistische Interpreten annehmen möchten. Deshalb vorweg die Warnung des Autors:

Der Leser darf sich keinen falschen Hoffnungen hingeben. Eine einfache Lektüre genügt nicht, er muß ein *Studium* auf sich nehmen; und hat er sich einen Überblick über das Gesamtgebiet verschafft, muß er wiederum zu den einzelnen Lehren und Symbolen zurückkehren, da sich diese nicht völlig voneinander trennen und jedesmal in all ihren möglichen und unterschiedlichen Bedeutungen erfassen lassen.

Problemzonen – Faschismus und Christentum

Auch traditionales Denken und Forschen ist gegen Mißdeutungen nicht abgesichert, sei es, daß ihre Vertreter selbst extreme Positionen einnehmen und Pauschalurteilen verfallen, sei es, daß man sie in problematischer Nachbarschaft ansiedelt, sofern sie das nicht selbst besorgen.

Im Fall des Römers Evola handelt es sich um die Zeitgenossenschaft zum italienischen Faschismus bei gleichzeitiger Aversion gegen das Christentum, und zwar in toto, also nicht allein gegen die römisch-katholische Kirche. Die Apostrophierung der Reichsidee des »nordisch-römischen Mittelalters«, die Herausstellung des Heldischen, des Herrentums etwa im Sinne Friedrich Nietzsches, sodann der Aufweis des »Zusammenbruchs des männlichen und solaren Menschentums«, schließlich die These: »Das Abendland vermag nur eine Rückkehr zum traditionsverbundenen Geist in einem neuen ökumenischen europäischen Bewußtsein zu retten«[22] – all das war geeignet, in die faschistische Ideologie integriert zu werden, allenfalls bei vordergründiger Betrachtung. Unschwer lassen sich in seinem anderen Hauptwerk, in dem 1934 veröffentlichten, alsbald auch ins Deutsche übertragenen »Aufstand wider die moderne Welt«, Belege dafür zusammenstellen. Doch man lese genau und unter Beachtung des Kontextes. Da heißt es etwa:

> Unter den heidnisch-arischen Zeichen des Hakenkreuzes und den römisch-nordischen Zeichen des Adlers und der Axt bildet sich eine neue Front des Widerstandes, der Gegenwehr und des staatlichen Wiederaufbaus...

Dieses eindeutig klingende Votum muß aber im Zusammenhang gelesen und gedeutet werden, denn der Autor fährt fort:

> Aber wie weit kann sich in dem allen ein positives Prinzip auch vom *höheren* Gesichtspunkt aus finden? Wie weit beschwört man in solchen Symbolen wahrhaft eine geistige Tradition, d. h. etwas, was über das materiell, ethnisch und politisch Bedingte entschlossen hinausgeht, herauf, und wie weit bleiben sie dagegen im Dienste von politischen Strömungen, von Kräften, deren Anfang und Ende unter den modernen Begriff des Nationalen fällt, dessen höchster Ehrgeiz die Macht im säkularen und trügerischen Sinne der Letztzeit ist? Wie weit aufersteht mit diesen Symbolen ihr *wahrer* Geist, etwas von der nordisch-arischen Urtradition, zu der sie gehörten, ohne Kompromiß, als universeller Bezugspunkt – und wie weit sind sie dagegen zufällige Zeichen für das Sammeln von Kräften, die kämpfen, ohne sich über das Niveau dessen zu erheben, was sie bekämpfen...?[23]

So gewichtig aus seiner Sicht diese Rückfragen sein mögen, völlig unangefochten von den herrschenden nationalistischen Ideologien kann Evola die dreißiger Jahre – d. h. die Blütezeit des Faschismus! – wohl nicht durchschritten haben. Er will ja nicht verkennen, »was die neuen ›faschistischen‹ Bewegungen vollbrachten, indem sie der entfesselten roten Flut des letzten europäischen Niedergangs einen Damm entgegensetzten (und) ein bürgerlich-parlamentaristisches Regime der Mittelmäßigkeit durch einen Willen zur Ordnung, zur Disziplin und zur Männlichkeit zerschlugen«.[24]

Der unpolitisch sein wollende Antidemokrat, der Magus und radikalkonservative Esoteriker meint mit seinem spirituell ausgerichteten Traditionalismus etwas völlig anderes als jene, die auf »Einheit und Reinheit des Blutes« setzen, denn:

> Auch dies ist eine Täuschung, eine Täuschung, die den Kulturgedanken auf das Niveau eines Totemismus, eines Naturalismus und eines animalischen »Ideals« herabzieht. Rasse, Blut, ererbte Blutreinheit sind lediglich »Rohstoff«. Eine Kultur im wahren, d. h. traditionellen Sinne entsteht nur, wenn auf diesen Stoff eine Kraft höherer, übernatürlicher und nicht mehr natürlicher Ordnung einwirkt: eine überbiologische Kraft... Der Ursprung jeder wahren Kultur ist mit einer »göttlichen Tatsache« verknüpft. Jede große Kultur verfügt über einen Mythos göttlicher Gründer. Daher wird nie ein menschlicher oder naturalistischer (biologisch-rassenhafter) Faktor als solcher Entscheidendes über sie aussagen können...[25]

Wer jedoch meint, dabei sei auf das Christusereignis angespielt oder gar auf die Christuserscheinung verwiesen, dem begegnet Julius Evola als dezidierter Antichrist, zumindest als erklärter Nichtchrist. Gerd-Klaus Kaltenbrunner, der in seinem Essay diesen Aspekt beleuchtet hat, gibt zu bedenken, wie wenig traditionale Spiritualität mit »Religion« oder Religiosität gemeinsam hat.

> Die religiösen Formen der Traditionswelt sind eminent »männlich«. Sie kennen keine Unterwerfung unter den Willen eines allmächtigen Gottes, auch keine liebende Hingabe an ein huldvoll sich herablassendes himmlisches Wesen. Der traditionalen Welt entspricht weit mehr die Erfahrung numinoser Kräfte, die zugleich transzendent und immanent, wunderbar anziehend und heilige Scheu erregend sind... Im Christentum erblickt er einen Aufstand gegen die Tradition, gegen die hierarchischen, elitä-

> ren und heroischen Fundamente der »Alten Welt«, gegen die Grundlagen, auf denen jede höhere Kultur beruhe. Die christliche Religion sei wesensmäßig antiaristokratisch und anti-apollinisch, die Ausgeburt einer niedergedrückten, passiven, ja masochistischen Seele ...[26]

Soviel Radikalität und Konsequenz im Verfolg dessen, was dieser atheistische Traditionalist inauguriert hat, erinnert an Gestalten der Geschichte, die gerade nicht die Annalen der Kirchengeschichte beherrschen, etwa Julian Apostata, an Macchiavelli oder an Nietzsche – womit nicht gesagt sein soll, daß allein sie die Genealogie eines René Guénon oder eines Evola bestimmen können. Aber wie jene, so stellt Julius Evola – als Magus und als Esoteriker – für die Christenheit, die ihre eigene Esoterik verraten und das ihr anvertraute Initiationsprinzip preisgegeben habe, eine bedeutsame Herausforderung dar.[27]

Leopold Ziegler

Leopold Ziegler
Der Überlieferung verpflichtet

Träger eines geistigen Profils lassen sich nicht uniformieren. Das gilt nicht weniger für die schon vorgestellten traditionalen Denker – den Franzosen René Guénon, den Italiener Julius Evola –, denen nunmehr der Deutsche Leopold Ziegler (1881–1958) zuzuführen ist. War Evola angetreten, Religion und Christentum zu diskreditieren, so hatte Ziegler auf einem langen Weg der Selbstfindung und der denkerischen Werkfindung gerade das Ursprunghafte christlicher – und das heißt: transkirchlicher – Universalität von neuem zugänglich zu machen. Die auf diesem Weg wiederentdeckte religiöse Gesamtüberlieferung der Menschheit durfte den Christus schon deswegen nicht übergehen oder geringachten, weil er den »ewigen Menschen«, Zieglers eigentliches Thema, repräsentiert.

Wer nun meint, er, der literarisch überaus fruchtbare, mit hohen Kulturpreisen geehrte Philosoph habe im allgemeinen Bewußtsein zumindest seiner deutschen Leser Eingang gefunden, der irrt. Esoteriker, die diese Bezeichnung verdienen, teilen in der Regel das Schicksal derer, die gesucht werden müssen, so auch der seit Jahrzehnten weithin vergessene Leopold Ziegler. Die Schulphilosophie negiert ihn; seinem Schrifttum begegnet man – selten genug – in den Antiquariaten.

Skizziertes Leben

Leopold Ziegler wurde am 30. April 1881 in Karlsruhe geboren, wo der Vater ein Bilderrahmen-Geschäft führte; die Mutter war die Tochter eines großherzoglich-badischen Hofoffizianten. Da die schulischen Leistungen im Gymnasium zu wünschen übrigließen und der Lateinlehrer meinte, Leopold tauge bestenfalls für einen kaufmännischen Beruf, wechselte er in die Oberrealschule über. Die Folgen des daraus resultierenden Mangels bedauerte der verhinderte Gymnasiast sehr viel später. Er pflegte dann zu sagen: »Noch heute neide ich dem ›absolvierten‹ Pennäler seine Humanoria...«

Wenngleich die Weichen dadurch »falsch gestellt« worden waren, konnte er, einen Umweg einschlagend, dennoch Philosophie studieren und mit einer Promotion akademisch abschließen. Arthur Drews hatte den philosophisch interessierten jungen Mann auf Eduard von Hartmann (»Die Philosophie des Unbewußten«) aufmerksam gemacht, nicht weniger aber auch auf Fichte, Hegel, Schelling, ferner auf Plotin, Meister Eckhart und Friedrich Nietzsche. Die Positionsbestimmung hatte jetzt erst zu erfolgen. Das geschah unter beträchtlichen gesundheitlichen Belastungen: Der Sechsundzwanzigjährige mußte eine Hüfttuberkulose verkraften, unter deren Folgen er zeitlebens litt. Eine akademische Laufbahn, die ihm gemäß gewesen wäre, blieb ihm verschlossen. Die Situation des sogenannten Privatgelehrten und »freien« Schriftstellers bedeutete wirtschaftliche Enge und Abhängigkeit von einem Mäzen, vor allem als seine Bücher nicht mehr den erforderlichen Absatz fanden. Daß Ehefrau Johanna das Leben und Überleben ihres Mannes erst ermöglichte, sei eigens angemerkt.

Die Abkehr von Hartmann bedeutete keine Abkehr vom »Unbewußten«. Tiefenpsychologie und Völkerkunde sollten Leopold Ziegler Einblicke in ein wirkliches Verständnis für die frühmenschliche Geistigkeit bahnen. In einer autobiographischen Skizze heißt es hierzu:

> Neben das spätmenschliche, neuzeitliche und verwissenschaftlichte Denken in den Formen und Begriffen der allgemeinen Logik tritt jetzt für Ziegler nämlich das vielmals ältere und vormals weltgültige Denken in mythi-

schen Bildern, Symbolen und Hieroglyphen. Immer entschiedener gewahrt er die Ursache der religiösen Verkümmerung in der gewaltsamen Verdrängung urmenschlicher Seelentümer aus dem Bewußtsein ins Unterschwellige und so auch Unterschwürige, und auch die erschrekkende Schwächung christlichen Gemeinschaftslebens und christlichen Gemeinschaftshandelns glaubt er vorwiegend durch dieselbe Tatsache bedingt. Überall von einer rein verstandes- und zweckmäßig verfahrenden Wissenschaftlichkeit gesteuert, büßt die Gegenwart unaufhaltsam jede Fähigkeit ein, die ewige Symbolik der alten Kulte und Riten sinngerecht jeweils neu zu deuten, in der Wandlung zu bewahren und derart die eigene Vergangenheit in sich aufzuheben und zu sich hinüberzuretten. Fortschreitend spaltet sich Bewußtsein ab vom Unbewußten, Schale vom Kern... Die Klammer fehlt, die Bindung, die Verbindlichkeit; vergebens wähnt von außen und oben her eine jeweils beliebte Ideologie zu ersetzen, was einmal von der Mitte her Sakrament gewesen und Charisma.[1]

So die Selbsteinschätzung des Siebenundsechzigjährigen. Was in dem breit angelegten literarischen Frühwerk[2] zunächst noch wie im Keimzustand zu ruhen scheint, was da und dort leise anklingt, das wird nach Überschreiten der Lebensmitte endlich in einer Reihe materialreicher Werke entfaltet. Er nennt es den Versuch, »das verschüttete Seelentum der gemeinmenschlichen Überlieferung zu beleben... Das von den Völkern gleichsam verlernte Alphabet des Weltgeistes mit seinen vielerlei Zeichen, Bildern, Runen neuerdings lesen zu lernen, wie es heutigem Können und Vermögen entspricht«.[3]

Aus diesem Gesichtswinkel und, wie er hervorhebt, »unter keinem anderen«, wollen seine folgenden Bücher, beginnend mit »Überlieferung« (1936) und »Apollons letzte Epiphanie« (1937), gelesen werden. In dem zweibändigen Werk

»Menschwerdung« (1947) wird Tradition in besonderer Weise gedeutet, nämlich anhand der sieben Bitten des Vaterunser, und zwar als »das buchstäblich weltverjüngende Wort des evangelischen Herrn«, ein Symbolon, nicht etwa rückwärts geschaut, sondern gleichsam von vorne her prophezeit. Und seine Gehilfen, seine eigentlichen Gewährsleute im Geist nennt er in der Widmung des ersten Bandes. Diese Widmung gilt: »Den Manen der drei Letzten: Jakob Böhme, Sören Kierkegaard, Franz Baader«.

Aus dem Spätwerk sei schließlich noch »Das Lehrgespräch vom allgemeinen Menschen in sieben Abenden« (1956) genannt. Und als Ursula von Mangoldt im selben Jahr R. Guénons »König der Welt« in deutscher Übersetzung herausbringt, liefert Ziegler ihm, als einem seiner Geistesverwandten für traditionales Denken, ein würdigendes Vorwort. Darin heißt es:

> Als Begründer der Lehre von der integralen Tradition, das ist auf deutsch, der »heilen Überlieferung«, bietet Guénon gegen den Geschehensablauf sinkenden Knotens, der unser Geschlecht unwiderstehlich mit sich reißt, die einzige Gegenkraft auf, die noch Rettung verheißen könnte. Alle die vielen Einzelangebote an gesellschaftlich-wirtschaftlichen Weltveränderungen verschmähend, die fast ausnahmslos nur die Serie der Revolutionen zum Ausgang des Mittelalters fortsetzen, geht Guénon vielmehr von vornherein und unmittelbar aufs Ganze, indem er uns die Rückbesinnung auf das gemeinschaftliche Stammeserbe zur unabdingbaren Pflicht macht, eben auf die heile Überlieferung also, die wir auch das den Menschen zum Menschen bestimmende »Urwissen« nennen könnten, oder die zwar verlorene, nicht aber endgültig zugeschüttete Uroffenbarung.[4]

Was Evola anlangt, so kannte er ihn nur dem Namen nach. Zieglers Freund, der von den Nazis 1934 ermordete konservative Schriftsteller Edgar Jung, mit dem Evola angeblich eine »ghibellinische Partei« habe gründen wollen, hatte vor, die beiden so ungleichen Traditionalisten miteinander bekannt zu machen. Es ist wohl nicht mehr dazu gekommen. Ziegler verstarb am 25. November 1958, Evola 1974.

»Überlieferung«

Es wurde einmal darauf hingewiesen, daß sich die europäische Wissenschaft wohl deshalb Guénon und Evola gegenüber verschlossen haben wird, weil beide in allzu eigenwilliger Weise die östliche Tradition rezipiert und für ihr Denken fruchtbar gemacht haben. Leopold Ziegler gegenüber sei diese totale Ablehnung nicht mehr angebracht. Er verfüge über das wissenschaftliche Rüstzeug derer, die er in die Schranken weist und denen er die Anregungen wie die Ergebnisse der traditionalen Methode entgegenhält. Walter Heinrich, der sich diese Einschätzung zu eigen gemacht hat, zieht den Schluß:

> So erscheint uns das Werk Leopold Zieglers als die Krönung dieser traditionellen Methode. Deren Folgerungen treten nun für die abendländische Welt klar zutage. Das Bergwerk der Volks- und Völkerkunde, der Soziologie und Religionswissenschaft, in dessen Schächten und Stollen sich die Menschen unserer Zeit nicht mehr zurechtzufinden vermögen, wird nun ausgewertet und durchleuchtet. Ziegler gewinnt den für viele Menschen so eindrucksvollen und grundsätzlich wohl unentbehrlichen Anschluß an die abendländische Wissenschaft: Sein wissenschaftliches Werk ist daher für viele wirklichkeitsnäher als die Leistungen von Guénon und Evola, seine Überzeugungskraft durchschlagender. Allerdings braucht ein Lebenswerk – besonders in unserer Zeit – wohl seine Zeit, bis es wirksam wird. Aber es bedarf ja der Zeit nicht, vielmehr bedarf die Zeit seiner.[5]

Hatte Ziegler bereits in »Das Heilige Reich der Deutschen« (1925) die traditionale Betrachtungsweise angewandt, indem er das Hereinragen der spirituellen Übergeschichte in die geschichtlichen Abläufe sichtbar machte, so bringt er in »Überlieferung« (1936) und in den folgenden Spätwerken dieses Denken voll zur Geltung. Ihm steht nicht im Sinn, in Fortschrittsmanier auf Errungenschaften zu bauen. Allem Gestalteten liegt ein Urbild zugrunde. Kein Bild »erreicht« die jeweils vorauszusetzende Idee... Und dieser ideelle Grund ist nicht nur nicht beliebig verfügbar. Ziegler gibt darüber hinaus zu bedenken:

> Ein Zeitalter, welches das Nicht-Vergeßliche – griechisch: Alétheia, die Wahrheit – so gründlich vergaß wie das unsrige und überdies von einem Überlieferungsbruch zum andern taumelt, bis nichts mehr zu vergessen und nichts mehr zu erinnern ist – ein solches Zeitalter muß wohl oder übel mit dem ABC wiederbeginnen...[6]

Dieser Satz aus dem Buch »Überlieferung« markiert die Situation und deutet den methodisch einzuschlagenden Weg an, den Ziegler gewiesen und selbst beschritten hat. Das Versprechen, die Sache »leicht« zu machen und so etwas wie einen Königsweg anbieten zu können, macht der Verfasser an keiner Stelle. Seine Leser wissen das. Sein barocker, um nicht zu sagen: altväterlich anmutender, Distanz, wenn nicht Befremdung erzeugender Sprachgestus will erst eingeübt werden. So auch in diesem Werk.

In drei Akten führt er hier an die Überlieferung heran: im Buch des Ritus, dem Buch des Mythos und dem Buch der Doxa.

Im Buch des Ritus kommt er auf den »homo magus« zu sprechen, hier verstanden als der Frühmensch, der mittels der »Ahmung«, d. h. der beschwörenden Einflußnahme, auf die Wesen und Mächte seiner Mitwelt einwirkt. Es ist gleichsam die Erscheinungsform einer urtümlichen Religiosität. Sie ist nicht etwa abgestorben. Vielmehr fließt aus diesem Quellgrund ein unterirdischer Strom, durch den alle spätere Religiosität, alle nachgeformte Weisheit gespeist wird. Aus ihm schöpfen alle Nachgeborenen, es seien Wissende, Eingeweihte, Meister, Propheten, Heilbringer...

Von Männern wie Guénon oder Evola unterscheidet sich Ziegler dadurch, daß er – im abschließenden Buch der Doxa – sein Denken einmünden läßt in die »Signatura Crucis«, das Zeichen des Kreuzes. Hatte er in den ersten beiden Werkteilen Ritus als heilige Handlung, Mythos als heilige Geschichte verstanden, so begreift er Doxa – von Platon, mehr noch vom Neuen Testament her – als heilige Lehre[7]; natürlich nicht mißzuverstehen als eine von außen kommende Belehrung.

Um dieses Mißverständnis gar nicht erst aufkommen zu lassen, fügt er hinzu, daß Wort und Begriff von Doxa auch über die Lehre der Rechtgläubigen weit hinausweist: »Nach evangelischem Sprachgebrauche nämlich hinausweist auf die unmittelbare Selbstvergegenwärtigung desselben Heiligen, welches Vorwurf und Gegenstand der heiligen Geschichte und der heiligen Handlung ist – hinausweist mithin auf die Selbstvergegenwärtigung des Gottes als solchen.«[8]

Das damit Gemeinte umkreist Ziegler, indem er ein Grundwort der hebräischen Mystik einfügt: *Schechina*; in der Kabbala ist sie Ausdruck der lichttragenden Gottesgegenwart auf Erden. Sie ist eben qualitativ mehr als bloße »Lehre«, insofern »sie sich selbst bezeugendes und sich selbst beglaubendigendes Ereignis ist«: »Doxa«, »Schechina« als das keinen Vergleich duldende Lichtereignis. Wir bewegen uns in der Sphäre der Verklärung des Christus.

Und in der Tat meint Leopold Ziegler durch die Beschwörung mit dem »Zeichen des Kreuzes« keinen anderen als ihn, den letzten Adam (Eschatos Adam), den Repräsentanten des »ewigen Menschen«. Von ihm kann legitimerweise nicht gesprochen werden, ohne daß von der Begegnung des Männlichen und des Weiblichen die Rede ist. Ziegler führt an dieser Stelle – wohl zum ersten Mal innerhalb seines Gesamtwerkes! – die »Große Mutter« (Magna mater) ein: Vater-Gott, Sohn-Gott und Geist-Gott in der Gestalt der göttlichen Sophia vervollständigen das dreieinige Gottesbild. Daß die göttliche Sophia hier erscheint, kann nicht verwundern, bedenkt man, daß Leopold Ziegler aus der Schule eines Jakob Böhme kommt und bei dem großen Böhme-Schüler des 19. Jahrhunderts, Franz von Baader, gelernt hat. Und Böhme ist es gewesen, der – als Protestant lutherischer Prägung! – in einzigartiger Weise das Sophienbild in der westlichen Christenheit enthüllt hat – zum Entsetzen, mehr noch, zur Beglückung von vielen.

Mit einem Wort: Ziegler hat in seinem Werk »Überlieferung« die Überlieferung selbst zitiert, einsichtig und transparent gemacht von Christus her, auf Christus hin. Und diese seine »Christologie« läßt die kurzatmige jesuanische Theologie weit hinter sich, die außer dem edlen »Mann aus Nazareth« bestenfalls noch einen »Christus«-Überbau aus geschichtlich bedingten Bekenntnisschriften zu kennen scheint. Aber spricht aus Zieglers Schau nicht die immer wieder kirchlich indizierte Gnosis? Ist dies nicht Schwärmerei, Ketzerei? In einem: gnostische Esoterik?

In der Tat ist der Autor von derlei Beschuldigungen nicht verschont geblieben. Unter dem Pseudonym Hermann Fichtner ließ Alois Dempf (1936) den Autor wissen: »Es war die Feststellung, daß ich den esoterischen Kern dessen, was Sie integrale Tradition nennen, nicht für die reine göttliche Wahrheit halten kann, nur für eine identitätsphilosophische Metaphysik.« Und der Jesuit Erich Przywara verwies Zieglers Bemühungen in den Bereich des Menschen, d. h. von dem »ewigen Menschen« zurück auf den ersten Adam, auf den des Heils bedürftigen, weil gefallenen Menschen.

Doch der Autor von »Überlieferung«, der sich zumindest in der Reife seiner Jahre als Glied der »unsichtbaren Kirche« verstanden hat, empfing auch viel Ermutigendes, etwa von Reinhold Schneider, der ihm im August 1936 schrieb, indem er den »wunderbaren Einklang zwischen Überlieferung und

Christentum, der das ganze Buch durchtönt« empfand; und zwar »als die größte Wohltat, die ich seit langem empfangen habe; es ist ein Besitz, der mir bleiben wird, so wie ich auf Schritt und Tritt beim Weiterwandern Ihr Schuldner gerne und dankbar geworden bin...«[9]

Daß Ziegler auf den Schultern anderer steht, auch wenn sie in der Anwendung der traditionalen Methode einen Weg beschritten haben, der nicht der seine sein konnte, versteht sich von selbst. Einen nennt er wiederholt. Es ist René Guénon. Er beruft sich auf seine Schriften, die er »in vielerlei Hinsicht als epochal bewertet«[10], und nennt ihn »ohne Vorbehalt unsern Gewährsmann«.[11]

»Menschwerdung«

Bücher haben nicht nur »ihre« Schicksale; sie haben naturgemäß auch teil an den Schicksalen ihrer Autoren, will sagen: ihrer ersten Empfänger. Gerade bei Leopold Ziegler ist das Schicksalsmotiv in die Lectio continua seines literarischen Schaffens mit hineinzunehmen. In Erinnerung gerufen sei nur seine krankheitsbedingte körperliche Gebrechlichkeit, seine lebenslange Bedürftigkeit[12], durch die Lebensgefährtin betreut und begleitet zu werden, dann deren Krebserkrankung und der frühe Tod von Johanna Ziegler, die für den auch unter Sehschwäche Leidenden einen schweren Verlust bedeutete; nicht zu vergessen die wirtschaftliche Abhängigkeit von Geldgebern – es wird gemeinhin verkannt, daß auch »erfolgreiche« Autoren, die nicht durch Ämter und Würden abgesichert sind, namentlich Autoren geisteswissenschaftlicher Bücher, mancherlei Durststrecken zu bewältigen haben... Daß der Freund Edgar Jungs und Reinhold Schneiders als »freier« Schriftsteller während der Zeit des Dritten Reiches auf keine öffentliche Förderung rechnen konnte, versteht sich ohnehin.

Es spricht daher für die unverbrüchliche Verbundenheit

mit seinem Auftrag, die insbesondere durch »Überlieferung« auf die Höhe des Schaffens geführte Arbeit in einem weiteren Hauptwerk fortzusetzen. Seine Biographin leitet dazu über, indem sie nochmals auf die existentielle Situation des Autors zu sprechen kommt:

> Die beiden Bände der »Menschwerdung« entstanden in schweren Schicksalsjahren: Krankheit und Tod der Lebensgefährtin, Augenleiden bis fast zur Erblindung, Kriegswirren, Schreckensherrschaft. Alles dies ereignete sich, während Leopold Ziegler an diesem Buch arbeitete. In der gleichen Zeitspanne also krasse Gegensätzlichkeiten: Not, Tod und erfülltes Schaffen. Die Not war nicht Hinderung, denn Beispiele gibt es genug, daß schöpferische Kraft unabhängig ist vom Schicksal. Was er einem Freunde im Jahre 1941 schrieb, bestätigt dies nur: »Seit einigen Wochen lebe ich in einem Schaffensfieber. Die letzten drei Kapitel der neuen Arbeit konzipieren sich sozusagen spontan, und ich vermag dem eigenen Konzept kaum zu folgen, das mich ›diesem Äon‹ mehr und mehr entrückt.«[13]

Der Homo magus ist solcher »Entrückungen« nur fähig, weil er aus einer verborgenen Kraftquelle schöpft. Sie auch anderen zugänglich zu machen ist Zieglers Bestreben. Während der vierziger Jahre geschah das u. a. in Gestalt seiner Auslegung zum Vaterunser der Christenheit, d. h. in »Menschwerdung« (1948). Daß er ganz anders als nach Art der theologischen Exegeten verfährt, merkt der Leser schon nach wenigen Seiten: Nach einer weit ausgreifenden Einleitung: Erst der Gebetsanruf und dann die sieben Vaterunser-Bitten, bis er betend aufhört zu denken und zu deuten: Gebet als das opus magnum des Homo magus, und zwar jenseits der »leicht gesagten Worte« (Ina Seidel).

Festzuhalten ist, daß Ziegler als Christ der »unsichtbaren Kirche« auch in diesem so dezidiert christozentrischen Buch, in dem, dem Vaterunser gemäß, alle sieben Bitten an den Vatergott gerichtet sind, seinem Thema treu bleibt. Es ist das große Thema der Gesamtüberlieferung der Menschheit, d. h. jener Ökumene, welche die Religionen des ganzen Erdkreises umspannt und der das Wort der Offenbarung in vielen Zungen anvertraut ist. Zieglers Voraussetzung lautet: Nichts kann uns abhalten,

> nicht zwar das evangelische Wort am Pegel der Gesamtüberlieferung zu messen oder es sogar von der Gesamtüberlieferung her zu deuten, wohl aber umgekehrt diese Gesamtüberlieferung unter das bergende Dach des evangelischen Wortes zu stellen und sie von ihm gleichsam überzelten zu lassen. So liegt uns nichts ferner, als etwa der ungereimte, ja unsinnige Versuch, den offenbarenden Logos Christos von Lao-tse oder Buddha, von Meister Shankara oder Ramanuja aus besser verstehen zu wollen. Doch stehen wir allerdings nicht an, die fern- und mittelöstliche Überlieferung nicht anders wie die nahöstliche, die hebräische, hellenistische, iranische unter die schützende Obhut des Wortes, des ewig sich selbst aussagenden, zu stellen ... Wenn wir selbst hier das evangelische Wort vorsätzlich mitten in die Gesamtüberlieferung hineinstellen, brechen wir endgültig mit dem gegensinnigen Brauch der Reformatoren, dasselbe Wort mit zunehmender Schroffheit gegen die Gesamtüberlieferung als solche auszuspielen.[14]

In einer Zeit, die sich darüber klarzuwerden beginnt – unaufschiebbar sich klarwerden muß – was es heißt, in einer multikulturellen, auch multireligiösen Welt zu leben, kann auf die belehrende Stimme Leopold Zieglers nicht verzichtet werden. Es muß daher verwundern, daß er nicht längst als geistiger Ältervater, als ein Magus, dem der Stern einer umfassenden Gotteserkenntnis geleuchtet hat, befragt worden ist. Sollte seine Stunde immer noch nicht gekommen sein?

Der ewige Mensch

Es gehört zum Grundbestand jeder spirituellen Lehre und zu jeder ihr folgenden Bewegung, daß sie nicht allein Theo-Sophia, sondern auch eine Kosmo-Sophia und schließlich eine Anthropo-Sophia entwickelt. Die Aktualität einer Weisheit, die Verantwortung für die Mitwelt, mithin für den die Menschheit umgebenden Kosmos zu erwecken vermag, bedarf heute längst keiner Begründung mehr. Darüber ist jedoch die spirituelle Menschenkunde nicht zu vernachlässigen. Leopold Ziegler, der einst im zweiten Fach bei Ernst Haeckel promoviert hat und dem viel daran lag, seine Denkwege nicht nur mit den Forschungsergebnissen der Theologie und Religionswissenschaft abzustimmen, versäumte das Gespräch mit Naturwissenschaftlern nicht. Seine Blickrichtung ergab sich aus einem Satz, der sich in seinem »Lehrgespräch« findet, wo es heißt: »Seit dem einzelligen Urtier geht die Tierheit mit dem Menschen schwanger. Das ist der Wahrheitskern der ganzen Abstammungslehre, die sich als fortlaufende Anthropophanie zu erkennen gäbe.« Aber in welcher Weise wird diese Tendenz zur Menschwerdung des Menschen realisiert, im Großen und – im Zeichen der Wandlung – in der Selbstwerdung (Individuation) jedes einzelnen?

Bei Ziegler heißt der Mittel- und Zielpunkt »Mensch«, nämlich allgemeiner bzw. universaler bzw. ewiger Mensch. Sein geschichtlicher Name heißt und ist Jesus Christus. Er ist es für Ziegler – und damit steht er, ohne darauf eigens abzuheben, durchaus in orthodoxer Tradition. Danach ist dieser Christus nicht nur ein himmlisches Äonenwesen, das von den Gnostikern geschaut worden ist, jedoch nicht von allen als der inkarnierte Christus in dem Jesus von Nazareth anerkannt wurde. Im Spätwerk des Philosophen ist diese Gestalt immer präsent: als »Allgemeiner Mensch«, z. B. zur Verdeutlichung von Zieglers Ästhetik in »Apollons letzte Epiphanie« (1937), dann vor allem in den beiden besprochenen Büchern und schließlich, gleichsam das Gesamtwerk krönend, in »Das Lehrgespräch vom allgemeinen Menschen« (1956).

> Und so steigt denn aus dunstgetrübtem Horizont unseres Bewußtseins erstmals das funkelnde Gestirn des »homo universalis« auf, der wahre, der wesenhafte Mensch in allen Menschen, der Mensch überhaupt oder der Mensch an und für sich.[15]

Es war der befreundete, im besten Sinn des Wortes umsichtige Kirchenhistoriker und Geistesgeschichtler Ernst Benz (1907–1978), der Zieglers Lehre vom ewigen Menschen ideengeschichtlich einzuordnen wußte. Danach gehört er in die uns Heutige erreichende Traditionskette der christlichen Gnosis, der ostkirchlichen Mystik, der jüdischen Kabbala, »in ihrer theosophisch voll entwickelten Form in den Schriften Jakob Böhmes, F. Chr. Oetingers und Emanuel Swedenborgs ... Der vergöttlichte Mensch, der Übermensch, ist hier nicht mehr eine mythische Gestalt der Urzeit, sondern das Ziel der Erhöhung der jetzigen gefallenen Menschheit, das bereits in Jesus Christus, dem ›Erstling‹, in der Geschichte hervorgetreten ist«[16].

Weil sich nun, wie die religionsgeschichtliche Betrachtung unschwer nachzuweisen vermag, »der Mensch« – Adam, Purusha, Manu ... – in der gesamtmenschheitlichen Überlieferung in urbildhafter Weise finden läßt, so ist dieser ewige Mensch gewissermaßen als der »Archetypos anthropos« die offenbar-geheime Mitte der Tradition überhaupt. Deshalb darf in der Auslegung des Herrengebetes diese Mitte als »Menschwerdung« angesprochen und als der eigentliche Meditationsgegenstand bezeichnet werden. Das haben immerhin die geistesgegenwärtigen unter seinen ersten Lesern von ihrem eignen Beobachtungs- und Erfahrungsort her wahrgenommen. Einer von ihnen, der liturgisch und für die meditative Übung aufgeschlossene Protestant Karl Bernhard Ritter, kommt zu einer Bewertung, die deshalb nicht als ein gedankenblasses theologisches Statement ausfällt. Er resümiert:

> Viel zu bedrängend, vorwärts reißend, erregend scheint jede Seite dieses nunmehr uns übergebenen, unserer Verantwortung anvertrauten Werkes zu beweisen, daß die ihm angemessene Wirkung noch gar nicht begonnen hat. Es weist vielmehr so sehr in die Zukunft, daß die Zeitgenossen einfach noch nicht so weit sind, diese Gedanken aufzunehmen, sich der Wirkung dieser mächtigen Beschwörung auszusetzen. Es ist der tiefste und am weitesten ausgreifende, die Summe der Zeit ziehende große Versuch, einer ihrer Aufgabe erschütternd hilflos und ohnmächtig gegenüberstehenden Christenheit zum Durchbruch zu einer neuen, in dieser unserer Welt allein noch wirkungsmächtigen Gestalt zu verhelfen.[17]

Nach dieser entlarvenden Kritik eines Theologen an seiner eigenen Zunft bleibt nur noch zu ergänzen, daß Ziegler nicht allein den geisteswissenschaftlichen Arbeiter ansprechen oder gar – als Magus – »beschwören« wollte. Im »Lehrgespräch« führt er dem Philosophen den Biologen zu. Der Mensch als der Unvollendete, der zur Vollendung Freigelassene der Schöpfung ist nicht zuletzt gerade auch dazu da, seiner Bestimmung bewußt zu werden und dieser Bewußtwerdung gemäß zu handeln. Ziegler zieht an dieser Stelle eine Bilanz eines Magus eigener Prägung:

> So sahen wir den Allgemeinen Menschen seinen Aufstieg aus dem Allgemeinen Tier genauer in ihm nehmen, dessen »Früheres« er in tieferem Sinne war und ist. Unaufhaltsam setzt sich der Allgemeine Mensch fort und fort ins Werk als der Zyklus der sämtlichen theo-kosmo-anthropogonischen Zyklen als eine einzige fort-, vor- und rückläufige Gott-, Welt- und Menschwerdung folglich. Wie immer wir indessen ihn, den Träger und den Mittler der Nichtvergeßlichkeit (d. i. Wahrheit) auch heißen mögen,

> sei es den Wiederbringer, sei es den stehend-schwebend Ankünftigen, fließt er mit dem Menschensohn der Offenbarung eh und je in eins ... Ich bin der Letzte und ich bin der Erste. Ich bin der Unvordenkliche, der Unversehrte, der Versehrte. Bin der in jeder Leiblichkeit Verleibte, in allem Fleisch Gekreuzigte, von jeder Leiblichkeit Entleibte. Ich bin der Tod, die Auferstehung, bin die Wandlung und das Leben. Ich bin die Umkehr, Rückkehr, Heimkehr. Ich bin die Wiederkehr und die Wiederbringung.[18]

Man sieht, die integrale Tradition, wiewohl sie eine unteilbare, einzige ist, in der Präsentation ihrer Vertreter hat sie viele Gesichter. Sie ist vor allem nicht ins Vergangene verliebt. Sie ist, des Überlieferten der Gesamtmenschheit bewußt, geistesgegenwärtig und zukunftsoffen.

C. G. Jung

C. G. Jung
Tiefenpsychologische Archetypik

Es ist nicht unproblematisch, einen Mann wie den Schweizer Seelenarzt und Erforscher des archetypischen Unbewußten Esoterikern und Geisteslehrern an die Seite zu stellen, zumal dies nicht selten illegitimerweise geschieht. Jedenfalls hat er sich niemals als einen solchen verstanden. Seine Selbstcharakteristik ist unmißverständlich:

> Ich bin ein Arzt, der es mit der Krankheit des Menschen und seiner Zeit zu tun hat und auf Heilmittel bedacht ist, die der Wirklichkeit des Leidens entsprechen. Psychopathologische Untersuchungen haben mich veranlaßt, historische Symbole und Figuren aus dem Staub ihrer Gräber zu erwecken. Ich habe gesehen, daß es nicht genügt, meinen Patienten die Symptome wegzukurieren...

Und dann der wesentliche Zusatz, der einem Bekenntnis entspricht:

> Wir brauchen nicht so sehr Ideale als ein wenig Weisheit und Introspektion, eine sorgfältigere religiöse Berücksichtigung der Erfahrungen aus dem Unbewußten. Ich sage absichtlich »religiös«, weil mir scheint, daß diese Erfahrungen, die dazu helfen, das Leben gesunder oder schöner zu machen oder vollständiger oder sinnvoller zu gestalten, für einen selbst oder für die, die man liebt, genügen, um zu bekennen: Es war eine Gnade Gottes.[1]

Dieser unmißverständliche Hinweis auf die in der Tiefenpsyche veranlagte Basis menschlicher Existenz ist durch eine andere Äußerung zu ergänzen, in der sich Jung dem (vordergründigen) Wortsinne nach von »Esoterikern« distanziert hat. Als anläßlich einer Stuttgarter Psychologentagung (1958) das Wort »esoterisch« fiel, mahnte er zu Vorsicht, und zwar insbesondere wenn man Esoterik in mißverständlicher Weise als »Geheimwissenschaft« versteht:

> Die wirklichen Geheimnisse aber wissen wir nicht, die wissen auch die sogenannten Esoteriker nicht. Esoteriker sollten – wenigstens früher – ihre Geheimnisse nicht verraten. Die wirklichen Geheimnisse aber kann man gar nicht verraten. Mit den wirklichen Geheimnissen kann man auch keine »Esoterik treiben«, weil man sie eben nicht weiß. Sogenannte esoterische Geheimnisse sind meist künstliche Geheimnisse, nicht wirkliche. Der Mensch hat ein Bedürfnis, Geheimnisse zu haben, und da er von den wirklichen keine Ahnung hat, macht er sich künstliche. Die wirklichen aber überfallen ihn aus den Tiefen des Unbewußten, so daß er vielleicht dann Dinge verrät, die er wirklich geheimhalten sollte. Auch darin sehen wir wieder den numinosen Charakter der hintergründigen Wirklichkeit. Nicht wir haben Geheimnisse, die wirklichen Geheimnisse haben uns.[2]

So kann nur ein wirklicher Esoteriker sprechen, der jede gekünstelte Pseudo-Esoterik weit von sich weisen muß. Das Numinose, das den Menschen in der Mitte seines Seins Ergreifende, Erschütternde ist eben mit geheimnistuerischem, auf angebliche Geheimnisse pochendem Gehabe nicht zu verwechseln. Auch dies war dem Psychopathologen naturgemäß vertraut, da zu seiner internationalen Klientel Menschen gehörten, die als »Theosophen«, »Anthroposophen«, »Okkultisten« (man übersehe die Anführungszeichen nicht!) mit dem »Geheimwissen« ihrer Meister angefüllt waren, für echte, aus der eigenen Seelentiefe und Geisteshöhe kommende Erfahrungen sich aber als blind und taub erwiesen. Sie mußten in der Konfrontation mit symbolischen Hervorbringungen ihrer Psyche erst sensibilisiert werden. Dazu ist, wenn überhaupt jemand, am ehesten ein Mensch fähig, der selbst den Weg der Erfahrung gegangen ist: ein Wissender, ein in die Mysterien der Tiefe wie der Höhe Eingeweihter und aufgrund dessen ein Guru, ein zur Seelenführung Bevollmächtigter.

C. G. Jung war dazu in der Lage. Aufgrund seiner in die Seelentiefen eindringenden Erkenntnisse haben ihn nicht wenige für einen magischen Menschen gehalten, der über ein besonderes Charisma verfügt hat. Wie kam er dazu?

Das Leben als Quintessenz der Lehre

Die beste Einführung in das Werk C. G. Jungs ist noch immer seine Biographie.[3] Dabei war er sich selbst bewußt, daß ein nicht geringer Teil der Leser aufgrund der Lektüre seiner Erinnerungen aus Unverstand noch abweisender reagieren würden als angesichts eines so persönlich gehaltenen Buches wie »Antwort auf Hiob« (1952). Dennoch liegt gerade in solchen – jetzt muß man in des Wortes eigentlicher Bedeutung sagen: Dokumenten esoterischer Erfahrung Wesentliches verborgen, nämlich die Manifestation eines Urbildes. Jung mutmaßte:

> Wenn schon das Hiob-Buch auf soviel Unverständnis gestoßen ist, so werden meine Erinnerungen noch viel negativer wirken. Die »Autobiographie« ist mein Leben, betrachtet im Lichte dessen, was ich erarbeitet habe. Das eine ist das andere, und damit ist die Lektüre dieses Buches schwierig für Menschen, die meine Gedanken nicht kennen oder nicht verstehen. Mein Leben ist in gewissem Sinne die Quintessenz dessen, was ich geschrieben habe, und nicht umgekehrt ... alle meine Gedanken und mein ganzes Streben, das bin ich.[4]

Die angesprochene Schwierigkeit ist insofern relativ, als sie nur für Leser gilt, deren Denken und Vorstellen innerhalb der Grenzen rational-verstandesmäßiger Betrachtung verharrt. In der Psychologie handelt es sich um den Bereich des Ich-Bewußtseins, während das Unbewußte, namentlich in seiner transpersonalen Ausformung sich jenseits dieser Begrenzungen erstreckt.

Am 26. Juli 1875 wurde Carl Gustav Jung in der Landgemeinde Kesswil am Bodensee, im schweizerischen Kanton Thurgau, geboren. Sein Vater war evangelisch-reformierter Pfarrer. Seine Mutter stammte ebenfalls aus einer traditionsreichen Pfarrersfamilie. Die eigentümliche Welt von Pfarrhaus, Kirche und Friedhof in ländlicher Gegend stellte die alltägliche Umwelt des Jungen dar, ehe er in Basel das Gymnasium und anschließend zwecks Medizinstudium die dortige Universität besuchte. Eine stille Welt umgab in den letzten Jahrzehnten des 19. Jahrhunderts die Jung-Familie.

So waren es keine spektakulären äußeren Ereignisse, die das Leben des Heranwachsenden bestimmten. Sehr viel wichtiger als jene war ohnehin die bewegte innere Welt mit ihren Bildern und Symbolen, wie sie sich in Träumen und Phantasien eines sensiblen jungen Menschen darzustellen vermag. Ein Doppelleben begann für ihn – außen der Alltag des Pfarrersbuben, der seinen schulischen Verpflichtungen schlecht und recht nachkommt; innen die überaus lebendige Welt geheimnisvoller Bilderlebnisse, die für ihn frühzeitig zu einer Erweiterung des Bewußtseinshorizonts führte.

Der Beruf des Vaters als Prediger und als Religionslehrer war nicht geeignet, Carl zu interessieren. Die aller Bilder entblößte reformierte Kirche bot ohnehin keine Anknüpfungspunkte für das bewegte Seelenleben eines suchenden, nach den Tiefen und Untergründen fragenden Menschen, wie er einer zu werden im Begriffe war. Wurden die Predigthörer vom Vater ermahnt, sich glaubend in die Geheimnisse der Offenbarung zu vertiefen, so kam es dem Sohn vor, daß die Erwachsenen als Christen etwas empfinden sollen, das ihnen so fremd ist wie ihrem Prediger und Seelsorger. In einem: C. G. Jung sah sich mit einem erfahrungsarmen Christentum konfrontiert. Das konnte aber nicht die Welt seiner Interessen sein. Denn die war erfüllt von dem Rätselhaften, das Steine, Pflanzen und Tiere bergen. Und eine

Folge bildmächtiger Träume regte ihn dazu an, immer tiefer in die Regionen des Geheimnisvollen der Psyche einzudringen. Was sich zunächst noch in kindlich-naive Formen des Forschens kleidete, fand im Zusammenhang seiner Auseinandersetzung mit dem früh verstorbenen Vater und vor allem mit dem Studium der Medizin Klärung.

Jung wählte als endgültiges Ausbildungsziel den Beruf eines Psychiaters, denn in ihm vermochte er seine naturwissenschaftlich-medizinischen mit seinen geisteswissenschaftlichen Interessen zu verbinden. Zudem gehört in den Forschungsbereich des Psychiaters all das, was man Ausnahmezustände des menschlichen Bewußtseins nennen kann, die Bereiche von Traum und Wahn, von parapsychischen Phänomenen aller Art. Seine Doktorarbeit trägt den Titel: »Zur Psychologie und Pathologie sogenannter okkulter Phänomene« (1902).[5] Die schon zu Jahrhundertbeginn anerkannte Fachklinik »Burghölzli« in Zürich bot ihm zwischen 1903 und 1909 reichlich Gelegenheit, seine theoretischen Studien durch praktische psychiatrische Erfahrung sowie als Privatdozent an der Universität Zürich (1905–13) experimentell zu vertiefen.

Von entscheidender Bedeutung wurde die Bekanntschaft mit der gerade im Entstehen begriffenen Psychoanalyse sowie der mehrjährige freundschaftliche Gedankenaustausch mit Sigmund Freud. Erst mit dem wissenschaftlichen Rüstzeug der Psychoanalyse war es Jung möglich, seine vorausgegangenen Eigenerlebnisse besser zu verstehen und die psychoanalytische Theoriebildung weiter auszubauen. Da der qualifizierte Arzt rasch eine leitende Funktion in der psychoanalytischen Bewegung einnahm und von Freud als dessen Nachfolger ausersehen war, konnte der wissenschaftliche Dissenz zwischen beiden nicht verborgen bleiben. Er wurde offen ausgetragen und führte 1913/14 zum endgültigen Bruch zwischen Freud und Jung.

Auf einen einfachen Nenner gebracht, stellten sich die Lehrunterschiede beider Psychologen so dar, daß Freud sich unter besonderer Beachtung der sexuellen Triebkomponente auf die Erforschung des persönlichen Unbewußten konzentrierte, zu dessen Inhalten das Vergessene und das Verdrängte gehören, während Jung in Anerkennung dieser Einsichten das *überindividuell*-kollektive Unbewußte in seine Studien einbezog. Obwohl auch er sich der empirischen Methode befleißigte, wurde ihm aufgrund von Eigenbeobachtung und klinischer Arbeit einsichtig, daß die bedeutsamsten Hervorbringungen der unbewußten Psyche keine bloßen vom Ich-Bewußtsein in die Vergessenheit abgesunkenen bzw. abgedrängten seelischen Fragmente darstellen. Vielmehr könne sich in bestimmten, sogenannten »großen Träumen« ein Wissen in symbolischer Form manifestieren, durch das der heute lebende Mensch an das Weisheits- und Bildreservoir der Menschheit angeschlossen ist. Ohne Zweifel tangiert die Analytische Psychologie in dieser Hinsicht einerseits spirituelle Erkenntniswege, z. B. die Anthroposophie Rudolf Steiners[6], andererseits das traditionale Denken, das – wie wir u. a. bei Leopold Ziegler gesehen haben – auf einen Unterstrom verweist, der die »Seelentümer sämtlicher Völker« mit ein und derselben Überlieferung verbindet.

Festzuhalten ist, daß C. G. Jung nicht etwa auf dem Weg der philosophischen Spekulation oder durch religions- und geistesgeschichtliche Forschung zu seiner Psychologie der Archetypen gelangt ist, sondern als Arzt und Empiriker, der dann freilich auch die religiösen und spirituellen Überlieferungen zum Vergleich herangezogen hat.

Was diese zum Spirituellen hin erweiterte Empirie anlangt, so trat der Prozeß seiner Selbsterfahrung just in dem Moment in die entscheidende, neue Horizonte aufstoßende Phase ein, in dem die Zusammenarbeit mit Sigmund Freud aus den erwähnten Gründen zu Ende ging.

Jung schildert eindrücklich[7], was ihm widerfuhr, wie er in den Jahren 1912/13 eine ungewöhnliche Belebung seines Unbewußten beobachtete, wie er von ungeahnten Träumen und Gesichten bzw. Wachträumen geradezu überflutet wurde, die eine beängstigende Wirkung auf ihn hatten. Als Psychiater war ihm klar, daß es die Elemente einer Psychose waren, die sich vor ihm ausbreiteten. Er mußte vom wachen Ich-Bewußtsein her eine Weise des Umgangs mit diesen Bildern suchen. Und er fand sie, nämlich dadurch, daß er sich um so entschlossener an seine Alltagsrealität als Ehemann, Familienvater und Arzt hielt und daß er sich künstlerisch gestaltend betätigte. Er gesteht:

> Wann immer ich in meinem späteren Leben steckenblieb, malte ich ein Bild oder bearbeitete ich Steine, und immer war das ein rite d'entrée für die nachfolgenden Gedanken und Arbeiten ...[8]

Diese seelenaktive Auseinandersetzung des Ich mit dem Unbewußten war es also, die zu erlernen und einzuüben war, wollte er als Psychotherapeut Patienten in ähnlichen Situationen helfen. Hierzu machte er nicht etwa bei antiquierten Erkenntnismethoden Anleihe, wie eine oberflächliche Kritik annehmen könnte. Es handelte sich vielmehr darum, zu prüfen, welche historische Präfigurationen die religiöse und allgemeine Menschheitstradition in Mythos und Märchen, in sogenannten Geheimlehren und in künstlerischer Gestaltung zur Verfügung zu stellen vermag. Einer der nächsten Schritte bestand darin, zu zeigen, wie dieses Traditionsgut zur Interpretation schwer verständlicher Traumsymbole verwendet werden könne.

Jungs Symbolwissen, das bis in die fernöstlichen Traditionen hineinreicht, andererseits selbst entlegene Bezirke der christlichen Dogmengeschichte und der okkulten Überlieferung einbezieht, wurde immer als überaus frappierend empfunden. Dabei machte er – als unkirchlicher Pfarrerssohn – keinen Hehl daraus, daß er sich der abendländischen Esoterik (Gnosis, Gral, Alchemie u. a.) in besonderer Weise verpflichtet fühlte, so daß man ihn mit Fug als einen christlichen Esoteriker bezeichnen kann.[9]

Als C. G. Jung am 6. Juni 1961 in seinem Heim Küsnacht bei Zürich verstarb, hinterließ er ein Werk, das nicht allein als eine der psychotherapeutischen Schulen zu bezeichnen ist. Die von ihm erschlossene Welt der Archetypen hat nicht nur Bedeutung für die Seelenheilkunde. Das spricht aus dem Text der Urkunde, die 1955 dem Achtzigjährigen aus Anlaß seiner Ehrenpromotion von der Eidgenössischen Technischen Hochschule ausgestellt wurde. Diese Urkunde gilt:

> Dem Wiederentdecker der Ganzheit und Polarität der menschlichen Psyche und ihrer Einheitstendenz;
> dem Diagnostiker der Krisenerscheinungen des Menschen im Zeitalter der Wissenschaften und der Technik;
> dem Interpreten der Ursymbolik und des Individuationsprozesses der Menschheit.

Rätsel des Archetypus

Sobald der Bereich des nicht Aufweisbaren betreten wird, scheut der an die Welt des Meßbaren, Zählbaren, Wägbaren gewöhnte Verstand zurück. Es erscheint ihm schwierig, problematisch, schließlich »unwissenschaftlich«, sobald jemand Aussagen über unbetretene Gefilde wagt. In einer ähnlichen Situation befand sich C. G. Jung, als er sich jener Dimension seelischer Wirklichkeit erlebend gegenübersah, die er anfangs als die Welt der Urbilder, dann die der Archetypen bezeichnete. Er erfand sie nicht. Selbst der Terminus ist seit zwei Jahrtausenden geläufig.[10] Wenn es Jung später vermied, von Ur*bildern* zu sprechen, so deshalb, weil es sich hier nicht etwa um statisch verharrende Bilder handelt, sondern um urtümliche Faktoren, die ein *dynamisches* Potential, eine uneingrenzbare (psychische) Energetik bergen. So vermag ein Archetypus wirkkräftige Impulse freizusetzen. Ist ein bestimmter Archetypus konstelliert, dann lassen sich Menschen mobilisieren, weil sie – wie man sagt –

von einer Idee, von einem Ideal geradezu »besessen« sind. Nicht sie, die Sucher nach einem Kleinod (z. B. Gral) verlangen nach dem Objekt ihrer Suche, sondern dieses Objekt sucht sie, es hat sie »gefunden«; nicht die Kämpfer für ein idealisiertes Zukunftsreich (Reich Gottes; Weltreich; klassenlose Gesellschaft und dergleichen) sind die alleinigen Akteure, sondern dieses Zielbild hat diese Kämpfer längst »besiegt« und für sich gewonnen. Der Archetypus beherrscht sie. Den dabei verwendeten Symbolen, den ausgeübten Gesten liegt ein und derselbe Archetypus zugrunde.

Es ist jeweils eine überindividuelle Größe, die ein vom Menschen unabhängiges Kraftzentrum darstellt. Niemand vermag schlüssig zu sagen, was der Archetypus »an sich« ist. Er bezeichnet eine »hypothetische, unanschauliche Vorlage«. Jung vergleicht ihn mit dem (unsichtbar bleibenden) »Achsenkreuz eines Kristalls ..., welches die Kristallbildung in der Mutterlauge gewissermaßen präformiert, ohne selber eine materielle Existenz zu besitzen ... Das Achsensystem bestimmt somit bloß die stereometrische Struktur, nicht aber die konkrete Form des individuellen Kristalls ... und ebenso besitzt der Archetypus ... zwar einen invariablen Bedeutungskern, der stets nur im Prinzip, nie aber auch konkret seine Erscheinungsweise bestimmt.«[11]

Wichtig ist die Unterscheidung des »Archetypus an sich« von der Vielfalt seiner Ausdrucksformen. Er »an sich« ist hypothetischer Natur und daher unsichtbar. Was sich manifestiert, ist das im weitesten Sinn des Wortes zu verstehende »archetypische Bild«. Es kann sich auch um archetypische Geschehensmuster handeln, wie sie im Mythos auftreten, z. B. der Weg des Helden, der bestimmte Prüfungen zu bestehen hat; der Drachenkampf; die Schatzsuche; Riten und dergleichen. Riten können aber auch spontan vollzogen werden, schöpferische Aktivitäten freisetzen, tänzerische Figuren inszenieren u. ä.

Oder will man einen so fundamentalen Archetypus wie den »Mutterarchetypus« zur Veranschaulichung bringen, dann ist an archetypischen Prägungen zu denken wie an die persönliche Mutter, die Großmutter (große Mutter), die Amme, die Ahnfrau, die Göttin, die Gottesmutter, die Jungfrau, die göttliche Sophia ... Im übertragenen Sinn findet sich der Mutterarchetypus schließlich in Gefäßen, in Hohlformen, bestimmten als weiblich empfundenen Tieren, in aller Art von Materie (lat. »mater« = Mutter), Erde, Acker, Garten, Paradies, See, Meer, Höhle, Stadt, Kirche, Universität (alma mater), die heilige Stadt Jerusalem ...

So stellen die verschiedenen Aspekte archetypischer Gestaltung jeweils komplexe Größen dar, die über ihre sinnlich wahrnehmbare Form in die übersinnlichen Bereiche hinausweisen. Damit ist das Feld des Transpersonalen betreten, in dem die geistig-religiösen Überlieferungen wurzeln. Kulturelle bzw. kulturkreisbedingte Unterschiede, solche der westlichen oder der östlichen Hemisphäre können nicht darüber hinwegtäuschen, daß einer Bildgestaltung in Mythos oder Ritus jeweils ein (unsichtbar bleibender) gestaltender Faktor zugrunde liegt, aus dem heraus die Form ihr Gepräge empfängt. So gilt:

> Kein Archetypus läßt sich auf eine einfache Formel bringen. Er ist ein Gefäß, das man nie leeren und nie füllen kann. Er existiert an sich nur potentiell, und wenn er sich in einem Stoff gestaltet, so ist er nicht mehr das, was er vorher war. Er beharrt durch die Jahrtausende und verlangt doch immer neue Deutung.[12]

Das gilt für die archaische Sprache der Überlieferung ebenso wie für die Inspiration und Intuitionen eines heute lebenden Menschen, eines »Homo Magus«. Werden die tieferen, auf der Ebene der »Urbilder« angesiedelten Schichten des transpersonalen Unbewußten angerührt, dann kann Wandlung geschehen, Transformation, Individuation, Selbst-Werdung. Das ist der Grund, weshalb heilige Texte bzw. Wortlaute, Mantrams, mythische Erzählungen ihres Symbolgehalts wegen zum Gegenstand der Meditation wie der rituellen Vollzüge gemacht werden. Man denke auch an die »heiligen Dramen«, die einst in den antiken Mysterien vollzogen oder in Bilderzyklen in Tempeln und Kirchen vergegenwärtigt wurden. Die textkritische Analyse und die bloße Reduzierung auf theologische Bedeutsamkeiten blickt naturgemäß über die Zäune des Ich-Bewußtseins und des rationalen Denkens nicht hinweg. Deshalb ist für die Begegnung mit spirituellen Zeugnissen der Gegenwart wie der Vergangenheit jeweils eine – der archetypischen Struktur – adäquate Seelen- bzw. Geisteshaltung gefordert. Auf die Evangelien bezogen drückt Jung das Gemeinte so aus:

> Das Drama des archetypischen Christuslebens beschreibt in symbolischen Bildern die Ereignisse im bewußten und im bewußtseinstranszendenten Leben des Menschen, der von seinem höheren Schicksal gewandelt wird.[13]

Diese Teilhabe am Mysteriengeschehen ist demnach nicht eine Sache des Kopfes (und nicht des »Bauches«), wohl aber des Menschen, der sich ganzheitlich in den Prozeß der Wesenswandlung hineinbegibt. Natürlich trifft das über das Christus-Mysterium Gesagte analogerweise auch auf den Gautama Buddha oder auf andere Erlöser- oder spirituelle Meistergestalten der Menschheit zu.

Selbst-Werdung

Eines der existentiellen Ziele jedes spirituellen Wegs besteht darin, daß man den großen Schlaf überwinden lernt und sich aus dem Gefängnis der »selbstverschuldeten Unmündigkeit« (Kant) befreit. »Erweckung« und »Erlösung« sind daher die wichtigsten Leitworte in den Religionen, mögen sie auch in den abrahamitischen Religionen (speziell in Judentum und Islam) durch »Gehorsam« gegen das göttliche Gebot bzw. durch »Hingabe« an den Willen des Allmächtigen ersetzt werden.

In der Terminologie der archetypischen Psychologie C. G. Jungs lautet das Äquivalent »Individuation«, Selbst-Werdung, d. h. die Verwirklichung des wahren Selbst. Dieses von Jung apostrophierte »Selbst« ist jedoch mit dem vorfindlichen Ich des Alltagsbewußtseins nicht identisch. Denn während dieses Ich hauptsächlich am rationalen Bewußtsein orientiert und somit durch die geringe Reichweite der Ratio begrenzt ist, postuliert Jung aufgrund seiner Forschung mit dem Selbst eine übergeordnete Instanz. Dieses Selbst umgreift Bewußtes und Unbewußtes. Es ist damit ein Archetypus besonderer Art, insofern dieser Identität, eben Selbst-Sein in sich schließt.

Dieses Selbst-Sein ist offensichtlich kein Naturgeschehen wie biologisches Werden, Wachstum, Altern und Sterben, wiewohl die Chance der Selbst-Werdung im Sinne einer Persönlichkeitsreifung in jedem Menschen veranlagt ist. Nietzsche prägte die Maxime: »Du sollst der werden, der du bist.« Wobei dieses »Du sollst« nicht von außen befohlen werden kann, sondern von innen ergriffen und vollzogen werden muß. Wieder ist ein Blick auf die spirituellen Schulungswege angezeigt, bei denen es nicht darum geht, äußere Tüchtigkeit zu bewähren oder sich für die Meisterung des Lebens in der »Welt« zu qualifizieren. Der Sinn solcher Exerzitien, auch der Sinn derer, die als »Meister des Wegs« in Aktion treten, kann nur darin bestehen, daß der innere Weg der Selbst-Verwirklichung beschritten wird und daß besagte Meister sich – nachdem sie dabei behilflich gewesen sind – überflüssig machen, sollen nicht neue Abhängigkeiten entstehen oder neue Phasen der Unmündigkeit durchlaufen werden.

Ohne die psychologischen Aspekte des Vorgangs als solchen hier eingehend zu beleuchten[14], sei ein Gesichtspunkt markiert, der die Beziehung zwischen der psychologischen und der religiösen bzw. spirituellen Sphäre verdeutlicht. Im Zusammenhang seiner aufschlußreichen Deutung des christlichen Trinitätsdogmas führt C. G. Jung aus:

> Das Ziel der psychologischen Entwicklung ist, wie das der biologischen, die *Selbstverwirklichung* resp. die *Individuation.* Da der Mensch sich nur als ein Ich kennt und das Selbst als Totalität unbeschreibbar und ununterscheidbar von einem Gottesbild ist, so bedeutet die Selbstverwirklichung in religiös-metaphysischer Sprache die *Inkarnation* Gottes. Das ist in der Sohnschaft Christi ausgedrückt. Insofern die Individuation eine heroische oder tragische, d. h. eine schwerste Aufgabe darstellt, bedeutet sie Leiden, eine *Passion des Ich*, d. h. des empirischen, gewöhnlichen, bisherigen Menschen, dem es zustößt, in einen größeren Umfang aufgenommen und seiner sich frei dünkenden Eigenwilligkeit beraubt zu werden ... Das menschliche und das göttliche Leiden bilden zusammen eine Komplementarität mit kompensierendem Effekt: Durch das Symbol kann der Mensch die wirkliche Bedeutung seines Leidens erkennen; er ist auf dem Wege zur Verwirklichung seiner Ganzheit, wobei sein Ich infolge der Integration des Unbewußten in das Bewußtsein in den »göttlichen« Bereich tritt. Dort nimmt es teil am »Leiden Gottes« ... Das Selbst ist nicht bloß ein Begriff oder ein logisches Postulat, sondern eine seelische Wirklichkeit, die nur zu einem Teil bewußt ist, im übrigen aber auch das Leben des Unbewußten umgreift und daher unanschaulich und nur durch Symbole ausdrückbar ist ...[15]

Der Prozeß der psychotherapeutisch begleiteten Individuation trägt seinerseits Züge eines spirituellen Exerzitiums. Es gibt auf ihm Stadien, die erlebend und erkennend zu durchlaufen sind, so wie etwa der Mystiker den dreistufigen Weg der Reinigung, der Erleuchtung und der krönenden Unio mystica kennt oder wie moderne Erkenntniswege (z. B. in der Anthroposophie) entsprechende Stufen enthalten. Während aber diese Exerzitien in der Regel mit Meditationen arbeiten, bei denen der Übende sich u. a. in vorgegebene

Bilder oder Sinngehalte vertieft, bestimmt die Psyche im tiefenpsychologischen Prozeß die zu bearbeitenden Motive selbst. Es handelt sich eben um das, was das eigene Unbewußte produziert. Diese Impressionen sind als Kontexte zum realen Leben ins Bewußtsein zu integrieren.

Stadien dieses Integrationsprozesses sind beispielsweise die uneingestandenen, bislang unbewußten Schattenanteile und das ebenfalls zur Personganzheit gehörige »Seelenbild«, das in mühevoller Arbeit ebenfalls erst ins Bewußtsein zu heben ist. Es handelt sich um die gegengeschlechtliche, also weiblich geartete »Anima« beim Mann und um den »Animus« bei der Frau. Weitere Marksteine der Entwicklung stellen sodann der »Alte Weise« als Personifikation des geistigen Prinzips dar, während im Individuationsgeschehen die »Große Mutter« (Magna mater) als eine entsprechende, das »stoffliche« Prinzip repräsentierende Instanz durch die Frau erlebt werden kann:

> Beide Figuren, der »Alte Weise« ebenso wie die »Große Mutter«, haben eine unendliche Fülle von Erscheinungsformen, und sie sind wohlbekannt aus der Welt der Primitiven und aus Mythologien in ihren guten und bösen, lichten und dunklen Aspekten, versinnbildlicht als Zauberer, Prophet, Magier, Totenlotse, Führer bzw. als Fruchtbarkeitsgöttin, Sibylle, Priesterin, Mutter Kirche, Sophia usw. Von beiden Figuren geht eine mächtige Faszination aus, die das Individuum, dem sie gegenübertreten, unweigerlich in eine Art von Selbstherrlichkeit und Größenwahn hineinreißt, wenn es sich nicht durch Bewußtmachung und Unterscheidung von der Gefahr einer Identifikation mit ihrem gauklerischen Bilde freizumachen versteht.[16]

Man könnte an die Übermensch-Phantasien und deren Folgen bei Nietzsche denken. Auf die Gefahr der psychischen Inflation, bei der Inhalte des Unbewußten das menschliche Bewußtsein zu überschwemmen drohen, hat Jung – aufgrund eigener leidvoller Erfahrung – wiederholt hingewiesen. Damit ist ein Gefahrenbereich bezeichnet, der nicht nur den Homo Magus tangiert. Gefahren sind immer dann in Betracht zu ziehen, wenn das Feld spiritueller Suche und religiösen Strebens betreten wird, wenn beispielsweise außerordentliche Fähigkeiten (Hellsehen, magisches Können u. ä.) um ihrer selbst willen angestrebt werden, ohne daß gleichzeitig für den Erhalt des seelisch-geistigen Gleichgewichts gesorgt ist. Psychohygiene und Psychopathologie wollen hier besonders beachtet sein. Damit ist zum Ausdruck gebracht, daß auch der Homo Magus als eine archetypisch geformte Gestalt zu sehen ist und über positive wie über negative Aspekte verfügt.

Gnosis und alchemistische Esoterik

Was C. G. Jungs eigenen Individuationsprozeß anlangt, so sah er sich veranlaßt, sich nach historischen Präfigurationen umzusehen, d. h. nach Beispielkomplexen und Symbolzusammenhängen, die die Religions- und Geistesgeschichte bereithält. Es ging darum, die in ihm selbst aufsteigenden archetypischen Bilder als Marksteine auf dem inneren Weg der Reifung zu entschlüsseln. Jahrelang beschäftigte er sich daher eingehend mit den Dokumenten der frühchristlichen Gnosis. Er mußte jedoch einsehen, daß die bewußtseinsgeschichtliche Kluft zu groß ist, die sich zwischen einem Gnostiker des 2. Jahrhunderts und einem nach Selbsterkenntnis suchenden Menschen des 20. Jahrhunderts erstreckt. Vor allem dominiert in diesen Texten die Spekulation gegenüber originärer spiritueller Erfahrung. Es ist nun geistesgeschichtlich gesehen von Bedeutung, daß sich für Jung ganz unerwartet von der Seite der ostasiatischen Spiritualität her ein Ausweg eröffnet hat. Durch den Sinologen Richard Wilhelm lernte er im Jahre 1928 einen taoistischen Text kennen, und zwar ein alchemistisches Traktat, »Das

Geheimnis der Goldenen Blüte«. Dieser Text ermöglichte dem Psychologen, die verlorene Spur von neuem aufzunehmen. Aber statt sich dem Sinologen anzuschließen und bei der fernöstlichen Geisteswelt Anleihen zu machen, wandte sich Jung der abendländischen Alchemie zu, d. h. einer Ausgestaltung der christlich beeinflußten Esoterik. In »Erinnerungen, Träume, Gedanken« berichtet er:

> Hier wurde mir die Begegnung mit der Alchemie zum entscheidenden Erlebnis, denn erst durch sie ergaben sich die historischen Grundlagen, die ich bis dahin vermißt hatte... Die Tradition zwischen Gnosis und Gegenwart schien mir abgerissen, und lange Zeit war es mir nicht möglich, die Brücke von Gnostizismus – oder Neuplatonismus – zur Gegenwart zu finden. Erst als ich anfing, die Alchemie zu verstehen, erkannte ich, daß sich durch sie die historische Verbindung zum Gnostizismus ergibt, daß durch die Alchemie die Kontinuität von der Vergangenheit zur Gegenwart hergestellt ist. Als eine Naturphilosophie des Mittelalters schlug sie eine Brücke sowohl in die Vergangenheit, nämlich zum Gnostizismus, als auch in die Zukunft, zur modernen Psychologie des Unbewußten... Die Erfahrungen der Alchemisten waren meine Erfahrungen, und ihre Welt war in gewissem Sinn meine Welt... Durch die Beschäftigung mit den alten Texten fand alles seinen Ort: die Bilderwelt der Imaginationen, das Erfahrungsmaterial, das ich in meiner Praxis gesammelt, und die Schlüsse, die ich daraus gezogen hatte. Jetzt begann ich zu erkennen, was die Inhalte in historischer Sicht bedeuteten. Mein Verständnis für ihren typischen Charakter, das sich schon durch meine Mythenforschungen angebahnt hatte, vertiefte sich. Die Urbilder und das Wesen des Archetypus rückten ins Zentrum meiner Forschungen, und ich erkannte, daß es ohne Geschichte keine Psychologie und erst recht keine Psychologie des Unbewußten gibt.[18]

Festzuhalten ist, daß Jung nicht etwa als Kulturhistoriker oder als Geistesgeschichtler auf diese Strömungen eines esoterischen Christentums blickte, sondern als einer, der – wie erwähnt – Jahre hindurch mit den das psychische Gleichgewicht gefährdenden Hervorbringungen seines Unbewußten konfrontiert war. So bedrohlich diese Imaginationen im einzelnen auch waren, Jung nannte sie den »Urstoff für ein Lebenswerk«. Daß er über seine spezielle psychotherapeutische Zielsetzung hinaus auch dem Geistesgeschichtler ebenso seltenes wie wertvolles Material zugänglich gemacht hat – etwa in seinen Studien zum alchemistischen Formenkreis und Symbolkanon – steht außer Zweifel.

Da selbst ausgewiesene Kenner sich nicht immer im klaren darüber zu sein scheinen, welche Position Jung der alchemistischen Tradition gegenüber eingenommen hat, sei zumindest angemerkt: Man würde ihm sicher nicht gerecht, behauptete man, in seinen einschlägigen Werken, z. B. »Psychologie und Alchemie« (1944) oder »Mysterium Coniunctionis« (1968), »psychologisiere« er die spirituellen wie die operativen Faktoren dieser alten Einweihungswissenschaft. Jung zweifelte nie dran, daß der Alchemist einen besonderen Zugang zur Materie und den dort auszulösenden Wandlungsvorgängen gesucht und gefunden haben mußte. Als Psychologe aber ging ihm auf, daß man auf diesem Weg auch außerordentliche Erlebnisse hat, wie sie sich bei jeder Konfrontation des Menschen mit dem Unbekannten, Geheimnisvollen ergeben, d. h. daß hier das Unbewußte mitspielt.

> Bis dahin nicht gewußte psychische Inhalte tauchen als Bilder auf und projizieren sich in das Unbekannte, das sie zu beleben und faßbar zu machen scheinen. Das widerfuhr auch den Alchemisten. Was sie als Eigenschaften des Stoffes erlebten, waren in Wirklichkeit sehr häufig Inhalte ihres Unbewußten; und die psychischen Erlebnisse, die sie während des Laborierens hatten, erschienen als

Besonderheiten chemischer Wandlungsprozesse... So kam es, daß der Alchemist in das Geheimnis, das er zu erklären suchte, ein anderes Geheimnis projizierte, nämlich seinen unbekannten seelischen Hintergrund. Es waren Stufen und Bilder eines inneren Wandlungsgeschehens, das in der pseudochemischen Sprache alchemistischer Symbolik einen Ausdruck fand.[19]

Jung fand in der von ihm untersuchten alchemistischen Literatur hierfür nicht nur eine Fülle von Belegen. Als empirisch arbeitender Forscher war es für ihn wichtig, augenfällige Parallelen festzustellen, die zwischen Traumserien heute lebender Menschen und Erlösungsvorstellungen in der alchemistischen Überlieferung bestehen. Da wie dort gewann er weitere Aufschlüsse für die Abläufe des Individuationsgeschehens und für die zugrundeliegende Archetypik, die in der Alchemie ihre besondere symbolische Ausprägung gefunden hat.

Im Gegenüber zur östlichen Spiritualität

Der modische Trend, demzufolge im Westen seit langem östlicher Spiritualität als einer Art Religionsersatz oder als Ersatz für eine unwirksam gewordene kirchliche Verkündigung gehuldigt wird, täuscht oft leicht über die tiefer liegenden Tatbestände hinweg. Denn eine noch so intensive Beschäftigung mit asiatischer Philosophie, Religion oder spirituellen Schulungswegen wie Zen oder Yoga kann die Tatsache nicht ungeschehen machen, daß das christliche Gottesbild im Unbewußten des westlichen Menschen deutliche Spuren hinterlassen hat. Umgekehrt sollte heute der an westlicher Lebensart und Zivilisation sich ausrichtende (buchstäblich: der sich occidentierende) Asiate sich nicht der Illusion hingeben, daß religiös-weltanschauliche Grundeinstellungen unwirksam gemacht würden, indem man sich dem westlichen Menschen anzugleichen versucht. Diese Anpassung erfolgt in der Regel nur auf der Ebene des rationalen Alltagsbewußtseins, nicht jedoch auf dem seelischen Untergrund, wo die Archetypen angesiedelt sind. Eine äußere »Bekehrung« – gleich welcher Art – stellt sich nur allzu oft als eine unangenehme (Selbst-)Täuschung heraus.

In seinen autobiographischen Aufzeichnungen gibt Jung selbst ein Beispiel für das soeben Dargelegte. Er zeigt, wie tief er sich mit der spezifisch christlich-esoterischen Spiritualität verbunden fühlte: Während einer Indienfahrt in den dreißiger Jahren hatte er reichlich Gelegenheit, die seelisch-geistige Verfassung des indischen Menschen zu studieren und die eindrucksvollen Zeugnisse asiatischer Geistigkeit nun aus unmittelbarer Anschauung zu erleben. In »Erinnerungen, Träume, Gedanken« berichtet der Indien-Fahrer von der »überwältigenden Mannigfaltigkeit der indischen Eindrücke«, aber auch davon, wie er von einem überraschenden Traum heimgesucht wurde, in dem er allein und ohne Unterstützung anderer ein Gewässer durchschwimmen mußte, um den »Gral« zu holen. Damit hat ihn sein eigenes Unbewußtes erneut in die Sphäre der christlichen Tradition zurückgerufen. Er selbst kommentiert sein Traumerlebnis so:

> Diese Tatsache hatte mich um so mehr beeindruckt, als mir die Übereinstimmung des poetischen Mythus mit den Aussagen der Alchemie über das »Unum Vas« (das einzigartige Gefäß), die »Una Medicina« (die einzigartige Medizin) deutlich geworden war. Mythen, die der Tag vergaß, wurden weitererzählt von der Nacht... Der Traum wischte mit starker Hand alle noch so intensiven Tageseindrücke weg und versetzte mich in das allzulange vernachlässigte Anliegen des Abendlandes, das sich einstmals in der Quest des Heiligen Grals, wie auch in der Suche nach dem »Stein der Philosophen« ausgedrückt hatte.

Und nun folgt im Bericht Jungs ein Satz, der die geistige Positionsbestimmung im Hinblick auf die christliche Spiritualität enthält. Der Berichterstatter fährt fort:

> Ich wurde aus der Welt Indiens herausgenommen und daran erinnert, daß Indien nicht meine Aufgabe war, sondern nur ein Stück meines Weges – wenn auch ein bedeutendes –, der mich meinem Ziel annähern sollte. Es war, als ob der Traum mich fragte: »Was tust du in Indien? Suche lieber für deinesgleichen das heilende Gefäß, den Salvator Mundi (Retter der Welt), dessen ihr dringend bedürft. Ihr seid ja im Begriff, alles zu ruinieren, was Jahrhunderte aufgebaut haben.[20]

Wenn davon die Rede ist, daß Jung auch während seines Indienaufenthaltes mit dem Christentum innerlich verbunden blieb, so will das nicht besagen, daß er sich der östlichen Spiritualität als solcher verschlossen hätte. Das Signum seines Namens steht vielmehr für eine große Offenheit für jegliche Art psychischer bzw. spiritueller Erfahrung. Bezeichnend für seine Einstellung zum geistigen Osten ist beispielsweise seine Gedenkrede, die er am 10. Mai 1930 in München anläßlich der Gedächtnisfeier zum Tod von Richard Wilhelm gehalten hat. Dort fordert er für das Verständnis der asiatischen Geisteskultur die Überwindung bestehender Vorurteile bei gleichzeitiger Öffnung für die fremde Geistigkeit, das heißt eine »verstehende Hingabe, jenseits allen christlichen Ressentiments, jenseits aller europäischer Anmaßung«. Er weiß aus eigener Beobachtung, daß »alle Durchschnittsgeister sich entweder in blinder Selbstentwurzelung oder in ebenso verständnisloser Tadelsucht« verlieren. Sodann:

> Dem geistigen Europa ist mit einer bloßen Sensation oder einem neuen Nervenkitzel nicht geholfen. Wir müssen vielmehr lernen zu erwerben, um zu besitzen. Was der Osten uns zu geben hat, soll uns bloße Hilfe sein bei einer

> Arbeit, die wir noch zu tun haben. Was nützt uns die Weisheit der Upanishaden, was die Einsichten des chinesischen Yoga, wenn wir unsere eigenen Fundamente wie überlebte Irrtümer verlassen und uns wie heimatlose Seeräuber an fremden Küsten diebisch niederlassen?[21]

Jung ist nicht weniger deutlich in seinen Ausführungen, wenn er in diesem Zusammenhang auf die Erweiterungsbedürftigkeit des europäischen Wissenschaftsbegriffs hinweist. Um die Weisheit des Ostens erfahren zu können, bedürfe es zuvor der Weisheit von uns selbst. Und die sei nicht durch Yoga-Übungen oder durch andere auf asiatischem Boden gewachsene Schulungssysteme zu erlangen. Jedenfalls warnte er vor den schon vor der Jahrhundertmitte zu beobachtenden »Massenimporten exotischer Religionssysteme« und vor den diversen Versuchen, in bisweilen kurzschlüssiger Weise West und Ost zu einem fragwürdigen Amalgam zu verschmelzen. In der anglo-indischen Theosophie H. P. Blavatskys sah er ein solches Unternehmen. Auch die Ramakrishna-Mission, Sufi-Sekten oder die Christian-Science nannte er in einem Atemzug mit der an das mitteleuropäische Geisteserbe anknüpfenden Anthroposophie Rudolf Steiners!

Diese undifferenzierte Subsumierung bei einem Mann wie C. G. Jung wird freilich verblüffen. Jedenfalls hat der sonst so einfühlsame Psychologe das hohe Niveau seiner Analysen und Interpretationen geistig-seelischer Wirklichkeit verlassen. Oder ins Positive gewendet: Derartige Defizite lassen sich als Aufgaben verstehen, die der Meister zur Erledigung durch seine Schüler zurückgelassen hat. Sich als Nachgeborener lediglich auf die Aburteilungen zu beziehen, die Jung gegenüber Steiner – übrigens auch Steiner gegenüber Jung! – vollzogen hat, kann wohl nicht sehr sinnvoll sein.[22]

Karlfried Graf Dürckheim

Karlfried Graf Dürckheim
Große Erfahrung und Initiatische Therapie

Die Psychoanalyse ist ursprünglich als eine Seelenheilkunde entwickelt worden. Schon in ihrer klassischen Ausprägung durch Sigmund Freud erwies sie sich als fähig, auch als Instrument einer vertieften Selbsterfahrung eingesetzt zu werden. Mit der Erschließung der transpersonal-archetypischen Faktoren des Unbewußten nahm diese Entwicklung unter C. G. Jung ihren Fortgang. Daß der Individuationsweg eine Analogie zu spirituellen Schulungswegen darstellt, wurde bereits gesagt, obwohl Jung offensichtlich nur die Exerzitien (Exercitia Spiritualia) des Ignatius von Loyola als einen westlichen Weg dieser Art gelten ließ. Von sich selbst berichtet er einmal, in der kritischen Zeit seiner Trennung von Freud Yoga-Übungen gemacht zu haben.

In bestimmten Situationen der psychotherapeutischen Arbeit setzte Jung das Imaginieren[1] ein sowie das Malen und das plastische Gestalten als nonverbale Weisen des Vorgehens. Auf den Einsatz ausgesprochener spiritueller Praktiken, etwa der Meditation, wurde jedoch verzichtet. Es war Karlfried Graf Dürckheim (1896–1988), der auf der Basis der Psychologie C. G. Jungs, sodann Erich Neumanns und Gustav Richard Heyers auch eine Reihe verschiedener geistiger Disziplinen in sein Tun einbezog. Bildungsgang und Schicksalskonstellation ließen ihn diese integrative Richtung einschlagen und die Initiatische Therapie entwickeln, wobei der Ton mehr auf »Initiation« als auf »Therapie« liegt. Dürckheim verwies an bestimmten psychosomatischen Krankheiten leidende Patienten an Fachärzte und Psychotherapeuten. Seine Aufgabe sah er im besonderen darin, einen Weg der Erfahrung zu weisen und auf dieser Basis anzuleiten. Erstaunlicherweise suchten ihn und seine Lebensgefährtin Maria Hippius immer wieder auch Theologen beider Konfessionen, dazu nicht wenige Ordensleute (z. B. Benediktiner, Franziskaner, Jesuiten – Mönche und Nonnen) in seinem Zentrum in Todtmoos-Rütte auf, um von ihm u. a. in die Übung der gegenstandslosen Meditation »im Stile des Zen« eingeführt zu werden. Viele bezeugen, bei Dürckheim das gefunden zu haben, was in der eigenen Ordenstradition verlorengegangen war. So wurde das abgelegene Schwarzwalddorf Rütte zum Mittelpunkt der mittlerweile zahlreichen in- und ausländischen »Existentialpsychologischen Bildungs- und Begegnungsstätten«.

Die von Graf Dürckheim und Maria Hippius-Gräfin Dürckheim inaugurierte Initiatische Therapie will nicht Symptome beseitigen, auch nicht nur etwa verlorene Leistungsfähigkeit wiederherstellen; sie will dadurch »heilen«, daß sie den Menschen für das in ihm schlummernde Wesen öffnet und die vernachlässigte überraumzeitliche Dimension erschließen helfen. Die Initiatische Therapie knüpft einerseits an die spirituellen Schulungswege an, andererseits sensibilisiert sie den Menschen für die integrale Tradition, auch wenn dies von Dürckheim und seinen Mitarbeitern nicht eigens ausgesprochen wurde.

Individuelle Wegsuche

Karlfried Graf Dürckheim entstammt einem alten pfälzisch-bayerischen Adelsgeschlecht, dessen Ahnherren sich bis ins 12. Jahrhundert, d. h. bis in die Zeit Kaiser Barbarossas, urkundlich nachweisen lassen. Vor der Französischen Revolution verfügten die Dürckheims über erheblichen Grundbesitz auf beiden Seiten des Rheins. Noch heute führt die Stadt Bad Dürkheim den Maueranker im Wappen, der auch das Familienwappen der Grafen ziert. Mütterlicherseits kommen in der Familienlinie preußische Offiziere und Diplomaten, aber auch jüdische Bankiers vor, an ihrer Spitze der Begründer des berühmten Bankhauses Rothschild, Mayer Amschel Rotschild aus dem Frankfurter Ghetto.

In München geboren, teils im oberbayerischen Steingaden, teils in Bassenheim bei Koblenz aufgewachsen, stand er 1914–18 als Kriegsfreiwilliger an den verschiedenen Fronten des Ersten Weltkriegs. Als ältester Sohn verzichtete er darauf, die Nachfolge seines Vaters auf dem Rittergut Steingaden anzutreten. Er studierte Philosophie und Psychologie in München und Kiel. Nach seiner Habilitation in Leipzig (1930) übernahm er für wenige Jahre eine Professur u. a. an der Hochschule für Lehrerbildung in Kiel.

Der Frontoffizier, der aus seiner betont deutschnationalen Einstellung keinen Hehl machte, konnte zunächst nicht ahnen, daß Hitlers Machtübernahme am 30. Januar 1933 das Ende seiner Karriere als Hochschullehrer und Staatsbeamter bedeuten sollte. Aufgrund der NS-Rassegesetze galt er als »jüdisch versippt«. Dennoch bot sich für Graf Dürckheim die Möglichkeit an, eine mehrjährige kulturdiplomatische Tätigkeit unter dem damaligen NS-Reichsaußenminister Joachim von Ribbentrop im Ausland zu erfüllen.[2] Acht Jahre lang (1938–39 und 1940–47) hielt sich Graf Dürckheim in Japan auf. Hier lernte er die fernöstliche Kultur und Spiritualität kennen, darunter Zen und die Kunst des Bogenschießens.

Eine gewisse Vorbereitung bildete eine Episode, die noch in die Zeit nach der Rückkehr aus dem Ersten Weltkrieg gehört. In München lernte er seine erste Lebensgefährtin Enja von Hattingberg, geborene Baur, kennen und durch sie Laotses »Tao-te-king«. In ihm finden sich die Verse:

Dreißig Speichen treffen die Nabe,
aber das Leere zwischen ihnen
erwirkt das Wesen des Rades;
aus Ton entstehen Töpfe,
aber das Leere in ihnen
wirkt das Wesen des Topfes;

> Mauern mit Fenstern und Türen
> bilden das Haus
> aber das Leere in ihnen
> erwirkt das Wesen des Hauses.
> – Grundsätzlich:
> Das Stoffliche wirkt Nutzbarkeit;
> das Unstoffliche wirkt Wesenheit.

Die Wirkung dieser von Enja absichtslos vorgelesenen Sätze war außerordentlich. Dürckheim bekennt von sich:

> Und da geschah es: Beim Hören des elften Spruchs (von Lao-tse) schlug der Blitz in mich ein. Der Vorhang zerriß, und ich war erwacht. Ich hatte ES erfahren. Alles war und war doch nicht, war diese Welt und zugleich durchscheinend auf eine andere. Auch ich selbst war und war zugleich nicht. War erfüllt, verzaubert, »jenseitig« und doch ganz hier, glücklich und wie ohne Gefühl, ganz fern und zugleich tief in den Dingen drin. Ich hatte es erfahren, vernehmlich wie einen Donnerschlag, lichtklar wie einen Sonnentag; und das, was war, gänzlich unfaßbar. Das Leben ging weiter, das alte Leben, und doch war es das alte nicht mehr. Schmerzliches Warten auf mehr »Sein«, auf Erfüllung tief empfundener Verheißung. Zugleich unendlicher Kraftgewinn und die Sehnsucht zur Verpflichtung – auf was hin?[3]

Von einem Transparentwerden, einem Durchscheinen ist also die Rede; ganz ähnlich wie bei dem auf anderen Wegen gehenden Jean Gebser[4], der vom »Diaphanen« und von Transparenz spricht, um den adäquaten Bewußtseinszustand der Aufhellung zu bezeichnen. In der Geistesgeschichte finden sich hierzu eindrucksvolle Zeugnisse. Man denke an die Verklärung Jesu oder, auf anderer Ebene, an die Transparenzerfahrungen bei Jakob Böhme, an die Diaphanie bei dem Inder Sri Aurobindo … Die Gemeinsamkeit des Erlebens besteht trotz erheblicher gradueller Unterschiede darin, daß auch Dürckheims Widerfahrnis nicht mit einem unkontrollierten »high«-Sein verwechselt werden kann. Keine rauschhafte, das Bewußtsein dämpfende Entrückung fand statt – oder wie Gebser sagen würde, »kein Weggeschwemmtwerden ins Irrationale, kein Weltverlust, wohl aber Überwindung des Mental-Rationalen – arationale Transparenz...«[5]

Ein Erleuchtungserlebnis hatte sich eingestellt. Freilich, »Erleuchtung ist erst der Anfang« (H. M. Enomiya-Lassalle)[6]. So auch hier. Sprechen kann man von einer Initiation, insofern sie einen Anfang (lat. *initium*) bedeutet, dem weitere Schritte der Wandlung folgen müssen, ehe »das Tor zum Geheimen« aufgestoßen werden kann. Erst später sollte Dürckheim Japan kennenlernen.[7]

Zeitlich vor der Konfrontation mit einem spirituellen Meister des Ostens liegt die innere Begegnung mit einem »Lebemeister« des Westens, nämlich mit dem großen Dominikaner-Mystiker Eckhart. Ohne ein ausgesprochener Eckhart-Kenner zu sein, empfing Dürckheim doch aus dessen Predigten und Traktaten wichtige Anstöße für das selbst zu erringende Seinsverständnis und für die »überweltliche Wirklichkeit«, die in den Schriften zur Initiatischen Therapie eine so wichtige Rolle spielt. Von dieser Wirklichkeit sagte Dürckheim in einem Gespräch mit dem orthodoxen Theologen Alphonse Goettmann:

> Der Zustand der Seinsnähe, der mich von da an nicht mehr losließ, veranlaßte mich, in allem, was mir begegnete, etwas Bestimmtes zu suchen. So war es nicht verwunderlich, daß es Meister Eckhart war, der mich im Inneren traf. Ich konnte mich nicht mehr von seinen Predigten und Traktaten losreißen, die ich aufnahm wie einen vielfältigen Widerhall der göttlichen Musik, die ich vernommen hatte. Ich erkannte in Eckhart meinen Meister, *den* Meister... Ich bin im wissenschaftlichen Sinn kein Fachmann für Eckhart und auch kein Theologe. Man

> kann sich »meinem« Meister nur nähern, wenn man das Denken in Begriffen ausschaltet. Welch ein Hauch geht von allem aus, was er sagt! Diese unglaubliche Einfachheit, mit der er von Gott spricht, die Beispiele, die er gibt, die Probleme, die er aufwirft! Es liegt eine eigenartige Atmosphäre des Essentiellen, des Wirklichen im Schweigen des Überweltlichen in seinen Gedanken, hörbar nur für jene, die die Ohren haben zu hören ...[8]

Die Art und Weise, wie Graf Dürckheim seine Begegnung mit Meister Eckhart schildert, macht deutlich: Es ist nicht der Gedankenweg, den Eckhart selbst als ein mit der Seins- und Gottesfrage ringender Scholastiker gegangen ist, wenn man insbesondere dessen lateinische Schriften heranzieht. Aber es ist die inspirierende, impulsierende Unmittelbarkeit, die den Leser der deutschen Predigten und Traktate zu faszinieren vermag; jene Unmittelbarkeit, die ihm schon in den Weisheitsworten des Laotse entgegengetreten ist. Es sind die Wahrnehmungsfähigkeiten eines intensivierten Fühlens, die Dürckheim immer wieder einzusetzen und bei suchenden Menschen zu schulen wußte. Das wird deutlich, wenn man sich auch mit den einzelnen Stationen seines schon in den dreißiger Jahren abgeschlossenen akademischen Lebens beschäftigt. Aber was ihn selbst als meisterlich tätigen Menschen qualifizierte, war nicht sein Rang als Hochschullehrer.

Dürckheim empfing die sein weiteres Leben und seinen spirituellen Weg bestimmende Formung, seine Initiation, im außeruniversitären Raum: während seines Japan-Aufenthaltes, durch die Schulung des Zen, verbunden u. a. mit der Kunst des Bogenschießens. Diese Tatsache veranlaßte Julius Evola, Graf Dürckheim als in initiatischer Tradition stehend anzuerkennen. Während aber der italienische Esoteriker dem Christentum eine eigenständige Esoterik, insbesondere eine Teilhabe am Initiatischen absprach, ging Dürckheim auf den »inneren« Christus zu, was aber nicht bedeutete, daß er eine religiöse Tätigkeit ausübte. Ihm war nach und nach die Einsicht zugewachsen, die sich einem Erkenntnissucher eines Tages ergibt: Religiöse und weltanschauliche Institutionen haben ihren Wert, aber es gibt Zugänge zum Mysterium, die von jedweder Mitgliedschaft völlig unabhängig sind. Man wird geistunmittelbar.

Unterwegs zur Großen Erfahrung

Geht man auf Dürckheims Intentionen näher ein, dann kann einem nicht verborgen bleiben, worin seine Absicht besteht, sein Japan-Erlebnis fruchtbar und ein »westliches Zen«[9] zum Bestandteil seines meditativen Handelns zu machen. Jedenfalls geht es ihm nicht darum, das »Östliche« in seiner kulturhistorisch bedingten Ursprungsgestalt in einer Weise an den Europäer weiterzuvermitteln, wie man etwa ein bereits getragenes Kleidungsstück einem anderen überzieht. Wenn von Transformation bzw. Wandlung die Rede ist, dann kann sie nur in Gestalt einer besonnenen »Inkulturation« sinnvoll sein, bei der der Empfänger in seiner Eigengestalt, Situation und Bedürftigkeit ernst genommen wird. Um zu zeigen, daß die Widerstände des Europäers gegen die Erfahrungsweisheit des Zen weithin auf Mißverständnissen beruhen, die aus Verhärtungen seiner Wirklichkeits- und Glaubensvorstellungen stammen, unternahm Dürckheim immer neue Anläufe, um in seinen Vorträgen und Buchveröffentlichungen das zentrale Anliegen des Zen als ein existentielles, *im Menschsein des Menschen* begründetes zu erweisen. Als einer, der zur Zeit seiner ersten Begegnung mit Zen (1938–47) noch in völkischen Vorstellungen befangen war, gelangte er zu der Einsicht:

> Je mehr wir uns einer geheimen Anziehungskraft folgend mit den Zeugnissen altöstlichen Geistes befassen, um so deutlicher sollte uns eigentlich werden, daß die Spannung, die wir immer wieder zwischen östlichem und

> westlichem Geist glauben feststellen zu müssen, letztlich nicht als ein völkerkundlich zu verstehender Gegensatz, sondern als ein *innermenschliches* Problem anzusehen ist... Im östlichen Geist treten, wenn auch oft in spezifisch östlicher Einkleidung, Seiten des menschlichen Wesens hervor, die bei uns, im Schatten der für uns charakteristischen Einseitigkeit, mehr unentwickelt blieben, obwohl sie doch zur Ganzheit des Menschseins gehören. In diesem Sinne verstanden, enthält auch die Erfahrungsweisheit des Buddhismus, insbesondere Zen, nicht nur »Östliches«, sondern, wenn auch hier in östlicher Verkleidung, etwas von allgemeinmenschlicher Bedeutung... Es geht um nichts Geringeres als um die empirische Entdeckung der transzendentalen Wirklichkeit unseres Selbstes, um das »Schmecken« des divinen Seins in diesem weltlichen Dasein...[10]

Dürckheim plädiert nun nicht etwa für die Aneignung eines als »fremd« empfundenen Geistesgutes, sondern es geht um einen Schwellenübergang in Richtung auf die spirituelle *Erweiterung* des menschlichen Bewußtseins, namentlich in seiner westlichen Persönlichkeitsprägung. Und zwar gilt es *hinzu*zugewinnen: zum allgemein geläufigen Gegenstandsbewußtsein ein übergegenständliches, zum persongebundenen Bewußtsein (Ich-Du) ein transpersonales (Ich im Du; Ich im Es) Bewußtsein, das die Grenzen der Subjekt-Objekt-Spaltung zu überschreiten in der Lage ist, nämlich zum Geistig-Überweltlichen hin. Es geht somit um nichts Geringeres als um die Begegnung, sodann um die Integration zweier geistiger Hemisphären, nicht jedoch um die Dominanz der einen über die andere. Und was die hier gemeinte Integration betrifft, so ist das Yang und Yin vereinigende chinesische Taigitu-Zeichen ein beredtes Symbol für jene Aufgabe, die sich gemäß der Zen-Terminologie als »Satori«, in der Eindeutschung durch Dürckheim als »Große Erfahrung« benennen läßt. Und worin liegt deren grundlegende, letztlich an keine Weltanschauung und Wirklichkeitsdeutung gebundene Bedeutsamkeit?

> Die »Große Erfahrung« ist eine Erfahrung, die auf alle Menschen wartet, die kraft einer Stufe oder aus innerer Not dazu aufgeschlossen sind, ganz gleich, zu welcher Religion sie sich bekennen. Der Gehalt dieser Erfahrung ist ohne allen Zweifel die Wurzel aller echten Religiosität und so auch die Voraussetzung jeder Erneuerung religiösen Lebens ... Zen führt uns in die Wahrheit des Lebens. Es tut dies zwar in Gestalt einer Blüte am östlichen Zweige des menschlichen Lebensbaumes, meint aber eine im Grunde allen Menschen zugängliche Erfahrung, Weisheit und Übung.[11]

Es geht somit um die Entfaltung des Allgemein-Menschlichen, um die Begegnung und Integration des »überweltlichen Wesens« in unser alltägliches »Welt-Ich«. So wie es zum vollen Menschsein des Menschen gehört, daß der Mann auch das Weibliche, die Frau das Männliche mit Blick auf das reife Menschsein jeweils *in sich* gewähren läßt, so gehe es darum, daß der westliche Mensch auch dem Element des »Östlichen« *in sich* Raum gebe. Zen stehe dem westlichen Menschen insofern nahe, als seine Lehre von der Seinserfahrung viel Verwandtschaft mit den Zeugnissen christlicher Mystik aufweise. Der Mensch ist seinem Wesen nach »eine Weise des göttlichen Seins«. Sein Leiden bestehe eigentlich darin, daß er diesem Sein entfremdet ist. Diese Entfremdung drückt sich darin aus, daß er sich mit seinem alltäglichen Ich, dem »Welt-Ich«, derart identifiziert, als verkörpere dieses bereits die menschliche Totalität. Diese ist aber verborgen. Man muß ihrer erst innewerden, und zwar inmitten der Alltäglichkeit des Lebens, des Liebens, des Leidens, wo immer sie spontan aufleuchtet, und sei dies noch so selten. Von daher kommt der Großen Erfahrung die richtungweisende Bedeutung zu. Dürckheim sieht sie durch drei Faktoren bestimmt. Er nennt:

1. Die Bereitung zur Einsfühlung mit dem Wesen. – 2. Die Aufhebung dessen, was uns von ihm trennt. – 3. Die Herstellung einer leibhaftigen Gesamt-Verfassung, die den Menschen befähigt, von dem zu zeugen, was er seinem Wesen nach *ist*: eine Weise des Seins und dazu bestimmt, es in der Welt zu offenbaren.[12]

Zur Entdeckung des Initiatischen

Dürckheims Blick ist auf das »überraumzeitliche Sein und Wesen« gerichtet. Dabei könnte es wundernehmen, daß er bis in die sechziger Jahre hinein von »westlichem Zen« und von »Psychotherapie im Geiste des Zen« sprach, es jedoch vermied, auf den esoterisch-initiatischen Charakter seiner Bestrebungen hinzuweisen. Der Grund mag darin liegen, daß ihm entsprechende Kenntnisse dieser Strömung in der westlichen Welt gefehlt haben – sprechender Ausdruck für die selbst heute noch weit verbreitete Ignoranz gegenüber dieser Tradition!

Doch Dürckheim stieß auf die Abhandlung »Über das Initiatische«, die im Juli-Heft 1964 der Zeitschrift »Antaios«[13] abgedruckt war und deren Autor der italienische Hermetiker Julius Evola war. Titel und Inhalt sollten für Graf Dürckheim von programmatischer Bedeutung werden. Denn mit »Initiation« schien ihm nun endlich die sachlich zutreffende Bezeichnung für seine therapeutischen Intentionen gefunden zu sein: »Initiare« gehört in den Wortschatz der Mysteriensprache und heißt: einen neuen Anfang setzen, einen Zugang gewähren, des weiteren: eine Wesenswandlung erfahren, eben weil ein spiritueller Neuanfang unternommen wurde, der einer »Wiedergeburt« entspricht. Es ist die »Geburt von oben her« (griech. *ánothen*; Joh. 3,3). In diesem Zusammenhang ist auch an das rosenkreuzerische Mantram zu denken, ein Beleg für den initiatischen Charakter christlicher Existenz:

Ex deo nascimur – Aus Gott sind wir geboren,
In Jesu morimur – In Christus sterben wir,
Per Spiritum reviviscimus – Durch den Hl. Geist werden wir wiedergeboren.[14]

Diese Initiation im Sinne einer Einweihung kann zwar nicht nach Wunsch und Belieben »ins Werk gesetzt« werden, weil sie letztlich unverfügbar bleibt. Aber man kann einen Weg der Vorbereitung betreten, und man kann sich durch einen qualifizierten Initiierten, d. h. durch einen Selbsterfahrenen, einweihen bzw. für die Einweihung vorbereiten lassen. Dies entspräche einer »Horizontalverbindung« im Sinne Evolas. Es entspräche der Weitergabe eines Wissens, Könnens oder Vermögens, wie sie aus der Mysteriengeschichte bekannt ist, wie sie ferner überall dort praktiziert wird, wo es (wie im Katholizismus) eine Sukzession gibt, die Weitergabe einer Weihe-Vollmacht. Entscheidend aber ist die »Vertikalverbindung«, der *Einschlag von oben her* (gemäß Joh. 3,7), ohne die das Initiatische in keinem Fall Ereignis werden könnte. Die Horizontalverbindung eines Kontaktes mit einer Autorität oder Institution kann dagegen auch wegfallen, nicht aber der aus dem Bereich der Geistesunmittelbarkeit kommende Einschlag von oben her.

Auch durch die archetypische Psychologie C. G. Jungs erhielt Graf Dürckheim Bestätigungen für seine Therapieweise, weil die Individuation (Selbst-Werdung) ein Analogon zur Initiation darstellt. Hier wie dort liegt ein Archetypus als ein urbildliches Muster zugrunde. Im übrigen gilt, was die aus der Jung-Schule kommende Psychologin Jolande Jacobi von der tiefen Sehnsucht nach Initiation sagte. Es ist das dem Menschenwesen angeborene Verlangen nach Teilhabe an einer erneuerten, vollkommeneren menschlichen Seinsweise. Die Dokumentation dieses Verlangens reicht von den Initiationsriten der Frühzeit über die Zeugnisse in Mythen und Märchen, über die Dichtungen von Dantes »Divina Commedia« und Goethes »Faust« bis in die

Gegenwart herein.[15] Sie verweisen immer auf die Grundsituation, in der ein Held, eine Heldin, suchende Einzelgestalten nach dem Lebenssinn fragen und bereit sind, sich einem Prozeß der Wesenswandlung zu unterziehen. Ihnen will die Initiatische Therapie[16] Führung und Geleit anbieten. In diesem Zusammenhang spricht Dürckheim von der »Großen Tradition«, die nicht nur in alten Texten gesucht werden muß, da die Evokation, die Erweckung der metaphysisch-geistigen Dimension im Menschen als Ziel veranlagt, letztlich an keine Zeit gebunden ist. Das Neue Testament spricht von der Umkehr (griech. *metánoia*).

Das Tor zum Geheimen öffnen

> Initiatisches Leben gewinnt volle Wirklichkeit dort, wo der Mensch es begriffen und angenommen hat, daß sein Leben dem alles übergreifenden Sinn unterstellt ist, in der Welt dem Überweltlichen zu dienen ... Sich üben, das Sein im Dasein zu schmecken, erbringt nicht das Erfinden von etwas Neuem, sondern nur das Bewußtwerdenlassen einer Qualität, die unser ganzes Leben und Erleben hintergründig durchzieht, aber im Schleier des uns beherrschenden vordergründigen Weltbewußtseins nicht wahrgenommen werden kann ...[17]

Ausgehend von einer »metaphysischen Anthropologie«, in der deutlich unterschieden wird zwischen dem menschlichen Leben im raum-zeitlichen Zusammenhang als »Welt-Ich« auf der einen, sodann dem »Wesen« auf der anderen Seite, hat Graf Dürckheim seine Initiatische Therapie in enger Zusammenarbeit mit Maria Hippius entwickelt. Sie besteht u. a. aus Meditation und aus verschiedenen, der meditativen Sammlung integrierten Formen der sogenannten Leibarbeit. Später kamen weitere Elemente teils östlicher, teils westlicher Überlieferung hinzu.

Am Anfang des initiatischen Wegs können Übungen des Innewerdens stehen, die geeignet sind, Seinserfahrungen bewußt zu machen:

> Der initiatische Weg ist die von einer Seinserfahrung ausgehende, Schritt um Schritt fortschreitende Einweihung, Einweisung und Einschmelzung in die gesetzliche Folge der Stufen, in der der Mensch aus der Oberflächenexistenz seines natürlichen Bewußtseins vordringt in die Tiefen jenes Bewußtseins, in denen sein Wesen als Erlebnis und Wirkkraft aufgehen kann.[18]

Es will auf eine nichtverbale, die Sinne belebende Weise gelernt sein, zu »Seinsfühlungen« zu gelangen. Das sind Wahrnehmungen, die zwar weit unterhalb der »Großen Erfahrung« liegen, aber doch schon ein Gespür von dem vermitteln, was es heißt »das Tor zum Geheimen öffnen«, auch wenn die volle Seinserfahrung zunächst nur eine Verheißung sein kann. Die Übungen erstrecken sich auf Wahrnehmungen bei und mit den meist geringgeachteten Dingen um uns her: ein Wassertropfen, der an einem Blatt zittert; das sich in ihm sammelnde Licht; die Gestaltwahrnehmung eines Kieselsteins, seine Kühle, seine Struktur, seine Schwere; dieser Stein in seiner Bruchstückhaftigkeit und dennoch ein Ganzes, ein Mitgeschöpf... So auch, anders geartet, jede andere kreatürliche Gestalt, etwa eine Blume:

> Das Wesen einer Blume ist die Weise, in der sie angelegt ist zu einer bestimmten Gestalt. Das aber bedeutet zugleich: angelegt zu einem bestimmten Weg des Werdens und des Entwerdens, das vom Samen zur Knospe, über die Blüte zur vollendeten Blume bis hin zur Weise ihres Welkens eine Gestaltformel erfüllt, die als Verwandlungsformel zugleich Bild und Weg ist. So auch ist der Mensch von seinem Wesen her angelegt zu einem Weg, auf dem sein inneres Bild Gestalt zu gewinnen sucht. Die rechte Gestalt aber ist nie eine endgültige Form, sondern

> eine sich in unendlicher Folge von Formen bewährende Gestalt-Formel.[19]

Großer Wert wird naturgemäß auf die Meditation gelegt, da sie Instrument des Durchbruchs zum Wesen ist:

> Das Wesen ist die Weise, in der uns in allen Dingen das überweltliche Leben anwest und in uns und durch uns Gestalt gewinnen möchte in der Welt.[20]

Abgesehen von der hier nicht näher zu besprechenden Praxis des gegenstandslosen Meditierens gilt: Der eigentliche Ort der Initiation und der Bewährung ist der Alltag – hier geht das »Tor zum Geheimen« auf. Zu achten ist freilich darauf, daß nicht die quantitative Leistung, nicht das *Was* einer Tätigkeit, sondern das *Wie*, in der das Tun und Lassen »geübt« wird, also wie gelebt wird. Denn:

> Die Welt, in der wir leben, ist nicht das Jammertal, das uns von den Gipfeln des Göttlichen fernhält, sondern die Brücke, die uns mit ihm verbindet. Wir müssen nur die Bewußtseinsnebel, die uns die Sicht zu ihm nehmen, durchlichten und die Mauern einreißen, die uns den Weg zu ihm versperren. Das ist der Sinn der Forderung, den Alltag als Übung zu leben. – Dazu bedarf es keiner besonderen Zeit. Jeder Augenblick ruft uns zur Besinnung und zur Bewährung. Und es gibt kein Tun, welchem äußeren Zweck es auch diene, das für uns nicht die Chance enthielte, uns immer tiefer in die Wahrheit zu geben. Was immer wir tun: ob wir gehen, stehen oder sitzen, ob wir schreiben, sprechen oder schweigen, ob wir angreifen oder uns verteidigen, helfen oder dienen, welches Werk es auch sei – alles und jedes birgt in sich die Chance, es in einer Haltung und Einstellung zu vollziehen, die immer mehr die Fühlung mit dem Sein bezeugt, herstellt und festigt und so dem Zunehmen an *Transparenz für Transzendenz* dient.[21]

»Der Ruf nach dem Meister«

Wenn Karlfried Graf Dürckheim das Wort *initiare* übersetzte mit »das Tor zum Geheimen öffnen«, ging es ihm darum, auf jene neue Dimension der Wirklichkeit beispielgebend hinzuweisen, die man – zwar inmitten der Welt – doch in einem »Raum« erlebt, der eine andere Qualität besitzt als sie das gegenständliche Denken erwarten mag. Deshalb bedarf es in der Regel – es gibt Ausnahmen! – eines Menschen, der darauf aufmerksam macht. Und er kann nur deshalb darauf aufmerksam machen, weil er davon aus Erfahrung zu sprechen vermag, eben von der »Transparenz für Transzendenz«. Wer den Weg nicht kennt, kann auch den Weg nicht zeigen.

Ohne (nach Art der Pseudo-Gurus) sich selbst als einen Meister zu verstehen, hat er doch meisterlich gehandelt und, über sich hinwegweisend, ein Beispiel für meisterliches Handeln gegeben. Dabei ist jede billige Nachahmung ausgeschlossen. (Um so peinlicher berührt es, wenn man beobachten muß, wie in »geisteswissenschaftlichen« Zirkeln sogenannte »Schüler« ihren jeweiligen Meister zu imitieren versuchen, d.h. aus dem Schülertum nicht herauszuwachsen vermögen ...)

In den Jahren nach der Jahrhundertmitte, als das Autoritätsproblem in der jungen Generation und für die ältere Generation krisenhafte Formen annahm (Jugendrevolte, Verlangen nach alternativen Lebensformen, Drogenkonsum u. a.), sah sich Graf Dürckheim zum richtungweisenden Wort aufgefordert. Er empfand ein Grundbedürfnis der Zeit artikuliert durch den »Ruf nach dem Meister«. Darin schwingt die Frage nach dem Homo Magus mit, sofern darunter jemand verstanden wird, der oder die nicht nur »magische« Eindrücke hinterläßt, sondern durch seine bzw. ihre Präsenz zu wirken vermag: klärend, erweckend, impulsierend. Zu Idee und Wirklichkeit des Meisters sagt Dürckheim:

> Das Wort »Der Meister« bezeichnet dreierlei: den ewigen Meister, den leibhaftigen Meister, den inneren Meister. – Der *ewige* Meister, das ist ein Prinzip, das geschaut wird in einem Urbild, einer Idee, einem Archetypus. – Der *leibhaftige* Meister ist die Verwirklichung dieser Idee in der geschichtlichen Wirklichkeit. – Der *innere* Meister ist das in einem Menschen als Verheißung, Möglichkeit und Auftrag erwachte Potential zur Verwirklichung des ewigen Meisters in leibhaftiger Gestalt.
> »Der Meister« – sei es als Idee, leibhaftige Wirklichkeit oder innerer Auftrag – meint immer das menschgewordene Leben, das *überweltliche* Leben, in der Welt offenbar geworden in menschlicher Gestalt. Den Meister gibt es nur in bezug auf einen, der bedingungslos den Weg des Lebens zu dieser Gestalt sucht: Das ist der Schüler. So gibt es den Meister nur zusammen mit dem Weg und dem Schüler.[22]

Auch wenn es nicht darum gehen kann, den einen oder anderen Homo Magus nach Größe oder Grad meisterlichen Handelns zu bemessen, so darf Graf Dürckheim doch das Zeugnis ausgestellt werden, diese archetypische Gestalt und Funktion in der westlichen Welt von neuem ins Bewußtsein gerufen zu haben: Weder erhoben H. P. Blavatsky oder Alice A. Bailey den Anspruch, so etwas wie eine »mater et magistra« im okkulten Sinne zu sein, noch wollten Krishnamurti oder Guénon im Zentrum einer Anhängerschaft stehen – der Messias-Prätendent wies dergleichen weit von sich und warnte vor Führerfiguren jeder Art. Bei Steiner, Evola und Jung variiert das Thema jeweils in eigentümlicher Weise. Anthroposophie, vor allem die Arbeit der Anthroposophischen Gesellschaft, ist erklärtermaßen eng an die Person Rudolf Steiners geknüpft. Dennoch ist auch der anthroposophische Erkenntnisweg so beschaffen, daß er in völliger geistiger Freiheit beschritten werden kann, sobald die Richtung gewiesen und die Methode dem strebenden

Menschen erläutert worden ist. Was C. G. Jung betrifft, so sprach er die Hoffnung aus, daß es nie »Jungianer« geben möge. Doch nicht immer gehen derlei Wünsche in Erfüllung...

Dürckheims Apostrophierung des inneren Meisters verweist auf die dem Menschen innewohnende, in der Selbst-Verwirklichung zu erweckende Instanz. Sie tendiert dazu, sich zu manifestieren, also leibhafte Gestalt zu gewinnen, z. B. indem der Geängstigte Zuversicht erlangt, der Verunsicherte seiner selbst gewiß wird, der Ratlose neue Perspektiven erhält, der Haltlose geführt wird, eben nicht von außen, sondern – religiös gesprochen – von seinem »Engel«, der im Menschen selbst ist. Im übrigen gilt:

> Die Voraussetzung für das Suchen, das Finden und das Wirken des Meisters in der Welt ist der innere Meister. Wer reif wird zum Weg und nach dem Meister sucht..., darf wissen, daß er den Meister in sich selbst hat, den inneren Meister. Hätte er ihn nicht, so könnte er auch den Meister draußen nicht finden. Selbst wenn er ihm begegnete, würde er ihn nicht erkennen... Und hätte er den »inneren Meister« nicht, so könnte auch der »Meister draußen« in ihm nichts bewirken.[23]

Der innere Christus

Karlfried Graf Dürckheims persönliche Führung gestaltete sich so, daß man beim Überblicken seines Lebenswegs von einer Christus-Tendenz sprechen kann. Sie nahm vor allem gegen Ende seiner Jahre an Intensität zu, wenngleich er – ähnlich wie Rudolf Steiner oder C. G. Jung – auf eine ausgesprochene religiöse Wirksamkeit verzichtete.[24] Er selbst bekannte sich dazu, wenn er Religiosität und Esoterik bzw. die Elemente des Initiatischen in ihrer jeweiligen Eigenständigkeit sichtbar machte. Es liegt geradezu im Wesen des

Esoterischen, daß es herkömmliche Frömmigkeitsformen und Riten entbehren mag. Dieses Esoterische kann präsent sein, ohne sich an ein bestimmtes Vokabular oder an religiöse Gesten zu binden.

> Neben die Religion des Glaubens an einen transzendenten Gott tritt heute die auf Erfahrung des Göttlichen begründete, im Exercitium zu entwickelnde und in einer befreienden Verwandlung gipfelnde *Religiosität des inneren Weges*. Neben den Glauben an eine Erlösung, die wir niemals selbst bewirken können, tritt das Wissen um die Möglichkeit eines Erwachens zu einem uns innewohnenden, ja im Kern selbst ausmachenden göttlichen Sein, darin wir von jeher »erlöst« sind, dem gegenüber wir aber in unserem menschlich-allzumenschlichen Bewußtsein verstellt sind. Aber es gibt – das ist die für den Westen neue Erkenntnis – die Möglichkeit, sich dessen planmäßig innezuwerden ...[25]

Um die Bedeutung dieser Sätze besser einsehen zu können, bedarf es einer Vorüberlegung: Bedenkt man, daß die abendländische Christenheit sich als eine kirchliche Institution verfaßt hat, die nur denjenigen als Christen gelten ließ, der sich in ihrem Gefüge als gläubiges, vor allem als gehorsames Mitglied einzuordnen und anzupassen bereit war, dann kann es nicht verwundern, daß die Rede vom »inneren Weg zu Christus« auf Skepsis stößt, wenn nicht sogar auf energischen Widerspruch von seiten der kirchlichen Oberen. Die Geschichte der kirchlichen Ketzerverfolgungen ist voll von erschütternden Beispielen: »Extra ecclesiam nulla salus – außerhalb der Kirche gibt es kein Heil!«

Die offizielle Kirche hat es verstanden, zum einen alle spirituelle Aktivität und Vollmacht von ihrer Segnung und Weihung abhängig zu machen. Nur wer in der behaupteten, jedoch historisch fragwürdigen Amtsnachfolge (Sukzession) der Apostel steht, solle über die priesterliche Vollmacht verfügen ...

Nun darf aber zweierlei nicht übersehen werden: Bereits das Urchristentum kannte den inneren Weg zu Christus. Wer ihn beschritt, machte eine innere (esoterische) Erfahrung durch, eine das ganze Leben neu bestimmende Umkehr (Metánoia). Und der auf diesem Weg Gewandelte erlebte sich als Teilhaber an einer neuen Schöpfung (kainé ktisis). Der Hauptzeuge hierfür ist kein geringerer als Paulus, jener (Außenseiter-)Apostel, dessen Leben und Denken wie das von keiner anderen Gestalt des Urchristentums dokumentiert ist. Mit besonderem Nachdruck betont er (z. B. im 1. Kapitel des Galaterbriefes), daß er nicht durch äußere Vermittlung zu Christus gefunden habe, daß er somit auch nicht von den Jerusalemer Aposteln abhängig sei, sondern allein von dem »Christus in mir« (*en emoi*, Gal. 2,20). Immer hat es diesen mystischen Innenweg gegeben; immer gab es ein solches esoterisches Christentum,[26] das ohne die besondere Vermittlung durch kirchliche Amtsträger oder Priester auskommen konnte: Der Geist weht, wo *er* will! Das Charisma, die Gabe des Heiligen Geistes ist der menschlichen Verfügungsgewalt entzogen und insofern auch nicht beliebig organisierbar.

Wie an anderer Stelle näher ausgeführt[27], sei hier nur festgehalten, daß Dürckheim – neben C. G. Jung und anderen – das »In-Christus-Sein« als die entscheidende Tatsache für einen westlichen Menschen darstellt, auch bzw. gerade, wenn er der traditionellen Kirchlichkeit entwachsen ist. Jedenfalls konnte er die Frage »Wann ist der Mensch in seiner Mitte?« mit einer wünschenswerten Klarheit beantworten: »Der Mensch ist in seiner Mitte, wenn er *in Christus* ist.«[28] Und da finden sich auch die Sätze, die zeigen, daß der Verfasser nicht länger nur von einem »überweltlichen« Es zu sprechen vermochte, sondern von dem mit Namen ansprechbaren »göttlichen Du«, Christi Personalität *und* Transpersonalität miteinander verbindend. Der Christus-Geist gewinnt – wie bei Jung als das wahre Selbst des Menschen – somit unversehens Nähe und Leibhaftigkeit. An

Zeugnissen hierfür fehlt es bei Dürckheim sowenig wie bei Jung. Der »ewige Meister« und der »innere Meister« sind eins.

So wird hier eine längst vergessen geglaubte, von den beamteten »Dienern des Wortes« auf die Seite gedrängte Meister-Tradition von neuem evoziert. In welchem Maß diese Weise einer spirituellen Meisterschaft in Kraft gesetzt werden kann, hängt von beiden ab: von der Geistesgegenwart und von den Geistesgegenwärtigen.

Eine Nachbemerkung ist unerläßlich, denn hier soll nicht der Eindruck erweckt werden, der initiatische Weg sei eine Allerweltssache und der Homo Magus nach hiesigem Verständnis der Führer aller leicht Verführbaren. Fragen wir nicht in Grenzsituationen unseres Lebens, wo ich, der je einzelne, besonders genommen bin: »Warum gerade ich? Warum wird gerade mir *das* Schicksal auferlegt?« – Wer so fragt, wer so einen Nullpunkt seiner Existenz erlebt und ihn der Selbst-Zweifel überfällt, der hat die Chance zum initiatischen Weg, d. h. zum Anfang (initium) einer neuen Lebensgestaltung. Denn:

> Ist es einem Menschen aufgegeben, aufgrund der Stufe ihm möglicher Seinserfahrungen, in einem Prozeß fortschreitender Individuation durch Bewußtseinserweiterung und Überwindung des Ganzen seines natürlichen Bewußtseins das, was er im Grunde ist, das Kind des Himmels und der Erde, mit Bewußtsein zu sein und zu bezeugen, dann kann eine sein Herz mit lichtem Frieden erfüllende, ihn bergende Erfahrung der Transzendenz auch zur Gefahr werden ... Aber dann schreckt ihn, ist er ein Berufener, die Stimme des Meisters auf und wirft ihn auf den Weg zu neuer Verwandlung.[29]

Valentin Tomberg und die Großen Arcana des Tarot

Mitte 1967, die Christenheit feierte gerade das Dreieinigkeitsfest (Trinitatis), fand ein mehrere hundert Seiten umfassendes Buchmanuskript in französischer Sprache seinen Abschluß. Sein Autor, der ungenannt bleiben wollte, sprach von 22 Meditationen, die er als »Briefe an einen unbekannten Freund« verstehen wollte. Dieser unbekannte Freund ist der jeweilige Leser, die Leserin. Der französische Autor – wie sich später herausstellen sollte, der russische »Anonymus d'Outre-Tombe« (jenseits des Grabes) – fand mittlerweile ungezählte »unbekannte Freunde«. Sein Buch wurde ins Deutsche übersetzt und wiederholt herausgegeben. Dessen Titel: »Die Großen Arcana des Tarot«. Es war keines der unzähligen Tarot-Bücher, die Anleitung zur orakelhaften Befragung (Divination) der 22 Spielkarten geben wollen, sondern enthielt in der Tat Meditationsübungen, Belehrungen, Besinnungen zu jenen sogenannten Großen Arcanen. Ihr Autor, kein anderer als der russische Anthroposoph und zum römischen Katholizismus übergetretene Konvertit Valentin Tomberg, erweist sich darin als ein Hermetiker christlicher Prägung. Wer das mehr als fünfhundert Druckseiten umfassende Werk nicht nur flüchtig »durchgeht«, sondern im Sinne des Verfassers sich auf einen meditativen Umgang einläßt, wird sich der spirituellen Strahlkraft dieser Texte nicht entziehen können. Dafür gibt es mancherlei publizierte Zeugnisse. Zunächst das charakterisierende Votum eines der ersten Rezensenten:

> Der Verfasser, der selbst über 40 Jahre diese Kartenbilder meditiert hat, gibt die ihm geschenkten Eindrücke und seine daraus gewonnenen Auffassungen als Meditationsanregungen weiter ... Der Leser bekommt ein Kompen-

dium geboten, in dem praktisch die ganze, sogenannte »esoterische« Tradition vereinigt ist. Die jeweiligen Tarot-Arcana sind für den Verfasser oft nur »Aufhänger«, die dann Gelegenheit bieten, viel einschlägiges Traditionsgut darzubieten und dieses gleichsam instinktsicher in die Meditationen einzuarbeiten. Das Gebiet ist umfassend; neuen Glanz und Aktualisierung erfahren in diesem Rahmen: das antike Mysterienwesen, indische Lehren, die spirituelle Philosophie der Frühe (besonders Pythagoras und Platon), die Kirchenväter Origenes und Augustinus, die mittelalterliche Philosophie (besonders Albertus Magnus und Thomas von Aquin), sehr ausführlich die spanischen Mystiker Theresa von Avila und Johannes vom Kreuz, ferner die jüdische Kabbala, dann die Schauungen eines Jakob Böhme und Goethe, nicht zuletzt das reiche Schrifttum über den Tarot selbst, wie es besonders im 19. und 20. Jahrhundert in Frankreich gepflegt worden ist. – Der Verfasser möchte aber die Betrachtung hermetischer Philosophie bzw. damit verwandten Gedankengutes bis in unsere Tage hinein fortführen und dem Überkommenen mit seinem eigenen Werk gleichsam ein neues Glied der weitergehenden Traditionskette anhängen. So bleiben aus unserem Jahrhundert weder Rudolf Steiner noch C. G. Jung ungenannt; besonders ausführlich Jung; gleich ausführlich kommen auch H. Bergson und Teilhard de Chardin zu Wort.[1]

Daneben die Einschätzung des Philosophen Robert Spaemann:

Es handelt sich in diesen Übungen, diesen »Exerzitien«, weder um Wissenschaft noch um Glauben. Es wird weder methodisch argumentiert noch autoritativ verkündet; es wird keine allgemeingültige, voraussetzungslos kontrollierbare Objektivität beansprucht, aber ebensowenig bloß ein subjektives Erleben ohne Wahrheitsanspruch vorgeführt. Eine bestimmte Art des *Sehens* wird einge-

> übt, und in eine bestimmte Tradition des *Sehens* wird eingeführt, eines Sehens, das in unserer Kultur oft auf eine erschreckende Weise verkümmert ist. Es handelt sich um ein Sehen von Urphänomenen und von wesentlichen *Ähnlichkeiten*... Worauf es ankommt, ist, *wesentliche* Ähnlichkeiten sehen zu lernen. Wesentliche Ähnlichkeiten sehen heißt: Urphänomene sehen...[2]

Und Gertrude Sartory, katholische Kirchenrechtlerin, Autorin und Herausgeberin zahlreicher Werke zu einer überkonfessionellen christlichen Spiritualität, verweist auf die besondere Geistesart des Anonymus, in der alle Wirklichkeitsbereiche, Materie und Geist, Himmel und Erde »vernetzt« erscheinen:

> Diese Sensibilität für jegliches Anzeichen umfassender Ganzheit und Einheit bildet zusammen mit dem elementaren Bedürfnis, das intuitiv »Wahr«-Genommene auch geistig zu verstehen und zu durchdringen, das innere Wahrzeichen der hermetischen Tradition, auf die unser Autor sich immer wieder bezieht und beruft...[3]

Und der katholische Theologe Hans Urs von Balthasar hebt in seiner Einführung hervor:

> Ein christlicher Denker und Beter von bezwingender Lauterkeit breitet Symbole der christlichen Hermetik in ihren Stufen – Mystik, Gnosis und Magie – unter Heranziehung des Kabbalismus und gewisser Elemente der Alchymie und Astrologie vor uns aus, Symbole, die in zweiundzwanzig sogenannten »Großen Arcana« des Tarot-Kartenspiels zusammengefaßt sind und die er meditierend in die tiefere, weil allumfassende Weisheit des katholischen Mysteriums heimzuführen sucht...[4]

Anzumerken bleibt indes, daß damit nicht etwa eine so sich nennende Kirchenströmung gemeint sein kann, sondern eine Katholizität, eine *Ökumenizität des Geistes*, die über die dogmatischen Begrenzungen dieser oder einer anderen Richtung weit hinausweist – so viele Fragen Valentin Tombergs Konversion in die römisch-katholische Kirche auch aufwerfen mag. Ganz unerklärlich ist sie wohl nicht. Die besondere zeitgeschichtliche und biographische Situation dürfte zu berücksichtigen sein. Nur wer selbst einem geistverschlossenen Sektierertum huldigt, unterstellt dem Autor der »Großen Arcana«, er sei angetreten, unter Zuhilfenahme der abendländischen Hermetik und einer »Philosophia perennis« für eine überlebte Kirchlichkeit Proselyten zu werben, etwa gar unter dem Deckmantel einer »katholischen Anthroposophie«.

Lebensspuren

Valentin Tomberg wurde am 27. Februar 1900 in Sankt Petersburg geboren. Sein Vater war ein Beamter in gehobener Stellung. Evangelisch erzogen, wuchs er in überaus bewegter Zeit auf: Ausbruch des Ersten Weltkriegs (1914), Sturz des Zaren und bolschewistische Oktoberrevolution (1917). Nach dem Besuch des humanistischen Gymnasiums studierte er einige Semester Geschichte und Philosophie. In den Wirren dieser Jahre wurde die Mutter auf der Straße erschossen. An einen geordneten Abschluß des Studiums war ebensowenig zu denken wie an eine entsprechende Berufsfindung. Jahre des Wechsels und der Wanderschaft standen dem jungen Mann bevor:

> Er ging ins Exil nach Reval in Estland, wo er sich zunächst als Landarbeiter, Pharmazeut, Künstler und Lehrer durchschlug, während er gleichzeitig an der Tartu-Universität vergleichende Religionswissenschaften sowie mehrere alte und neue Sprachen studierte und die Grundlagen für eine profunde Universalbildung legte. Seit 1924 entlastete ihn eine Beamtenstelle an der estnischen Generaldirektion der Post von den äußeren Lebenssorgen und

ermöglichte ihm später den Besitz einer kleinen Datscha in der Nähe Revals. In jenen Jahren arbeitete er sich so gründlich und überzeugend in das Werk Rudolf Steiners ein, daß der deutschsprachige Zweig der Anthroposophischen Gesellschaft Estlands den Fünfundzwanzigjährigen zu seinem Vorsitzenden wählte.[5]

Es war die Zeit von Steiners letzter Krankheit und Tod. Ihn, den ihm nur auf literarischem Weg bekannt gewordenen verehrten Lehrer, lernte Tomberg nicht mehr persönlich kennen. Er hat dies ausdrücklich bedauert. Doch das hinderte ihn nicht, in einer Weise Anthroposophie darzustellen und zu repräsentieren, daß er bei seiner Umgebung, insbesondere bei Anthroposophen, alsbald den Eindruck einer großen geistigen Selbständigkeit erweckte. Dergleichen pflegt meist nicht ohne Spannungen und Mißverständnisse abzugehen. Sollte dieser Mann spirituelle Ansprüche erheben und damit das Tun der von Steiner selbst ernannten »esoterischen« Vorstandsmitglieder in den Schatten stellen wollen? Mutmaßungen dieser Art verfehlen das Wesentliche.

Zahlreiche Schriften und Vorträge, namentlich zu einer spirituellen Interpretation des Alten und Neuen Testaments sowie zur Johannes-Offenbarung weisen Tombergs geistigen Rang aus. Es ging ihm nicht darum, nicht allein darum, den großen Lehrer zu rezitieren, sondern in eigenständiger Weise ein anthroposophisch inspiriertes Christus-Verständnis zu entfalten. Damit stellt sich der (eigenständige) Anthroposoph, ohne es zu wollen, gegen (buchstabenhörige) Steinerianer.

Tombergs Wirksamkeit in Estland war in den zwanziger, dreißiger Jahren zeitlich begrenzt, ebenso die Publikationsmöglichkeiten in Deutschland, wo mit der Machtübernahme des Nationalsozialismus (1933) Anthroposophie gefährdet, die Anthroposophische Gesellschaft ab 1935 verboten wurde. Tomberg siedelte nach Holland über und setzte dort seine Arbeit fort. Doch auch diese war mit beträchtlichen internen Schwierigkeiten verbunden.

Erschwerend kam noch eine weitere Tatsache hinzu: Die Anthroposophenschaft war seit Steiners Tod (1925) zerstritten.[6] Tausende von Mitgliedern wurden ausgeschlossen; und das in einem Augenblick, als Europa von Nationalsozialismus und Faschismus überzogen wurde! Für einen von Intuitionen und hohen spirituellen Idealen erfüllten jungen Menschen mit diesem schicksalsmäßigen Hintergrund eine starke Herausforderung! So konnte auch in Holland das Zerwürfnis mit der dortigen Gesellschaftsleitung nicht vermieden werden. Der Kontakt mit der zentralen Dornacher Leitung war ebenfalls gestört. Für einen aus eigener spiritueller Erfahrung Schöpfenden, für einen (durchaus im Sinne Steiners aktiven) Selbstdenker schien in einer desolaten Anthroposophischen Gesellschaft kein Platz zu sein. Der Kölner Staatsrechtler Martin Kriele, den Tomberg später mit der Pflege seines literarischen Nachlasses betrauen sollte, führt hierzu aus:

> Die offizielle Anthroposophische Gesellschaft sah ihre Aufgabe in erster Linie in der Pflege und Weiterführung des Erbes Rudolf Steiners, die holländische Gesellschaft überdies mehr in praktisch-sozialer Arbeit als in der Christosophie. Zwar hatten ihm holländische Freunde die Übersiedelung in die Niederlande ermöglicht und sie ihm zu einer neuen Heimat gemacht. Doch als der damalige Vorsitzende der holländischen Gesellschaft (der Arzt Willem Zeylmans van Emmichoven) Tomberg zum Austritt aufforderte, wandte er sich von der Anthroposophischen Gesellschaft ab, niemals freilich von Rudolf Steiner, dem er (und der aus der jenseitigen Welt ihm) immer in innigster Geistgemeinschaft verbunden blieb.[7]

Zu Tombergs äußerer Biographie gehört, daß er den Nationalsozialismus kompromißlos ablehnte und er dies während der deutschen Besatzung in den Niederlanden auf der Seite des Widerstandes auch durch die Tat bewies. Der polyglotte Tomberg gab in dieser Zeit Sprachunterricht, um sich mit Frau und Sohn wirtschaftlich über Wasser zu halten. Ein kleiner Freundeskreis hielt zu ihm. Martin Kriele berichtet, wie Tomberg seine Freunde in den geistlichen Gehalt des Vaterunser einführte. Zunächst ergab sich für ihn, den wurzellos Gewordenen, eine gewisse Nähe zur orthodoxen Kirche.

Der befreundete Königsberger, dann Kölner Juraprofessor Ernst von Hippel ermöglichte Tomberg in den letzten Kriegsjahren den Abschluß des Jurastudiums sowie die Promotion zum Dr. iur. Seinen Wanderjahren hatte auch der Kriegsschluß (1945) noch kein Ende gesetzt. Mit seiner Familie übersiedelte er 1948 zunächst nach England, wo er in der Nachrichtenabteilung des englischen Rundfunks (BBC) eine verantwortungsvolle Aufgabe übernahm. Er war der römisch-katholischen Kirche beigetreten. Und auch hier sind die Umstände bedeutsam. Es war noch unmittelbar nach dem Zusammenbruch geschehen: in einem Internierungslager für »Displaced persons«. Wie die nach diesem Ereignis verfaßten Texte, insbesondere das Werk über die Arcana des Tarot, zeigen, sind freilich äußere Bedrängnis und das Verlangen nach einer äußeren Verbindung mit einer großen religiösen Gemeinschaft allein für die Konversion nicht ausschlaggebend gewesen. Aus seiner engen freundschaftlichen Verbindung heraus bemerkt hierzu Martin Kriele:

> Die Wurzel seiner Konversion lag nicht in persönlichen Motiven, sondern in Christusliebe und Weltverantwortung. Manche seiner früheren Freunde haben gefragt, ob ein so großer Geist nicht seine Freiheit durch die Einordnung in die Kirche einbüße. Seine persönliche Erfahrung hat diese Befürchtung seiner Freunde nicht bestätigt. Er verstand unter geistiger Freiheit, daß sich der Mensch dem objektiv Wahren und Guten ohne jede Trübung

> durch subjektive Sympathie oder Antipathie öffnet und es in sein ewiges Ich aufnimmt. In diesem Sinne konnte er auch als Katholik seine Freiheit und Identität bewahren ... Wer im Geiste ernster Wahrheitssuche nach den tieferen Gründen für seine Konversion fragt, für den leuchten sie aus seinem Werk selbst zur Genüge hervor ...[8]

Damit sind sicher nicht die neuralgischen Felder beseitigt, die sich für einen solchen Wahrheits- und Weisheitssucher angesichts des »unfehlbaren« Lehramts und der priesterlichen Weihegewalt der Kirche ergeben. Man wird sich daher in der Tat an das Werk halten müssen, da es in keinem Fall darum gehen kann, über die individuellen Lebensentscheidungen eines Menschen das letzte Urteil sprechen zu wollen.

Wenige Tage vor der Vollendung seines 73. Lebensjahrs verstarb Valentin Tomberg am 24. Februar 1973. In der Weihnachtszeit des Vorjahrs hatte er seinem Nachlaßverwalter noch eine Reihe von Manuskripten sowie sein geistliches Tagebuch übergeben. Auf Tombergs Persönlichkeit fällt ein bezeichnendes Licht, wenn Kriele berichtet:

> In seinen letzten Lebensjahren war mir Valentin Tomberg nicht nur ein Lehrer, sondern auch ein väterlicher Freund von unglaublicher Herzlichkeit und Zuwendung. In seinen Gesprächen wechselte tiefster Ernst mit gelöster Heiterkeit, Witz und Humor. Nie habe ich etwas anderes erlebt als Güte, Ehrlichkeit, Gerechtigkeit des Urteils, Klarheit des ganzen Wesens. Jede Begegnung, jeder Brief, ja jedes Telefonat hatte etwas Erfrischendes, Stärkendes, Regenerierendes. – Aus meiner Kenntnis seines Lebens und Denkens möchte ich nur zwei Dinge hervorheben: Seine »soziale« Aktivität bestand vor allem in dem Bemühen, in ausgedehnter täglicher und nächtlicher Gebetsarbeit zahlreichen Verstorbenen im »Purgatorium« praktische Hilfe zu bringen. Immer wieder betonte er als beson-

ders wichtig, daß man den »Himmel« nicht als abstraktes Prinzip verstehen dürfe. Er sei vielmehr als das »göttliche Milieu« (Teilhard de Chardin) zugleich die von konkretem Leben erfüllte Gegenwart von Engeln und anderen personalen Wesen, die einen Namen tragen, die Eigenschaften haben, die wirken und leiden und am großen Drama der Weltgeschichte teilnehmen. Von Gott sprach er meist als dem »Vater«, von Gottes Sohn als dem »Meister«. Ihnen wollte er vollkommen gehorsam sein.[9]

Diesen Gehorsam in Freiheit setzte er täglich in esoterischen Übungen um, von denen naturgemäß nur nächste Freunde wissen konnten. Denn dem Vernehmen nach umgab ihn ein Flair der Zurückhaltung und der Bescheidenheit. Hin und wieder gab es freilich auch die mit großer Bestimmtheit zum Ausdruck gebrachte Beteuerung, mit der ein skeptischen Widerstand erzeugender Sachverhalt oder eine unwahrscheinlich anmutende Mitteilung von ihm vorgetragen wurde: »Glauben Sie mir, ich weiß es aus Erfahrung«. Dabei hatten seine Freunde Grund zum Vertrauen. Einer von ihnen, der in jungen Jahren zu seinem Freundeskreis gehörte, der anthroposophische Arzt Wolfgang Garvelmann, bemerkt zu Valentin Tomberg:

> Er war keineswegs eine schillernde Persönlichkeit, sondern wirkte stets beherrscht, bescheiden und voll von gesundem Menschenverstand. Er war innerlich ungeheuer lebendig und wirkte sehr durchlässig für die Themen, die ihn beseelten. Er konnte streng und schädelknochengleich sein wie ein alter Tibeter und bald darauf frühlingshaft strahlend, durchlässig und die Herzen enthusiasmierend, wenn er ein christliches Motiv behandelte. Es war dies vor allem bei seinen Vorträgen der Fall, die nie ermüdeten, sondern das Denken und Empfinden stark anregten.[10]

Als russischer Anthroposoph

Die Tatsache, daß Valentin Tomberg in Sankt Petersburg geboren wurde und bis in die zweite Hälfte der zwanziger Jahre hinein im Baltikum lebte, lenkt die Aufmerksamkeit auf Rußland und auf die spirituelle Tradition, die seit dem 18. Jahrhundert dort am Rande und außerhalb der orthodoxen Kirche existierte und inzwischen wieder auflebt. Es handelte sich einerseits um die ältere Theosophie, insbesondere um Jakob Böhme und Louis-Claude de Saint-Martin sowie um das Rosenkreuzertum einschließlich der Freimaurerlogen, im 19. und frühen 20. Jahrhundert um die Theosophie der Russin H. P. Blavatsky und Rudolf Steiners Anthroposophie, die eine nicht geringe Zahl prominenter russischer Intellektueller und Künstler zu ihren Mitgliedern zählte.[11] Durch seine aus einer deutsch-baltischen Familie stammende, zum Teil in Petersburg aufgewachsene Frau Marie, geborene von Sivers, wurden die vielfältigen Beziehungen dieser Art noch verstärkt.

Waren einst Jung-Stilling, Hegel, Schelling, die Romantiker, Karl von Eckhartshausen, Franz von Baader bis in die Kreise des Zarenhofes hinein vielgelesene Autoren, so boten die Philosophen Wladimir Solowjow und Nikolaj Berdjajew beim geistigen Austausch zwischen West und Ost zusätzliche Anknüpfungspunkte.

Der Anthroposoph, dem eine eigenständige Erarbeitung dieser »modernen Geisteswissenschaft« am Herzen lag, stellte sich die Frage: »Wie kann Anthroposophie im Osten vertreten werden?« Abgesehen von seiner Tätigkeit in der kleinen Anthroposophischen Gesellschaft Estlands und neben seinen Vorträgen im Westen veröffentlichte Tomberg in den dreißiger Jahren auch zahlreiche Aufsätze in anthroposophischen Zeitschriften. Hierbei handelt es sich um Texte, die erst in den letzten Jahren wieder zugänglich wurden.

Nun ist die nach Zusammenbruch der Sowjetmacht wiederbelebte Anthroposophie dadurch geprägt, daß Steiner dem russischen Volk eine Sonderstellung zuerkannte. Nach seiner Schau geistesgeschichtlicher Entwicklungen werde dieses Land in der Zukunft eine große kulturelle Blüte erleben. Das werde zwar erst im vierten Jahrtausend unserer Zeitrechnung der Fall sein. Aber schon heute lasse sich beim russischen Menschen ein besonderes Ethos beobachten: Glaubensinnigkeit, Duldsamkeit, die Fähigkeit zu leiden, aber auch Intellektualität mit mystischer Innerlichkeit zu verbinden.

Was nun die russische Anthroposophie betrifft, so hielt sich Valentin Tomberg nicht allein an Steiners Angaben. Er ging vor allem davon aus, daß Anthroposophie nicht als ein in sich abgeschlossenes Lehrsystem angesehen werden dürfe, das man einem entfernten Kulturkreis verordnen möchte:

> Es muß vielmehr Anthroposophie innerhalb einer jeden Kultur so vertreten werden, daß den Angehörigen der entsprechenden Kultur die Möglichkeit gewährt sei, sich an ihrem Aufbau, an ihrem Wachsen zu beteiligen. Es muß allen Menschen die Möglichkeit gewährt sein, Anthroposophie aus den eigenen Kräften heraus wiederzuentdecken. Und das ist möglich mit Hilfe der tieferen fortschrittlichen Kräfte, die hinter der gegebenen Kultur wirken.[12]

Im Zusammenhang seiner Studien vergleicht Tomberg Goethe mit Solowjow. Dabei beobachtet er, daß Goethe zwar zur Gewinnung einer lebendigen Naturanschauung gelangte, jedoch hinsichtlich des Christusverständnisses auffällig abstrakt geblieben sei. Bei dem russischen Denker sei es gerade umgekehrt gewesen; er setzte beim Gottmenschentum an:

> Solowjow hatte eine lebendige christologische Erkenntnis, die im Mittelpunkte seiner Weltanschauung stand.

> Um diesen Mittelpunkt gruppierten sich alle seine anderen Anschauungen: zunächst über die Geschichte der Menschheit und zuletzt über die Natur. Wenn man das Ganze der Weltanschauung Solowjows innerlich anschaut, so hat man den Eindruck, daß das Zentrum ungeheuer leuchtend und lebendig ist, während die nächstliegenden Sphären – und je weiter vom Zentrum in der Richtung der Peripherie, desto mehr – immer abstrakter, dünner werden.[13]

An Solowjows Geisteshaltung knüpfte Tomberg an. War einst Rudolf Steiner angetreten, den naturkundigen Goethe zu interpretieren und den Goetheanismus zur Anthroposophie hin zu entwickeln, so versuchte er eine analoge »Erweiterung« bei seinem Landsmann Solowjow einzuleiten. In ihm komme die volle Kraft des russischen Volksgeistes zur Entfaltung. Anthroposophie könne sich in Rußland nur einwurzeln, wenn sie auf die elementaren spirituellen Bedürfnisse dieses Volkes bzw. dieser Völkerfamilien genügend Rücksicht nehme. Dabei geht es nicht so sehr um eine an die Gedankenkraft appellierende Bemühung, sondern um die im Kultus angesprochenen Kräfte des Herzens und der Hingabe.[14] Ohne Animositäten pflegt es meist nicht abzugehen, wenn ein im spirituellen Leben Schaffender zu Anschauungen oder Wertungen kommt, die durch die Angaben dessen nicht immer gedeckt sind, auf den er sich weitgehend stützt, in diesem Fall: auf Rudolf Steiner. Und hier passen alle diejenigen auf, die die Worte des jeweiligen Meisters zu schützen sich beauftragt fühlen. Festzuhalten ist an dieser Stelle nur, daß Tombergs bereits eingangs erwähnte Entfernung von der Anthroposophischen Gesellschaft und seine mehrere Jahre danach erfolgte Konversion zur römisch-katholischen Kirche an seiner Hochschätzung Rudolf Steiners und auch an seiner generellen positiven Einstellung zur Anthroposophie nichts geändert hat.[15] Seine späten Werke belegen dies.

»*Die Großen Arcana des Tarot*«

Das eindrucksvollste, die westliche wie die östliche Esoterik berücksichtigende Werk aus der Feder Valentin Tombergs stellen zweifellos seine eingangs bereits charakterisierten Meditationen über »Die Großen Arcana des Tarot« dar. Altem hermetischem Brauch folgend, nimmt er sich darin so weit zurück, daß er seinen Namen bewußt beiseite läßt und seine Besinnungen – er nennt sie »Briefe an den unbekannten Freund« – als Anonymus vorlegt. Kennt die spätmittelalterliche Mystik anonym veröffentlichte Zeugnisse eines namenlosen Gottesfreundes, so wollte Tomberg hier wohl einen Kreis von Weisheitsfreunden ansprechen. Er selbst führt dazu aus:

> Da diese Briefe allein dazu bestimmt sind, der hermetischen Tradition, die sich in der geschichtlichen Ferne der legendär gewordenen Epoche des »Hermes Trismegistos« verliert, zu dienen und einen Beitrag zu ihr zu leisten, sind sie eine konkrete Kundgebung dieses jahrtausendealten Stromes von Denken, Bemühen und Offenbarung... Es sind *Beschwörungen* der Meister der Tradition, damit diese mit ihren das Streben weckenden Impulsen und mit ihrem Gedankenlicht gegenwärtig seien in dem Strom des meditativen Denkens, den diese Briefe über die 22 Großen Arcana des Tarot darstellen. Denn im Grunde sind es zweiundzwanzig geistige Übungen, mittels derer Sie, lieber unbekannter Freund, in den Strom der lebendigen Tradition hineintauchen und damit in jene Gemeinschaft der Geister eintreten, die ihr gedient haben und ihr dienen... Die Glieder der Kette der Tradition sind nicht allein Gedanken und Bemühungen, sondern vor allem die *lebenden Wesen*, die diese Gedanken gedacht und diese Anstrengungen unternommen haben. Das Wesen der Tradition ist keine Lehre, sondern eine Gemeinschaft der Geister von Zeitalter zu Zeitalter.[16]

Diese Wesensbestimmung der Tradition als eine »Gemeinschaft der Geister« will bedacht sein. Das entspricht einer Einladung zur Teilhabe an einem lebendigen Organismus, der nicht nur im Laufe von Kulturepochen gewachsen ist, sondern der weiterwächst und für den jeder Freund, jede Freundin der ewigen Weisheit (hebr. *chochma*; skr. *satyam*; griech. *sophia*) eingeladen ist, einen Beitrag zu leisten. Nach einer einfühlsamen Formulierung geht es jeweils darum, »der Weisheit eine Wohnung zu bereiten«.[17]

Dieser Appell sollte geeignet sein, auch jene zu versöhnen, die sowohl dem Autor als auch den von ihm da und dort zitierten Gewährsleuten – Meister zum Teil recht unterschiedlicher Grade – mißtrauen. Bedacht will ferner sein, daß die Erstfassung des Buches in französischer Sprache erschienen ist und daß offensichtlich französische Hermetiker als die ersten Empfänger dieser Gabe gemeint waren. Eine Reihe aus der reichen Auswahl von Zitaten dieses Traditionsstranges weist in dieselbe Richtung. Das mag einer der Gründe sein, weshalb neben den Großen im Geiste auch Namen wie die von Eliphas Lévi, J. Peladan, Papus oder Jennings zu finden sind.

Und solange eine eingehende Schilderung seines inneren Werdegangs von Valentin Tomberg nicht vorliegt, sei ferner an eine unscheinbar anmutende Episode erinnert, die er als Zweiundsiebzigjähriger, also kurz vor seinem Tod, erzählt hat. Es handelt sich um ein »Keimerlebnis«, aus dem heraus einst sein Gedankenwerk – nicht weniger er selbst als ein Homo Magus — wachsen konnte. Tomberg berichtet:

> Eines Tages, vor 68 Jahren, als der Verfasser ein vierjähriges Kind war, spielte dieses an einem weit offenen Fenster, durch welches der unbewölkte blaue Himmel zu sehen war. Plötzlich richtete sich das Kind auf und stellte – auf den blauen Himmel schauend – der Mutter, ohne jeglichen äußeren Anlaß, die Frage: »Wo ist denn Gott? Ist er im Himmel? Schwebt er da? Oder sitzt er da? Wo?«

Da richtete sich die Mutter ebenfalls auf und gab die folgende Antwort: »Gott ist überall gegenwärtig. Wie die Luft unsichtbar ist und doch alles durchdringt und wir in ihr und dank ihrer leben und atmen, so leben und atmen unsere Seelen in Gott und leben aus ihm und dank ihm.«[18]

So unscheinbar ein derartiges Vorkommnis sein mag, der Berichterstatter war sich bewußt, daß diese einleuchtende Antwort der Mutter geradezu vorweg alle Unklarheiten beseitigte und in ihm Gewißheit von dem allgegenwärtigen Gott erzeugt hat: »Dieser Keimgedanke wuchs später in die Höhe, in die Tiefe und in die Weite; er war gleichsam die Urzelle, aus der ein weitverzweigter Baum der Einsicht und des Glaubenslebens jahrzehntelang wuchs.«

Eine reife Frucht dieses Baumes stellen nun die Tarot-Meditationen dar. Der Verfasser unterscheidet in ihnen vorweg verschiedene Organe spirituellen Wahrnehmens und Erkennens:

> Jede bis zum Ende durchgeführte Methode der Erfahrung und Erkenntnis wird zu einem »Sinn« oder bringt einen besonderen Sinn hervor. Wer es wagt, nach der Essenz des Seins zu streben, wird den »mystischen Sinn« oder den »spirituellen Tastsinn« entwickeln, und wenn er in die Praxis umsetzen will, was er von der mystischen Erfahrung verstanden hat, wird er den »magischen Sinn« entwickeln. Will er endlich, daß alles, was er erlebt, verstanden und praktiziert hat, nicht auf ihn und seine Zeit begrenzt bleibt, sondern mitteilbar werden möge für andere und weitergegeben werden soll an zukünftige Generationen, so wird er den »philosophisch-hermetischen Sinn« entwickeln müssen, und indem er ihn praktiziert, wird er »sein Buch« schreiben... Solcherart ist das Gesetz der Geburt von Traditionen. Ihre Quelle ist die mystische Erfahrung: Man kann weder Gnostiker noch Magier noch hermetischer Philosoph (oder »Okkultist«) sein, ohne Mystiker zu sein...[19]

Es ließen sich nun zur weiteren Vorstellung seines Spätwerks die einzelnen Tarot-Motive schildern, angefangen bei dem Arcanum der Mystik, der Gnosis, der Magie, über die Arcana der hermetischen Philosophie, der Transzendenz, der Initiation bis hin zu denen der Intuition, der Auferstehung, der Liebe und der Freude. Es ließe sich zeigen, wie es der Verfasser unternimmt, die hermetisch-esoterische Tradition von West und Ost so mit der christlichen Verkündigung (einschließlich ihrer kirchlichen Prägung) und Glaubenserfahrung zu verschmelzen, daß Tombergs eigene Erfahrungen als Erkenntnisfrüchte zum Vorschein kommen.

Nun gibt es ein in spirituellen Zusammenhängen häufig vernachlässigtes Moment, das Tomberg in seinem siebenten Brief, »Der Wagen«, mit wünschenswerter Offenheit behandelt: Es ist die Gefährdung durch die psychische »Inflation«, d. h. durch Selbstüberschätzung.

Dabei handelt es sich um den »mystischen Größenwahn«, die Hybris, »wo man den bestimmenden Mittelpunkt seines eigenen Wesens, sein Ego, vergöttert, wo man nur in sich selbst Göttliches sieht und wo man blind wird für das Göttliche oberhalb und außerhalb seiner selbst. Man erfährt dann sein »höheres Selbst« als das höchste und einzige Selbst der Welt, obwohl es nur dem gewöhnlichen empirischen Ich überlegen und weit davon entfernt ist, das *Höchste* und Einzige zu sein ... weit davon entfernt, Gott zu sein ...«[20]

Wie oben im Zusammenhang mit C. G. Jung besprochen, ist das im Mittelpunkt des Tagesbewußtseins stehende Ich von der übergeordneten, am Bewußtsein wie am Unbewußten teilhabende »Selbst« klar zu unterscheiden. Wie die Erfahrung zeigt, ist dieses Selbst vom Gottesbild – sei es der Christus, der Buddha oder die Gestalt eines anderen Heilsträgers – kaum zu trennen. Zieht man in Betracht, daß auf dem spirituellen Weg vom Archetypischen her machtvolle, zugleich blendende Impressionen die Bewußtseinsgrenze passieren können, versteht man, worin die Gefährdung des betreffenden Menschen besteht. C. G. Jung hat es den Zustand der »Inflation« genannt, dem jeder ausgesetzt ist, der mit der normalerweise verborgenen (okkulten) »Tiefe« des Seins in Berührung kommt. Daher bildet die Inflation die hauptsächliche Gefahr und Prüfung für die Okkultisten, Esoteriker, Magier, Gnostiker und Mystiker. Sie besteht in einer Störung des seelischen Gleichgewichts. Statt einen Zugewinn an Bewußtsein zu bekommen, geht der Wirklichkeitsbezug verloren. Dadurch wird auch die vermeintliche gnostische oder magische Befähigung zunichte.

Tomberg verweist nun darauf, wie wichtig man in Klöstern und in geistlichen Orden seit jeher die Pflege der Nüchternheit, der Gewissenserforschung und der Demut genommen habe, um derartigen »luziferischen« Einbrüchen wirksam zu begegnen. Er hätte sich auch auf den von ihm mehrfach zitierten Rudolf Steiner berufen können, der das Wort geprägt hat: »Höhe des Geistes kann nur erklommen werden, wenn durch das Tor der Demut geschritten wird.«[21] Deshalb müsse jede geistig-geistliche Übung mit ungeteilter Devotion, d. h. mit Verehrung der Wahrheit und der Erkenntnis, vereint sein. Das geht ohne nüchterne Selbstbescheidung nicht ab. Deshalb spielt die Bereinigung des Unbewußten mit seinen nicht eingestandenen, eben unbewußten Strebungen der Selbstüberschätzung und der Mißachtung des eigenen »Schattens« eine so unerläßliche Prozedur auf dem Weg der Individuation (C. G. Jung) bzw. der Initiatischen Therapie (Graf Dürckheim).

Valentin Tomberg führt exemplarisch zwei Gestalten an, eine negative in der Gestalt des Juden Sabbatai Zwi (1625–1676) und eine positive in dem protestantischen Theosophen Jakob Böhme (1575–1624). Zwi fehlte die Selbstkorrektur seiner Schauungen; er gab sich als der von der Judenheit erwartete und auch großenteils anerkannte Messias aus. Schließlich konvertierte er zum Islam. Und an den benediktinischen Grundsatz »Bete und arbeite – ora et labora« erinnernd, schreibt Tomberg:

> Die handwerkliche Arbeit und die Anbetung Gottes hatten die moralische Gesundheit von Jakob Böhme geschützt, und ich erlaube mir hinzuzufügen, daß meine Erfahrung im Bereich der Esoterik mich gelehrt hat, daß das, was im Falle Jakob Böhmes heilsam war, auch ausnahmslos für diejenigen heilsam ist, die nach übersinnlichen Erfahrungen streben.[22]

Oder auf die schlichte Formel gebracht:

> Echte Erfahrung des Göttlichen macht demütig; wer nicht demütig ist, hat keine echte Erfahrung des Göttlichen gehabt.[23]

Die Einsamkeit des Homo Magus

Der Homo Magus, d. h. ein Mensch der Erfahrung und der Weisheit, ist eo ipso ein einsamer Mensch. Was er empfangen hat, kann er nur mit Rätselworten sagen, in Symbolen, die weit über die Buchstäblichkeit ihrer Wiedergabe hinausweisen. Aus je tieferem Weisheitsquell etwas geschöpft worden ist, desto kleiner ist die Schar derer, die davon trinken wollen. C. G. Jung war sich schmerzhaft bewußt, mit dem, was er zu sagen hatte, selbst von Nahestehenden nicht verstanden zu werden. Hie und da gestand er seine mitunter leidvolle Selbstbescheidung, die auch nicht »auf den Marktplatz taugt« (Hölderlin), so etwa in einem Freundesbrief des knapp Fünfundachtzigjährigen:

> Bekannt oder gar »berühmt« zu sein will wenig sagen, wenn man weiß, daß die, welche meinen Namen im Munde führen, im Grunde genommen keine Ahnung davon haben, worum es geht. Die Genugtuung zu wissen, daß man im wesentlichen postum ist, reicht nicht allzuweit ...[24]

Dabei wußte gerade Jung, wie es den Pionieren auf dem geistigen Feld ergeht, wenn er in seinen Lebenserinnerungen den schon eingangs zitierten Satz niederschrieb:

> Was die »christlichen« Völker betrifft, so ist ihr Christentum eingeschlafen und hat es versäumt, im Laufe der Jahrhunderte seinen Mythus weiter zu bauen. Es hat jenen, die den dunklen Wachstumsregungen der mythischen Vorstellungen Ausdruck gaben, das Gehör versagt. Ein Gioacchino da Fiore, ein Meister Eckhart, ein Jakob Böhme und viele andere sind für die Masse Dunkelmänner geblieben ...[25]

Oder aus anderer Sicht mit dem Evangelisten:

> Die Pforte ist eng, und der Weg ist schmal, der ins Leben führt, und wenige sind es, die ihn finden. (Matth. 7,14).

Eben dieses Motto hat Tomberg seinem neunten Brief, »Der Eremit«, vorangestellt. Und der Verfasser gibt sich da überaus gelassen, ja zuversichtlich, wenn er beginnt:

> Der Eremit! Ich freue mich, in der Reihe dieser Meditationsbriefe bei dieser ehrwürdigen und geheimnisvollen Figur des einsamen Wanderers angekommen zu sein, mit seinem roten Gewand unter dem blauen Mantel, der in seiner rechten Hand eine gelb- und rotfarbene Lampe hält und sich auf einen Stab stützt. Es ist der ehrwürdige und geheimnisvolle Eremit, der der Meister der intimsten und geliebtesten Träume meiner Jugend war, wie er übrigens der Meister der Träume aller Jugend in allen Ländern ist, die begeistert wurde von dem Ruf, die enge Pforte und den schmalen Weg des Göttlichen zu suchen.[26]

Wer ähnlich empfindet, begreift spätestens an dieser Stelle, weshalb der anonyme Freund seine Darlegungen nicht als einer der zahllosen Buchautoren verstanden wissen will, sondern der als Briefschreiber »d'outre-tombe«, also von jenseits des Grabes her, Geistesverwandte sucht – und findet; dessen ist er offensichtlich gewiß. Das stimmt ihn zuversichtlich. Er fühlt sich denen zugehörig, die unter dem Archetypus des väterlichen Weisen das Leben eines Eremiten führen. Es sind die Meister des Wegs, die in jeder Kulturepoche – jeweils für eine bemessene Zeit – ein geistiges Kraftfeld konstituieren wie die antiken Weisheitslehrer Pythagoras, Sokrates, Platon, wie die Mönchsväter Benedikt, Franziskus, Ignatius, wie die Gurus, die Roshis, die Lamas, die chassidischen Zaddikim oder die russischen Starzen – nicht zu vergessen die ungezählten, gleichwohl namenlosen Liebhaberinnen und Liebhaber der heiligen Weisheit, die überall dort ihr Zelt aufschlägt, wo man sie einläßt.

Noch ein Wort zu den Accessoires des Eremiten:

> Der »Mantel« bedeutet die Anwesenheit der ganzen Wahrheit in einer tieferen Bewußtseinsschicht, und es ist diese Wahrheit, die jede intellektuelle Arbeit einhüllt und inspiriert, die das bewußte Ich mittels Lampe und Stab hinsichtlich der einzelnen Probleme leistet ... Der Eingeweihte ist nicht jemand, der alles weiß. Er ist ein Mensch, der die Wahrheit in einer tieferen Schicht seines Bewußtseins trägt, nicht als ein intellektuelles System, sondern vielmehr als eine Schicht seines Wesens, als einen »Mantel«, der einhüllt. Dieser Wahrheitsabdruck offenbart sich als unerschütterliche Gewißheit – d. h. als Glaube im Sinne der *Stimme der gegenwärtigen Wahrheit.*[27]

Ausblick: Die Geister unterscheiden – Farbe bekennen

Es gehört zum Wesen eines Homo Magus, daß Wirkungen von ihm ausgehen. Von den genannten Menschen sind Wirkungen ausgegangen, gewiß in recht unterschiedlichem Ausmaß, durch ihre persönliche Präsenz, durch die von ihnen in Gang gebrachte »Bewegung« und/oder durch ihre Publikationen; mehr noch durch die Impulse, mit deren Hilfe Theorie in Lebenspraxis umgesetzt werden kann. Solche Impulse erwecken die Aufmerksamkeit der Zeitgenossen.

Nicht selten sind es die »Auffälligkeiten« der jeweiligen Anhängerschaft, die zur Auseinandersetzung herausfordern. Oft ist es aber schon die besondere Weise des Ansatzes, mit dem ein Homo Magus an die Öffentlichkeit tritt – sein Leben, seine Lehre, die nach einer kritischen Stellungnahme verlangen. Zu unterscheiden sind von Fall zu Fall Geistesart, Zielsetzung, die Rolle der Gründerpersönlichkeit, deren Anspruch, deren Vorgehensweise und dergleichen. Wie lassen sich nun »die Geister unterscheiden«? Welche Kriterien können hierbei Anwendung finden? Auf welche Weise soll man »Farbe bekennen«?

Unter Verzicht auf den Versuch einer Gesamtbeurteilung wollen die nachfolgenden Überlegungen nicht mehr als eine Anregung für den eigenen kritischen Umgang sein.

Vor dem bewußtseinsgeschichtlichen Horizont

Zu stark ist oft die Faszination eines mit besonderen Gaben ausgestatteten Menschen, als daß es jedem gegeben wäre, ihm gegenüber ein gewisses Maß an Distanz aufrechtzuerhalten, um den persönlichen Freiheitsraum abzusichern.

Damit ist bereits ein sehr wesentliches Kriterium genannt: die Frage nach der Freiheit, die ein Mensch einem anderen eröffnen hilft, oder – was auf dem spirituellen Weg überaus verhängnisvoll sein muß – welche Freiheit er seinen Schülern nimmt. Damit ist auch die Frage nach dem Anspruch gestellt, den eine geistige Führernatur erhebt, verbunden mit der meist unbewußt wirkenden Persönlichkeitsmagie, die von ihr ausgeht. Diesem individuellen Gesichtspunkt mag ein anderer, die Bewußtseinslage betreffend, vorausgehen.

Jede Zeit und jeder Kulturzusammenhang haben ihr Gepräge. Von der Warte einer bewußtseinsgeschichtlichen Betrachtung aus gesehen, kann es nicht gleichgültig sein, wie man sein persönliches geistliches Leben gestaltet. Läßt man beispielsweise die Phänomene der älteren Menschheitskulturen auf sich wirken, dann werden Entwicklungstendenzen aufweisbar, die einem teils verborgenen, teils sich entbergenden »Gesetz« (bzw. Ziel, Telos) zu folgen scheinen. Um diese Tendenz auf einen einfachen Nenner zu bringen: Da ist eine Bewegung; sie kommt aus Zuständen eines schlafenden bzw. träumenden Anfangsbewußtseins; sie durchläuft Phasen der Aufhellung zu einer immer klareren, zugleich umfassenderen Wachheit, wie wir sie heute kennen. Jean Gebser sprach von »Bewußtseinsmutationen«, die von einem kollektiven *archaischen,* dann *magischen*, später *mythischen* in das heute vorherrschende *mentale* Bewußtsein geführt haben.[1] Dieses in voller Ich-Wachheit sich darstellende, von der rechnenden, messenden, manipulierenden Ratio gelenkte mentale Bewußtsein ist einerseits dadurch geprägt, daß es die Erkenntnismittel für die Eroberung der Welt in den Mikro- wie in den Makrobereich bewerkstelligen konnte, ausgewiesen durch die Errungenschaften der heutigen technischen Zivilisation mit allen ihren Licht- und Schattenseiten. In diesem Bewußtseinsgebäude finden wir uns vor. Aber sind wir in ihm auch wirklich »daheim«?

Für dieses taghelle Ich-Bewußtsein mußte andererseits

ein beträchtlicher Preis gezahlt werden. Der Verlust an spirituellen Möglichkeiten der Wahrnehmung und des Erlebens, vor allem ein Verlust an Lebenssinn gehört zu diesem Preis, Armut im Geist, religiöses Unbehaustsein, Erfahrungsarmut, und das angesichts einer großen geistigen Tradition.

So entsteht die Frage: Auf welche Weise kann – sofern überhaupt – die verlorene Dimension wieder- oder neugewonnen werden? Ist eine rückwärtsgewandte Weg-Suche vertretbar, um z. B. jene Möglichkeiten magischen Weltbearbeitens oder mythischer Welterfassung gleichsam zurückzuholen? Oder bezeichnet die spirituelle Verarmung in diesem mental-rationalen Zeitalter einen Nullpunkt, der *nach vorne* durchschritten werden kann und muß, in den Zustand, den Gebser das *integrale* Bewußtsein genannt hat?

Für dieses Hindurch durch den Nullpunkt der »Geistvergessenheit«, auch der »Gottesfinsternis« (Martin Buber) spricht ein schwerwiegendes Argument. Denn auch diese gegenwärtige Phase birgt eine besondere Qualität. Sie dürfte um der Reichtümer von einst nicht preisgegeben werden: Es ist die im Umgang mit der zu verändernden und zu erobernden Welt errungene Wachheit; es ist die Ich-Reife. Sie darf nicht von ihrem Schatten, dem Individualismus und Egoismus, her definiert werden, will man nicht die Chance der gegenwärtigen Stunde bewußtseinsgeschichtlicher Entfaltung mißdeuten.

Erkennt man nun an, daß in dem vom technischen Fortschritt erfaßten, im Westen religiös ausgelaugten 19. Jahrhundert ein spiritueller Impuls geradezu gefordert war und ersehnt wurde, dann versteht man, weshalb die spiritualistische, sodann die theosophische Bewegung Fuß fassen konnte. Das *spirituelle Vakuum* verlangte nach Inhalt. Und die dieses Vakuums Bewußten sahen offenbar keine andere Wahl als die zwischen Materialismus und dem von Illusionen behafteten Spiritualismus. Man versteht weiter, weshalb eine Besinnung auf die reiche philosophische wie spirituelle Überlieferung des Ostens einzusetzen begann. Es ist ein Trend, der über die Theosophie hinaus bis heute anhält und der unter integrativen Gesichtspunkten inzwischen einen neuen Akzent bekommen hat: durch die Begegnung der Religionen und Weltanschauungen, mit Blick auf die gemeinsame Weltverantwortung.[2]

Wer Verständnis für alle diese Vorgänge zeigt, ist jedoch nicht der Frage enthoben: Entsprach dieser von H. P. Blavatsky ausgegangene bzw. von ihr vorangetragene Impuls bereits den Bedürfnissen, wie sie aus dem Fortgang der menschheitlichen Bewußtseinsevolution bzw. -mutation geäußert werden müssen? Medialität, d. h. willen- bzw. erkenntnisloses Sprachrohr sein für anonyme Instanzen der Inspiration und Menschenführung, erinnert an atavistische, überholte Seelenhaftigkeit. Das bis zum Possenspiel ausartende Getue mit »Meister«-Spruch und »Initiation« in oberste Ränge selbsterfundener (theosophischer) Hierarchien hat sich längst selbst ad absurdum geführt und den nach spiritueller Erneuerung Verlangenden in aller Welt, auch im außertheosophischen Bereich, einen denkbar schlechten Dienst erwiesen.

Bei der Beurteilung einer Geistesbewegung wird demnach zu klären sein: Trägt sie dem heute erreichten Stadium der Bewußtseinsentwicklung Rechnung, oder muß sie als atavistisch, als überlebt, weil nicht mehr bewußtseinsgemäß bezeichnet werden? Kurz: Ist sie *prä*mental oder *trans*mental, auf die spirituelle Transzendierung des Ich-Bewußtseins gerichtet? – Jeder kann und soll selbst die Probe aufs Exempel machen. Nicht zu leugnen ist hierbei, wie stark sich die Träger weit auseinanderliegender Bewußtseinsstrukturen anzuziehen scheinen. Psychologisch betrachtet ist diese Erscheinung nicht verwunderlich. Man denke nur an das Phänomen der Kompensation. Mangel verlangt nach Befriedigung; Extreme schließen sich nicht immer aus.

Faszination und Freiheitsberaubung

Was nun das Problem geistiger Freiheit anlangt, so stellt es ein zentrales Thema sowohl des religiösen wie jedes spirituellen Lebens dar. Wie sehr dagegen verstoßen wird, zeigen dic häufig zu beobachtenden Fälle, in denen Geisteslehrer und Seelenführer, Geleiter auf dem meditativen Weg und Therapeuten ihren Klienten Wesentliches schuldig bleiben, nämlich die Respektierung des individuellen Freiheitsraumes. Eine Grundregel lautet daher:

> Richte jede deiner Taten, jedes deiner Worte so ein, daß durch dich in keines Menschen freien Willensentschluß eingegriffen wird. (Rudolf Steiner).

Nicht selten ist es so, daß Führer und Geführte in einem eigentümlichen Wechselverhältnis stehen. Das liegt in der Natur der Menschenbegegnung überhaupt, denn es ist nicht nur so, daß ein Mensch aufgrund seiner Sendung und seiner besonderen Qualitäten Menschen seiner Umgebung in Bann schlagen will. Die Erfahrung zeigt, daß sich in solchen Beziehungen Aktivität und Passivität in merkwürdiger Weise zu vermischen scheinen. Auch Ge- oder gar Ver-Führte tragen dazu bei, daß der Aktive seine Rolle in ausgeprägter Weise spielt. Oft wollen sie geführt werden, wollen, daß ihnen einer sagt, welchen Weg sie gehen, welche Methode sie anwenden sollen, um eingestanden oder nicht ihrem »großen Bruder« oder »Meister« oder »Doktor« ein wenig ähnlich zu werden. Daß sie dann auch alle banalen Eigentümlichkeiten und Unarten ihres Magus annehmen, sich so gebärden, so sprechen wie er, das macht sie zu den komischen Figuren für ihre Mitwelt. Doch ist dies noch das Harmlosere ... Guru-Mentalität und Sanyasin-Gehabe sind in merkwürdiger Weise miteinander verschränkt. Muß das so sein, oder gibt es eine Schülerschaft auf Zeit?

Von Friedrich Nietzsche ist bekannt, daß er auf die eine

oder andere Generation durch Sprachgestus und Wortmagie wie eine Freiheitsberaubung gewirkt hat. Dabei findet sich gerade bei ihm die Warnung, die zu beherzigen nach wie vor Anlaß gegeben ist:

> Man vergilt einem Lehrer schlecht, wenn man immer nur der Schüler bleibt. Und warum wollt ihr nicht an meinem Kranze rupfen? Ihr verehrt mich; aber wie, wenn eure Verehrung eines Tages umfällt? Hütet euch, daß euch nicht eine Bildsäule erschlage!
> Ihr hattet euch noch nicht gesucht: da fandet ihr mich. So tun alle Gläubigen; darum ist es so wenig mit allem Glauben. – Nun heiße ich euch mich verlieren und euch finden; und erst wenn ihr mich alle verleugnet habt, will ich euch wiederkehren.[3]

Keine Frage, Nietzsches Wort verdient ernst genommen zu werden, gerade wenn es sich um faszinierende Führergestalten handelt. Und wenn diese noch so energisch wie Gurdjieff fordern: »Wacht auf aus eurem Schlaf!«; wenn sie noch so eindringlich wie Steiner verlangen: »Prüfen Sie, prüfen Sie!« – die Neigung, auf die Worte solcher Meister zu schwören, dagegen ihren Warnungen vor blinder Nachfolge zu mißtrauen, ist offensichtlich nicht auszurotten. Es gibt nicht nur die Tendenz zur Individuation und zur Persönlichkeitsreifung, sondern paradoxerweise auch so etwas wie den Widerstand gegen die Mühe, die die Selbst-Werdung bereitet. Beide Strebungen ringen miteinander.

Viel zu oft wird der Homo Magus der eigenen Wahl als Alibi dafür genommen, Eigenverantwortung zu übernehmen. Man sieht es daran, wie oft Zitate des betreffenden Meisters oder der Meisterin Argumente ersetzen oder als billige Ausflüchte herhalten müssen, um nur ja nicht den eigenen Erkenntnisakt mit allen konkreten Konsequenzen zu vollziehen.

Gewiß ist es nicht gleichgültig, bei wem man in die Schule geht und wessen Lehre man annimmt. Aber – um es nochmals zu betonen – die Meister des Weges sind in erster Linie Wegweiser. Sie sind nicht das Ziel. Daher kann es nicht sinnvoll sein, sich zu den Füßen des einen oder des anderen niederzulassen, statt in verantwortlicher Weise den eigenen Weg zu gehen.

Noch eine *persönliche Anmerkung* zum Schluß, die in ähnlichen Darstellungen angebracht sein mag, in denen Geistesverwandte und unvergleichbare Geister nebeneinandergestellt werden in Konfrontation und Synopse. Je nach individueller Entscheidung wird sich die Leserschaft in unterschiedlichen Gruppen bald unter dem Zeichen des einen, bald unter dem des anderen Meisters zusammenfinden. So rechne ich einmal mit Zustimmung oder Widerspruch von dieser, das andere Mal von jener Seite. Wer die Szene kennt, macht sich da nichts vor. Wie schon an anderer Stelle ausgesprochen, halte ich es an diesem Punkt mit dem Kirchenvater Augustinus. In »Contra Epistulam Manichaei« (Kap. 3) schreibt er seinen ehemaligen, von der Kirche verketzerten Freunden nicht nur, daß es ihm völlig unmöglich sei, ihnen gram zu sein, sondern auch:

> Damit aber ihr nicht mit mir zürnt..., muß ich euch um eines bitten: Laßt uns – auf *beiden* Seiten! – jede Überheblichkeit ablegen. Laßt uns auf keiner Seite behaupten, wir hätten die Wahrheit schon gefunden. Laßt sie uns *gemeinsam* suchen, als etwas, das *keiner* von uns kennt. Denn nur dann können wir sie in Liebe und Frieden suchen, wenn wir auf die dreiste Annahme verzichten, sie bereits entdeckt zu haben und zu besitzen. Doch wenn ich von euch (Besser-Wissenden) nicht soviel verlangen darf, so erlaubt mir wenigstens, euch zuzuhören und mit euch zu sprechen als mit Menschen, die wenigstens ich nicht zu kennen behaupte...

Anmerkungen

Dem »Homo Magus« begegnen

1 Adolf Portmann: Vom Sinn und Auftrag der Eranos-Tagungen, in: Eranos-Jahrbuch 1961, Band 30 (hrg. von Olga Fröbe-Kapteyn), Zürich 1962, S. 26.
2 C. G. Jung: Erinnerungen, Träume, Gedanken, Zürich 1962, S. 334.
3 Gerhard Wehr: Esoterisches Christentum, 2., erweiterte Auflage Stuttgart: Klett-Cotta 1995.
4 Gerhard Wehr: Lebensmitte. Die Chance des zweiten Aufbruchs, München 1991, S. 96–118 (Kapitel: Auf dem Heldenweg).
5 In diesem Sinn spricht Leopold Ziegler vom »homo magus« als dem Frühmenschen, der über eine präkausale und damit prälogische Bewußtseinsstruktur verfügt. Siehe dazu: L. Ziegler: Überlieferung. München ^{2}1949; zur magischen Bewußtseinsstruktur vor allem Jean Gebser: Ursprung und Gegenwart. Das Fundament der aperspektivischen Welt (1949; 1953), jetzt in Gesamtausgabe Bd. II–IV, Schaffhausen 1978; Gerhard Wehr: Jean Gebser. Leben, Werk, Wirkung (in Vorbereitung).

H. P. Blavatsky

1 Adolf Köberle: Theosophie, in: Religion in Geschichte und Gegenwart (RGG), 3. Aufl., Bd. VI, Sp. 845.
2 Seyyed Hossein Nasr: Die Erkenntnis und das Heilige, München 1990, S. 108: »Esoterik ist jene innere Dimension der Tradition, die sich an den inneren Menschen wendet, den ›eso ánthropos‹ des heiligen Paulus … Das authentisch Esoterische steht immer in einer umfassenden und integralen Tradition. Nur im modernen Westen – und möglicherweise während der Dekadenz der Spätantike – sind die esoterischen Lehren aus der Tradition herausgefallen, innerhalb deren Matrix das Esoterische das wahrhaft Esoterische ist … Wegen ihrer Ablösung von der lebendigen Tradition ist die sogenannte ›Esoterik‹ zu einem untauglichen oder sogar schädlichen Okkultismus verkommen … Was sich in der modernen Welt heute als ›Esoterik‹ geriert, hat keine Fühlung mehr mit dem

Heiligen, ganz im Gegensatz zur echten Esoterik im traditionellen Sinne ...«

3 Gerhard Wehr: Die deutsche Mystik. Mystische Erfahrung und theosophische Weltsicht, München 1988.

4 Rolf Christian Zimmermann: Das Weltbild des jungen Goethe, Bd. I/II; München 1969.
Ders.: Goethes Verhältnis zur Naturmystik am Beispiel seiner Farbenlehre, in: A. Faivre/R. C. Zimmermann (Hrsg.): Epochen der Naturmystik, Berlin 1979, S. 333ff.

5 Rudolf Steiner: Der Goetheanismus, ein Umwandlungsimpuls und Auferstehungsgedanke (12 Vorträge, 1919), Dornach 1967.

6 H. P. Blavatsky Collected Works VI, 293f., zit. bei Andreas Terfort: H. P. B. – Eine biographische Skizze, in: Novalis. Zeitschrift für europäisches Denken. Schaffhausen, Nr. 5/1991.

7 Charles J. Ryan: H. P. Blavatsky and the Theosophical Movement (1937), Pasadena 1975.
Sylvia Cranston: H. P. B. – The Extraordinary Life and Influence of Helena Blavatsky, Founder of the Modern Theosophical Movement, New York 1993.
Stephan Holthaus: Theosophie, Speerspitze des Okkultismus, Asslar 1989.
Hans-Jürgen Ruppert: Theosophie, unterwegs zum okkulten Übermenschen, Konstanz 1993.

8 Annie Besant: H. P. Blavatsky and the Masters of the Wisdom (1907), London 1922.
Was die Frage der Meister anlangt, so hat sich Rudolf Steiner – vor allem in der ersten Zeit seiner Zusammenarbeit mit den Theosophen – diesen Vorstellungen angeschlossen. Am 20. Januar 1905 schreibt er an ein Mitglied: »Diese erhabenen Wesenheiten haben einen Weg bereits zurückgelegt, den die übrige Menschheit noch zu gehen hat. Sie wirken nun als die großen ›Lehrer der Weisheit und des Zusammenklanges der Menschheitsempfindungen‹.« (Vgl. R. Steiner/Marie Steiner: Briefwechsel und Dokumente 1901–1925, Dornach 1967, S. 282). – In einem Münchener Vortrag aus dem Jahr 1911: »Wenn da draußen in der Welt in ihrem Menschengewand die heutigen Führer der Menschheit herumgehen, dann werden sie in der äußeren, exoterischen Welt nicht erkannt. Und reden wir auf dem Boden der Geisteswissenschaft von den Meistern der Weisheit und des Zusammenklangs der Empfindungen, dann würden sich die Menschen oftmals wundern, in welcher einfachen, schlichten Menschlichkeit durch alle Länder diese Meister der Weisheit und des Zusammenklangs der Empfindungen kommen. Sie sind vorhanden auf dem physischen Plan. Die

wichtigsten Lehren aber erteilen sie nicht auf dem physischen Plan, sondern ... auf dem Geistplan.« (R. Steiner: Weltenwunder, Seelenprüfungen und Geistesoffenbarungen, Dornach 1960, S. 152f.) – Aus dem Lehrgut über die Meister der Weisheit, vgl. R. Steiner: Zur Geschichte und aus den Inhalten der ersten Abteilung der Esoterischen Schule 1904–1914, Dornach 1984, S. 199–259.

9 S. Cranston: H. P. B. (vgl. Anmerkung 7), S. 131 ff.

10 H. P. B.: Collected Writings, I, 95, zit. bei Cranston, S. 143.

11 H. P. B.: Letters of H. P. Blavatsky I, in: The Path, Dezember 1894, 266, zit. bei Cranston, S. 150.

12 H. S. Olcott, zit. durch Kirba van Mater, in: H. P. Blavatsky an die amerikanischen Konvente 1888–1891, Pasadena-München 1979, S. 56f.

13 Abgesehen von zahlreichen Einzelausgaben liegen die Gesammelten Werke vor in: H. P. Blavatsky – Collected Writings (BCW), compiled by Boris de Zirkoff in ca. 20 Bänden (Wheaton/Illinois, USA, 1950 ff.), ergänzt durch eine für 1994 geplante Gesamtausgabe ihrer Briefe. Eine repräsentative Auswahl der englischsprachigen Literatur zu Blavatsky und der theosophischen Bewegung ist enthalten in: Sylvia Cranston: H. P. B. – The Extraordinary Life and Influence of Helena Blavatsky, Founder of the Modern Theosophical Movement, New York: G. P. Putnam, 1993, S. 613–628.

14 H. P. Blavatsky an die amerikanischen Konvente, S. 18.

15 H. P. Blavatsky, zit. in: S. Cranston: H. P. B., S. 153.

16 Die amerikanische Presse nahm sich in meist positiven Rezensionen der Veröffentlichung an. In seiner Eigenschaft als Großmeister des freimaurerischen »Ancient and Primitive Rite« übermittelte John Yarker H. P. B. ein Zertifikat, mit dem er sie als »Crowned Princess« in den höchsten Grad der Adoptiv-Maurerei beförderte.

17 Franz Hartmann, zit. bei F. K. Steinberger: Esoteriker des Westens. Führer zu neuem Menschentum, Lorch 1953, S. 29.

18 H. P. Blavatsky: Isis Unveiled (1877), Bd. I/II, Pasadena/California 1988.

19 Vgl. H. S. Olcott: Old Diary Leaves, erstveröffentlicht in der Zeitschrift »Theosophist« (Adyar bei Madras) ab 1892. Der führende deutsche Theosoph Wilhelm Hübbe-Schleiden, der Olcotts Erfahrungen eigene Beobachtungen (1885) an die Seite stellen konnte, als H. P. B. mit der Niederschrift der »Geheimlehre« beschäftigt war, machte Olcotts Ausführungen erstmals der deutschen Leserschaft zugänglich in: Sphinx. Monatsschrift für Seelen- und Geistesleben, hrsg. von Hübbe-Schleiden, IX, 1894, S. 132ff.

20 W. Hübbe-Schleiden: H. P. B. und die Geheimlehre, in: Sphinx, IX, S. 210–216.

Ders., B. Keightley, A. Keightly, W. Q. Judge in: Constance Wachtmeister: Reminiscences of H. P. Blavatsky and the Secret Doctrine, Wheaton/Ill. 1976, S. 77ff.

21 Constance Wachtmeister: Reminiscences ..., a. a. O., S. 3–73.

22 Charles J. Ryans: H. P. Blavatsky and the Theosophical Movement, Pasadena 1975, S. 160ff.

23 H. S. Olcott, in: Lucifer, August 1891, S. 447, zit. bei H. P. Blavatsky an die amerikanischen Konvente, S. 62.

24 Über »The Coulomb-Hodgson Affair« vgl. S. Cranston: H. P. B., S. 265ff.

25 Gershom Scholem: Die jüdische Mystik in ihren Hauptströmungen, Frankfurt/Main 1957, S. 430: »Meiner Meinung nach kann kein Zweifel darüber bestehen, daß die berühmten Stanzen aus dem geheimnisvollen Buch ›Dzyan‹, auf denen das magnum opus der Frau Blavatsky, ›Die Geheimlehre‹, beruht, sowohl dem Titel als dem Inhalt nach einigermaßen den anspruchsvollen Seiten der ›Sifra Di-Zeniutha‹ genannten Sohar-Schrift verpflichtet sind ... Das Buch ›Dzyan‹ stellt also nichts weiter vor als eine okkultistische Hypostasierung des Titels der Sohar-Schrift. Dieser ›bibliographische‹ Zusammenhang zwischen den Grundschriften der modernen und der alten jüdischen Theosophie ist recht bemerkenswert.«

26 Annie Besant im Vorwort zu H. P. Blavatsky: Die Geheimlehre, Bd. III, Esoterik (Nachgelassene Schriften), Ulm 1959.

27 H. P. Blavatsky: Studies in Occultism, Pasadena/USA o. J. – Es handelt sich um Beiträge der Autorin, die zwischen 1887 und 1891 in der Zeitschrift »Lucifer« erschienen sind.

28 Die Stimme der Stille. Ausgewählte Fragmente aus dem »Buch der Goldenen Vorschriften«. Für den täglichen Gebrauch der Lanus (Schüler), übersetzt und mit Anmerkungen versehen von H. P. B. (1889), Pasadena, München 1983.

29 A. a. O. 9.

30 H. P. Blavatsky: My Books, in: Isis Unveiled, Bd. II, Pasadena 1988, Appendix.

31 Die Stimme der Stille, S. 15ff.

32 Rudolf Steiner: Exegese zu »Die Stimme der Stille« von H. P. Blavatsky, in: R. Steiner: Anweisungen für eine esoterische Schulung. Aus den Inhalten der »Esoterischen Schule« (1904), Dornach 1968 (GA 42/245), S. 147f.

33 A. a. O. 149.

34 Weitere Belege in: S. Cranston: H. P. B., S. 191ff.
Heinrich Dumoulin (Hrsg.): Buddhismus der Gegenwart, Freiburg 1970, S. 53; 64; 73; 196.

H. Bechert/R. Gombrich (Hrsg.): Der Buddhismus. Geschichte und Gegenwart, München 1984, S. 338f., 359.

35 H. P. Blavatsky: The Key to Theosophy (1889), Pasadena 1972, S. 3; 45; 61.
Vgl. Willem A. Visser't Hooft: Kein anderer Name. Synkretismus oder christlicher Universalismus? Basel 1965, S. 44f.

Rudolf Steiner

1 Gerhard Wehr: Kontrapunkt Anthroposophie. Spiritueller Impuls und kulturelle Alternative, München: Claudius 1993.

2 Rudolf Steiner: Anthroposophischer Leitsatz 1: »Anthroposophie ist ein Erkenntnisweg, der das Geistige im Menschenwesen zum Geistigen im Weltall führen möchte. Sie tritt im Menschen als Herzens- und Gefühlsbedürfnis auf. Sie muß ihre Rechtfertigung dadurch finden, daß sie diesem Bedürfnisse Befriedigung gewähren kann. Anerkennen kann Anthroposophie nur derjenige, der in ihr findet, was er aus seinem Gemüte heraus suchen muß. Anthroposophen können daher nur Menschen sein, die gewisse Fragen über das Wesen des Menschen und die Welt so als Lebensnotwendigkeit empfinden, wie man Hunger und Durst empfindet.« R. Steiner: Anthroposophische Leitsätze, Dornach 1954 (GA = Gesamtausgabe, Nr. 26), S. 46.

3 Rudolf Steiner: »Wie erlangt man Erkenntnisse der höheren Welten« (1909, GA 10), Dornach 1975.

4 Gerhard Wehr: Rudolf Steiner. Leben, Erkenntnis, Kulturimpuls. Eine Biographie, München: Kösel 1987; Zürich: Diogenes Taschenbuch 22 615.
Ders.: Rudolf Steiner zur Einführung, Hamburg: Junius 1994.

5 Gerhard Wehr: Kontrapunkt Anthroposophie, S. 24f.; 65ff.

6 Eingehende Darstellungen vgl. Anmerkung 4.

7 Rudolf Steiner in: Rudolf Steiner/Marie Steiner: Briefwechsel und Dokumente 1901–1925, Dornach 1967 (GA 262). Es handelt sich hier um Aufzeichnungen Steiners für den französischen Theosophen Edouard Schuré in Barr/Elsaß im September 1907.

8 Rudolf Steiner a. a. O. 10f.; 13.

9 Jakob W. Hauer: Werden und Wesen der Anthroposophie. Eine Wertung und eine Kritik, Stuttgart 1921.

10 Rudolf Steiner: Lucifer-Gnosis 1903–1908. Grundlegende Aufsätze zur Anthroposophie und Berichte aus den Zeitschriften »Luzifer« und »Lucifer-Gnosis«, Dornach 1987 (GA 34).

11 Rudolf Steiner: Die Mystik im Aufgange des neuzeitlichen Gei-

steslebens und ihr Verhältnis zur modernen Weltanschauung (1901), Dornach 1960 (GA 7).
Ders.: Das Christentum als mystische Tatsache und die Mysterien des Altertums (1902), Dornach 1976 (GA 8).

12 Rudolf Steiner und Marie von Sivers heirateten 1914, nachdem Dornach bei Basel zum endgültigen Zentrum der Anthroposophischen Gesellschaft geworden war.

13 Zu Steiners Esoterischer Schule liegen ausführliche kommentierte Textausgaben vor, speziell:
Rudolf Steiner: Anweisungen für eine esoterische Schulung. Aus den Inhalten der Esoterischen Schule, Dornach 1968 (GA 245).
Ders.: Zur Geschichte und aus den Inhalten der ersten Abteilung der Esoterischen Schule 1904–1914. Briefe, Rundbriefe, Dokumente und Vorträge, Dornach 1984 (GA 264).
Ders.: Zur Geschichte und aus den Inhalten der erkenntniskultischen Abteilung der Esoterischen Schule 1904–1914. Briefe, Dokumente und Vorträge aus den Jahren 1906–1914 sowie von neuen Ansätzen zur erkenntniskultischen Arbeit in den Jahren 1921–1924, Dornach 1987 (GA 265).

14 Annie Besant im Brief vom 7. Juni 1907 an Wilhelm Hübbe-Schleiden, Faksimilie in Emil Bock: Rudolf Steiner. Studien zu seinem Lebensgang und Lebenswerk, Stuttgart 1961, S. 196.

15 Der vollständige, normalisierte Text von »Chymische Hochzeit Christiani Rosenkreuz« ist enthalten in: Die Bruderschaft der Rosenkreuzer (hrsg. von Gerhard Wehr), München ^{3}1990 (Diederichs Gelbe Reihe 53).

16 Rudolf Steiner: Die Chymische Hochzeit des Christian Rosenkreutz, in: Philosophie und Anthroposophie. Gesammelte Aufsätze 1904–1918, Dornach 1965 (GA 35), S. 337; 338f., 340f. – Gerhard Wehr: Heilige Hochzeit. Symbol und Erfahrung menschlicher Reifung, München: Kösel 1986.

17 Rudolf Steiner im Vortrag vom 6. Juni 1907, in: Die Theosophie des Rosenkreuzers (GA 99), Dornach 1979, S. 157f. Eine Einführung in die imaginative Vergegenwärtigung des mystischen Wegs bietet, an Steiner anknüpfend, Friedrich Rittelmeyer: Meditation (1928), Stuttgart ^{12}1989.

18 Rudolf Steiner: Die Theosophie des Rosenkreuzers, S. 164 und 166.

19 Rudolf Steiner: Mysterienstätten des Mittelalters. Rosenkreuzertum und modernes Einweihungsprinzip, in: Die Weltgeschichte in anthroposophischer Beleuchtung (GA 233), Dornach 1962, S. 161–248.

20 A. a. O. 201ff.: Steiner spielt hier auf den Kräutersammler Felix

Kogutzki an; vgl. Gerhard Wehr: Rudolf Steiner (Biographie), S. 43–46.

21 Wie das praktiziert werden kann, hat Steiner am Beispiel der Rosenkreuz-Meditation veranschaulicht; vgl. Gerhard Wehr: Kontrapunkt Anthroposophie, S. 40.

22 Rudolf Steiner im Vortrag vom 8. Mai 1910, in: Der Christusimpuls und die Entwicklung des Ich-Bewußtseins (GA 116), Dornach 1961, S. 140.

23 A. a. O. 152.

24 Rudolf Steiner im Vortrag vom 8. Mai 1912, in: Erfahrungen mit dem Übersinnlichen (GA 143), Dornach 1983.

25 Rudolf Steiner: Der Christusimpuls . . ., S. 154.

26 Rudolf Steiner: Die Geschichte und die Bedingungen der anthroposophischen Bewegung im Verhältnis zur Anthroposophischen Gesellschaft (GA 258), Dornach 1959.
Auch in vorausgegangenen öffentlichen Vortragsreihen hat Steiner zum Thema, speziell zum Gegenüber von Spiritismus und Theosophie, Stellung genommen: Spirituelle Seelenlehre und Weltbetrachtung (GA 52), Dornach 1972.
Zur Charakteristik von H. P. B. ferner sind Vortragsauszüge enthalten in: Paul Regenstreif (Hrsg.): Christian Rosenkreutz und seine Mission, Freiburg 1977, S. 66–74 (Arbeitsmaterial zum Studium der Geisteswissenschaft Rudolf Steiners).

27 Die vorstehenden Zitate erfolgten nach Rudolf Steiner: Theosophie (1904; GA 9), Dornach 1978, Kapitel: Der Pfad der Erkenntnis.

28 Rudolf Steiner: Wie erlangt man Erkenntnisse der höheren Welten? (1904/05; GA 10), Dornach 1961, S. 28. – Die weiteren Zitate des Kapitels sind diesem Buch entnommen.

29 Weitere Darstellungen von Rudolf Steiner und Hinweise zur geistigen Schulung sind: Die Stufen der höheren Erkenntnis (GA 12); Die Geheimwissenschaft im Umriß (GA 13); Ein Weg zur Selbsterkenntnis des Menschen (GA 16); Die Schwelle der geistigen Welt (GA 17).

30 Gerhard Wehr: Selbsterfahrung durch C. G. Jung, Augsburg: Pattloch 1993; Freiburg: Herder Taschenbuch 1995.

31 In diesem Kapitel sind Gedanken in bearbeiteter Form vorgetragen, die der Autor in: Der innere Weg (Reinbek 1983) ausführlicher behandelt hat; jetzt Stuttgart: Mellinger 1994.

32 Rudolf Steiner: Philosophie und Anthroposophie. Gesammelte Aufsätze 1904–1918 (GA 35), Dornach 1965, S. 66.

33 Hermann Poppelbaum: Im Kampf um ein neues Bewußtsein, Freiburg 1948, S. 70.

34 Rudolf Steiner im Vortrag vom 20. April 1918, in: Das Ewige in der Menschenseele (GA 67), Dornach 1964, S. 329f.
35 Vgl. Emil Bock: Apokalypse. Betrachtungen über die Offenbarung des Johannes, Stuttgart 1952, S. 74ff.; 95ff.
36 Vgl. Anmerkung 13. – Helmut Möller/Ellic Howe: Merlin Peregrinus. Vom Untergrund des Abendlandes, Würzburg 1986.
37 Rudolf Steiner: Die Konstitution der Allgemeinen Anthroposophischen Gesellschaft und der Freien Hochschule für Geisteswissenschaft (GA 260 A), Dornach 1966.
38 Rudolf Steiner im Vortrag vom 22. April 1922, in: Das Sonnenmysterium und das Mysterium von Tod und Auferstehung (GA 211), Dornach 1963, S. 216.
39 Gerhard Wehr: Kontrapunkt Anthroposophie, München: Claudius 1993.
40 Rudolf Steiner: Die geistige Führung des Menschen und der Menschheit (1911; GA 15), Dornach 1960, S. 84.
Zum Kapitel der Trennung von der Theosophischen Gesellschaft angesichts der Christusfrage, vgl. Gerhard Wehr: Rudolf Steiner (Biographie), S. 222–229.
41 Friedrich Rittelmeyer: Meine Lebensbegegnung mit Rudolf Steiner (1928), Stuttgart [11]1993.
Gerhard Wehr: Friedrich Rittelmeyer. Religiöser Brückenschlag zwischen den Zeiten, Wies-Freiburg 1985.
Ders.: Kontrapunkt Anthroposophie, S. 77ff.; 88ff.
42 Hans-Werner Schroeder: Die Christengemeinschaft, Stuttgart 1990. Gerhard Wehr: Religiöse Erneuerung durch Anthroposophie, in: Rudolf Steiner (Biographie), S. 311–320.
Rudolf F. Gädeke: Die Gründer der Christengemeinschaft. Ein Schicksalsnetz. 48 kurze Biographien, Dornach 1992.

Krishnamurti

1 Laut Mary Lutyens entspricht dieses Datum der astrologischen Hindu-Berechnung, die den Tag von 4 Uhr früh an berechnet. Nach westlicher Berechnung wäre Krishnamurti am 12. Mai 1895 30 Minuten nach Mitternacht geboren worden.
2 Nach dem Tod von Colonel Olcott wurde Annie Besant 1907 zur Präsidentin der Theosophical Society gewählt.
3 C. W. Leadbeater wurde vor allem durch seine weitverbreiteten Werke über seine okkulten Beobachtungen bekannt, u. a.: Gedankenformen; Der sichtbare und der unsichtbare Mensch; Die Chakras.

4 Ausführlich ist Krishnamurtis Herkunft, Jugend und Vorbereitung auf seine Sendung beschrieben bei Mary Lutyens: Krishnamurti. The Years of Awakening, London 1975.

5 A.a.O., ferner Theodore Besterman: Mrs. Annie Besant. A Modern Prophet, London 1934, S. 204ff.

6 Vgl. die Schilderungen bei Mary Lutyens: The Years of Awakening, S. 29ff.

7 Anläßlich des internationalen Theosophenkongresses im Mai/Juni 1909 in Budapest soll A. Besant Steiner umworben haben, damit dieser die Vorhaben mit Alcyone-Krishnamurti billige: »Dazumal war es auch, daß man mit mir einen Kompromiß hat schließen wollen. Es ging damals um die Absicht, diesen Alcyone zum Träger des Christus zu ernennen. Man wollte mit mir einen Kompromiß schließen, man wollte mich zum wiederverkörperten Johannes ernennen, den Evangelisten, und man würde mich dann dort anerkannt haben. Das würde Dogma geworden sein dort, wenn ich auf alle diese verschiedenen Schwindeleien eingegangen wäre... Und ich sagte 1909 in Budapest zu Mrs. Besant: Es ist gar keine Rede davon, daß ich jemals in einer okkulten Bewegung irgend etwas anderes sein will als im Zusammenhang mit der deutschen Kultur, nur mit der deutschen Kultur, innerhalb Mitteleuropas...« R. Steiner im Vortrag vom 28. März 1916, in: Gegenwärtiges und Vergangenes im Menschengeiste (GA 167), Dornach 1962, S. 79.

8 Der Text des Vorstandsbeschlusses ist abgedruckt bei Christoph Lindenberg: Rudolf Steiner. Eine Chronik 1861–1925, Stuttgart 1988, S. 321f.

9 Diese Position änderte sich erst in der Weihnachtstagung 1923 in Dornach, als Steiner die Allgemeine Anthroposophische Gesellschaft (wieder)begründete und als 1. Vorsitzender an deren Spitze trat.

10 J. Krishnamurti, zit. bei Pupul Jayakar: Krishnamurti. Leben und Lehre, Freiburg 1988, S. 38.

11 A.a.O.44.

12 J. Krishnamurti, zit. bei Mary Lutyens: Krishnamurti (The Life and Death of Krishnamurti), Grafing 1991, S. 52.

13 Pupul Jayakar: Krishnamurti, S. 82.

14 J. Krishnamurti, a.a.O. 85.

15 Ein grundlegender Unterschied zwischen den noch in zahlenmäßig bescheidenem Umfang tätigen Krishnamurti-Schulen und den Waldorfschulen dürfte darin bestehen, daß diese von einem Menschenbild aus arbeiten, das sich am Werden des heranwachsenden Menschen orientiert. Dabei ist die anthroposophische Menschenkunde zugrunde gelegt.

16 David Bohm: Brockwood Park Educational Centre. – Der Text ist in einer Informationsschrift des Arbeitskreises für freie Erziehung (Spangenberg, ca. 1980) enthalten.

17 Mary Lutyens: Krishnamurti (The Life and the Death of Krishnamurti), Grafing 1991, S. 123.

18 J. Krishnamurti: Leben (Commentaries on Living, first Series), Frankfurt/M. 1977, S. 21 f.

19 A. a. O. 137 f.

20 J. Krishnamurti: Fragen und Antworten (Questions and Answers), München 1982, S. 107 f.

21 J. Krishnamurti: Gespräche über das Sein (Talks with American Students), München-Bern 1977, S. 101.
Im gleichen Gesprächszusammenhang (S. 102) heißt es hierzu: »Vielleicht wollen Sie jetzt Fragen stellen. Sie wissen, um eine Frage zu stellen, muß man alles in Zweifel ziehen, auch das, was der Sprecher sagt. Er hat keinerlei Autorität, und Sie sollen skeptisch sein. Freilich muß man dabei wissen, wann man die Zügel schießen lassen kann, damit man nicht immer skeptisch ist. Es versteht sich, daß Sie Fragen stellen müssen, aber es sollen die richtigen sein, und das ist sehr schwierig... Gleichzeitig dürfen Sie nie von einem anderen eine Antwort erwarten, denn niemand kann Ihre Frage beantworten. Nur Narren geben Ratschläge...«

Alice Ann Bailey

1 A. a. Bailey: Die unvollendete Autobiographie (The Unfinished Autobiography), Genf-Bietigheim 1975, S. 28.

2 A. a. O. 37.

3 A. a. O. 45 f.

4 A. a. O. 50 f.

5 A. a. O. 167.

6 Dreißig Jahre Arbeit. Die Bücher von Alice A. Bailey und tibetischen Meister Djwhal Khul, Genf o. J., S. 4.

7 A. A. Bailey: Die unvollendete Autobiographie, S. 171.

8 Hier stößt man auf das immer wieder zu beobachtende Spannungsverhältnis von Institution und Charisma, d. h. auf die zwischen der Leitung einer an bestimmten Statuten orientierten spirituellen Vereinigung und an geistbegabten Einzelnen. In der Kirche manifestiert sich das Problem in Gestalt des Gegenübers von Priester und Prophet bzw. des orthodoxen Amtsträgers und des (inoffiziellen) Charismatikers, der alsbald als ein gefährlicher, weil nicht mit dem gängigen Dogma konformer Ketzer gebrandmarkt wird. Vgl. Ger-

hard Wehr: Auf den Spuren urchristlicher Ketzer, Schaffhausen 1983: Novalis Verlag.

9 A. A. B. meint demnach noch immer, ihr Inspirator sei Asiate bzw. es sei die fernöstliche Spiritualität, die durch ihre Psyche hindurchfließe. Das ist ein Indiz dafür, wie unmöglich es für sie gewesen sein muß, das Empfangene als Hervorbringungen aus ihrer eigenen Seelentiefe anzunehmen. Das ist insofern verwunderlich, als ihr durchaus bekannt war, wie sich von der Tiefenpsychologie C. G. Jungs her jene inspirierende Instanz verstehen läßt, nämlich als das dem bewußten Ich übergeordnete, am kollektiven Unbewußten teilhabende »Selbst«. A. A. B. kommt darauf a. a. O. zu sprechen: »Man hat mir erzählt, daß Jung sich auf den Standpunkt stellt, daß der Tibeter mein personifiziertes, höheres Selbst und Alice A. Bailey das niedere Selbst ist. Gelegentlich einmal, wenn ich je das Vergnügen habe, ihn kennenzulernen, werde ich ihn fragen, wie mein personifiziertes höheres Selbst mir aus dem fernen Indien Pakete schicken kann, denn das hat er (der Tibeter) bereits getan.« Da A. A. B. zu Beginn der dreißiger Jahre einige Zeit sich bei der mit ihr befreundeten Olga Fröbe-Kapteyn in Ascona-Moscia am Lago Maggiore aufhielt, kann ihr die Psychologie Jungs in der Tat nicht fremd geblieben sein. Es war gerade die Zeit, als Fröbe-Kapteyn in ihrem Haus – beginnend mit Sommer 1933 – die berühmten Eranos-Tagungen vorbereitete, bei deren Durchführung Jung über mehrere Jahre hinweg eine führende Rolle spielen sollte. Vgl. Gerhard Wehr: Carl Gustav Jung. Leben, Werk, Wirkung, München 1985, S. 236 ff.; jetzt Diogenes Taschenbuch 21 588.

10 Alice A. Bailey: Die unvollendete Biographie, S. 172.

11 Otto A. Isbert: Yoga und der Weg des Westens. Der geistige Pfad des modernen Menschen, Stuttgart 1955, S. 121.

12 Alice A. Bailey: Die unvollendete Biographie, S. 199.

13 A. a. O. 291.

14 Alice A. Bailey: Die geistige Hierarchie tritt in Erscheinung (The Externalisation of the Hierarchy), Lorch 1967, S. 710.

15 A. a. O. 714.

16 A. a. O. 715.

17 A. a. O. 716.

18 Um 1975 begann ein angeblich aus Schottland stammender Maler namens Benjamin Creme, in aller Welt A. A. Baileys »Christus« in einem groß angelegten Propaganda-Feldzug als den neuen »Lord Maitreya« publik zu machen. Der lebe bereits unter uns. Mit entsprechendem Werbeaufwand erschienen 1982 in zahlreichen überregionalen Zeitungen, auch in der Bundesrepublik Deutsch-

land, Inserate, als gelte es einen Kino-Star oder eine Sportgröße anzukündigen...

19 Zum Gesamtkomplex »Wassermann-Zeitalter«, »New Age«, Bewußtseinswende und dergleichen vgl. die umfassende theologisch-religionswissenschaftliche Dissertation von Christoph Bochinger: New Age. Ein Phänomen religiöser Zeitgeschichte. Zugänge, Analysen, Interpretationen, München 1992. – Hier ist auch die bis dahin erschienene internationale Literatur verarbeitet und kritischer Betrachtung unterzogen.

Gurdjieff

1 G. I. Gurdjieff, zit. bei P. D. Ouspensky: Auf der Suche nach dem Wunderbaren. Fragmente einer unbekannten Lehre (In Search of the Miraculous. Fragments of an Unknown Teaching), Weilheim 1966, S. 93 f.

2 J. G. Bennett: Gurdjieff. Ursprung und Hintergrund seiner Lehre, Basel 1989, S. 7.
John G. Bennett (gest. 1974) stand etwa drei Jahrzehnte lang mit Gurdjieff in Verbindung, mit dem er sich in dessen Muttersprache unterhalten konnte. Dies gab ihm die Möglichkeit, Gurdjieffs Wortbildungen leichter aufzulösen und zu interpretieren.

3 J. B. Bennett: Gurdjieff. Der Aufbau einer neuen Welt (Gurdjieff. Making a New World), Freiburg 1978, S. 17.

4 G. I. Gurdjieff: Begegnung mit bemerkenswerten Menschen (Rencontres avec des hommes remarquables, Paris 1960), Freiburg 1978, S. 56.

5 P. D. Ouspensky: Auf der Suche nach dem Wunderbaren, S. 7 f.

6 Verwiesen sei auf die etwa zeitgleiche Entwicklung der Eurythmie Rudolf Steiners und der »rhythmischen Gymnastik« von Jaques-Emil Dalcroze, vgl. Thomas Parr: Eurythmie. Rudolf Steiners Bühnenkunst, Dornach 1993, S. 136.

7 J. G. Bennett: Gurdjieff. S. 74.

8 A. a. O. 86 ff.

9 Colin Wilson: Das Okkulte (The Occult), Berlin-Schlechtenwegen 1982, S. 564.

10 Jacob Needleman: G. I. Gurdjieff and His School, in: A. Faivre/ J. Needleman (Hrsg.): Modern Esoteric Spiritually (World Spiritually Bd. 21), New York 1992, S. 359–380.

11 J. G. Bennett: Gurdjieff, S. 291.

12 Richard Rohr/Andreas Ebert: Das Enneagramm. Die neun Gesichter der Seele, München 1989.

Margaret Frings Keyes: Transformiere deinen Schatten. Die Psychologie des Enneagramms (Emotions and the Enneagramm), Reinbek 1992.

13 P.D. Ouspensky: Auf der Suche nach dem Wunderbaren, S. 422; 432f.

14 A.a.O. 433f.

15 Jean Gebser: Ursprung und Gegenwart (1949/53), jetzt in: Gesamtausgabe, Schaffhausen 1978, Bd. III, S. 72.

16 Louis Pauwels: Gurdjew der Magier (Monsieur Gurdjieff), München 1956.

René Guénon

1 Agostino Steuco (1497–1548), Bibliothekar an der vatikanischen Bibliothek, verfaßte, von Nikolaus von Kues (de pace fidei), M. Ficino und Pico della Mirandola beeinflußt, »De perenni philosophia«. Vgl. Seyyed Hossein Nasr: Die Erkenntnis und das Heilige (Knowledge and the Sacred), München: Eugen Diederichs, 1990, S. 98ff.

2 Gerhard Wehr: Lebensmitte. Die Chance des zweiten Aufbruchs, München: Claudius, 1991.

3 Leopold Ziegler im Vorwort zu R. Guénon: Der König der Welt. (Le Roi du Monde), Freiburg 1987, S. 10f.

4 Zur Biographie u. a. Paul Chacornac: La vie simple de René Guénon, Editions Traditionelles 1958; 1982.
Jean Borella: René Guénon and the Traditionalist School, in: A. Faivre/J. Needleman (Hrsg.): Modern Esoteric Spirituality (World Spirituality, Bd. 21), New York 1992, S. 330–358.
Gerd-Klaus Kaltenbrunner: René Guénon. Vermittler der Urtradition, in: Kaltenbrunner: Vom Geist Europas. Landschaften, Gestalten, Ideen, Asendorf 1987, Bd. I, S. 395ff.

5 G.K. Kaltenbrunner, a.a.O. 395.

6 Julius Evola, zit. bei Walter Heinrich: Der Sonnenweg. Über die traditionelle Methode, Interlaken 1985, S. 36.

7 S.H. Nasr: Die Erkenntnis und das Heilige, S. 138f.

8 Verwiesen sei auf den drei- bzw. vierfachen Schriftsinn, den die Väter der traditionellen, insbesondere vorreformatorischen Bibelauslegung zu handhaben wußten. In unserem Zusammenhang ist vor allem die Unterscheidung der wörtlichen Bedeutung einer biblischen Aussage von ihrer pneumatischen oder spiritituellen Auslegung. Von der Anthroposophie wie von der Tiefenpsychologie, insbesondere der archetypischen Psychologie C. G. Jungs her

eröffnen sich von neuem Möglichkeiten einer spirituellen Interpretation.

9 Zum folgenden vgl. Ernst Küry im Nachwort zu R. Guénon: Der König der Welt (Le roi du monde), Freiburg 1987, S. 133–157.

10 Ernst Küry a.a.O. 140f.

11 Ders. a.a.O. 142.

12 R. Guénon: Der König der Welt, S. 19f.

13 G.K. Kaltenbrunner: Johannes ist sein Name. Priesterkönig, Gralshüter, Traumgestalt (Die Graue Edition), Zug 1993, S. 21.

14 R. Guénon: Der König der Welt, S. 47f.

15 G.K. Kaltenbrunner (Hrsg.): Wissende, Verschwiegene, Eingeweihte. Hinführung zur Esoterik, Freiburg 1981.

16 G.K. Kaltenbrunner: Der Geist Europas, Bd. I, S. 399f.

17 R. Guénon: Die Symbolik des Kreuzes (Le symbolisme de la croix), Freiburg 1987.
Ders.: Die Stufen des Seins (Les etats multiples de l'être), Freiburg 1987.

18 Othmar Spann: Gesamtausgabe, Bd. 1–21, Graz 1963–1979.
J.H. Pichler/H. Klausinger: Othmar Spann. Leben und Werk, Graz 1979 (= Gesamtausgabe Bd. 21).

19 Frithjof Schuon: Das Ewige im Vergänglichen. Von der einen Wahrheit in den großen Religionen und alten Kulturen, München-Bern 1984.
Ders.: Den Islam verstehen. Eine Einführung in die innere Lehre und die mystische Erfahrung einer Weltreligion, München-Bern 1988.

20 Titus Burckhardt: Vom Wesen heiliger Kunst in den Weltreligionen, Zürich 1955.
Ders.: Vom Sufitum. Einführung in die Mystik des Islams, München-Planegg 1953.
Ders.: Alchemie. Sinn und Weltbild, Olten-Freiburg 1960.
Ders.: Spiegel der Weisheit. Texte zu Wissenschaft, Mythos, Religion und Kunst (hrsg. v. Irene Hoening), München 1992.

21 Leo Schaya: Ursprung und Ziel des Menschen im Lichte der Kabbala, Weilheim 1972.

22 Walter Heinrich: Der Sonnenweg (vgl. Anmerkung 6).
J.H. Pichler (Hrsg.): Walter Heinrich zum 70. Geburtstag, Graz 1973 (Erstveröffentlichung in: Zeitschrift für Ganzheitsforschung, Hrg. 16, Heft III, 1972, Wien).

23 Walter Heinrich: Der Sonnenweg. Über die traditionelle Methode, S. 19. – Der Verfasser widmete diesen Essay seinem Freund, dem Philosophen Leopold Ziegler; vgl. hierzu dessen Erwiderung in L. Ziegler: Briefe 1951–1958, München 1963, S. 385f.

1 Julius Evola: Erhebung wider die moderne Welt (Rivolta contro il mondo moderno), Stuttgart 1935.
2 A.a.O. 15.
3 Evola hat sich auch mit östlichen Geistesbereichen, dem Buddhismus, Tantrismus, Taoismus auseinandergesetzt.
4 Daß die Aufrechterhaltung der Arkandisziplin, d.h. der Geheimhaltung des Esoterischen, überall dort ihren Sinn hat, wo Erfahrung und Erkenntnis nicht durch Redseligkeit ersetzt werden kann, versteht sich von selbst. Andererseits ist auch die herkömmliche Geheimhaltung nicht auf alle Gebiete auszudehnen; denn: »Wir leben in einem Zeitalter, in dem übersinnliche Erkenntnis nicht mehr ein Geheimgut weniger bleiben kann; in dem sie Gemeingut aller derjenigen werden muß, denen der Sinn des Lebens in diesem Zeitalter als Bedürfnis ihres Seelendaseins sich regt. Dieses Bedürfnis ist gegenwärtig schon in den unbewußten Seelenuntergründen der Menschen in viel weiterer Ausbreitung wirksam, als manche ahnen. Es wird immer mehr zur Forderung nach einer Gleichbehandlung des übersinnlichen Erkennens mit dem Naturerkennen werden.« (Rudolf Steiner: Frühere Geheimhaltung und jetzige Veröffentlichung übersinnlicher Erkenntnisse, in: Philosophie und Anthroposophie, Dornach 1965, S. 408).
5 Renato del Ponte: Evola und die »Gruppe von UR«. Historisch-kritisches Vorwort zur deutschen Ausgabe der »Magie als Wissenschaft vom Ich«, Interlaken 1985, S. 10–22.
6 J. Evola: Il Cammino del Cinabro, Mailand 1972.
7 Renato del Ponte a.a.O. 19.
8 Synesios von Kyrene: Dion Chrysostomos oder vom Leben nach seinem Vorbild, Darmstadt 1959, S. 29: »Das Heilige ist ja nicht etwas wie Verstandeserkenntnis oder diskursives Denken oder wie irgend etwas Differenziertes, vielmehr, soweit sich Größeres mit Kleinem vergleichen läßt, es ist, wie Aristoteles feststellt: Die in die Mysterien Einzuweihenden müssen nicht lernen, sondern Eindrücke empfangen und in eine Stimmung versetzt werden, nämlich wenn sie dafür bereit geworden sind.«
9 EA: Das Wesen der initiatischen Erkenntnis, in: J. Evola/Gruppe von UR: Magie als Wissenschaft vom Ich. Praktische Grundlegung der Initiation (Introduzione alla Magia a cura del Gruppo di Ur), Interlaken 1985, S. 49f.
10 Massimo Scaligero: Die Logik als Widersacher des Menschen. Der Mythos der Wissenschaft und der Weg des Denkens (La logica contro l'uomo), Stuttgart 1991.

11 J. Evola a.a.O. 25.
12 R. Guénon, zit. in: J. Evola/Gruppe von UR, S. 244f.
13 J. Evola: Das Mysterium des Grals, München-Planegg 1955, S. 7.
14 A.a.O. 8.
15 A.a.O. 19.
16 Historisch gesehen bezeichnen die G(h)ibellinen eine Reihe von politischen Parteien in den nord- und mittelitalienischen Städten des hohen Mittelalters auf der Seite der Hohenstaufen (nach der Hohenstaufenburg Waiblingen) im Gegensatz zu den papstfreundlichen Guelfen (Welfen). Auch noch nach dem Fall der Hohenstaufen wurde die Bezeichnung in Italien verwendet. – Zu Wandlungen des Gibellinentums vgl. Evola a.a.O. 237ff.
17 Evola a.a.O. 169.
18 Vgl. Julius Evola und die Alchemie, in: Julius Evola: Die hermetische Tradition (La tradizione ermetica), Interlaken 1989, S. 7ff.
19 Mircea Eliade: Schmiede und Alchemisten (Forgerons et Alchimistes), Stuttgart 1960; ^{2}1980.
20 Julius Evola und die Alchemie, S. 15.
21 Anzumerken ist, daß C. G. Jung Evolas Hermetik-Buch durchaus positiv gewürdigt hat, in: Psychologie und Alchemie; jetzt in Gesammelte Werke, Olten-Freiburg ^{3}1980, Bd. 12, S. 267; 282[1]. – Inwieweit Evola der Jungschen Deutung gerecht wird, bleibe einer gesonderten Untersuchung vorbehalten.
22 J. Evola: Erhebung wider die moderne Welt (Anmerkung 1), S. 358.
23 A.a.O. 360.
24 A.a.O.
25 A.a.O. 65.
26 Gerd-Klaus Kaltenbrunner: Europa. Seine Quellen in Porträts aus zwei Jahrtausenden, Heroldsberg 1982, Bd. II, S. 410f.
27 Gerhard Wehr: Esoterisches Christentum. Von der Antike zur Gegenwart, Stuttgart: Klett-Cotta 1995.

Leopold Ziegler

1 Lebensbericht Leopold Zieglers (autobiographisch) in L. Ziegler: Briefe 1901–1958, München 1963, S. 453.
2 L. Zieglers Frühwerke sind u.a.: Metaphysik des Tragischen (1902); Das Wesen der Kultur (1903); Der abendländische Rationalismus und der Eros (1905, Dissertation); Das Weltbild Hartmanns (1910); Gestaltwandel der Götter (1920); Der ewige Buddha (1922); Das heilige Reich der Deutschen (1925).

3 Lebensbericht Leopold Zieglers, a.a.O. 453.
4 L. Zieglers Vorwort zu R. Guénon: Der König der Welt (1956), Freiburg 1987.
5 Walter Heinrich: Der Sonnenweg. Über die traditionelle Methode, Interlaken 1985, S. 57f.
6 Leopold Ziegler: Überlieferung, München ^{2}1949, S. 9.
7 Luther übersetzte »doxa« mit »Herrlichkeit«. Doch damit ist der Bedeutungsgehalt des Wortes noch kaum erfaßt. Mitzudenken ist jedenfalls der Aspekt der »Lichtausstrahlung«, etwa wenn im Johannesevangelium (Kap. 1,14) von der Doxa des Christus die Rede ist, die der Evangelist geschaut hat.
8 L. Ziegler: Überlieferung, S. 336.
9 Reinhold Schneider/Leopold Ziegler: Briefwechsel, München 1960, S. 32f.
10 L. Ziegler: Überlieferung, S. 268.
11 A.a.O. 447.
12 Zur Biographie vgl. Leopold Ziegler – Leben und Werk (dargestellt von Martha Schneider-Fassbender), Pfullingen 1978.
13 A.a.O. 190.
14 L. Ziegler: Menschwerdung, Band I, Olten 1947, S. 10.
15 L. Ziegler: Apollons letzte Epiphanie, Leipzig 1937, S. 87.
16 Ernst Benz: Das Bild des Übermenschen in der christlichen Religionsphilosophie der Gegenwart. Das Bild des »Allgemeinen Menschen« in der Philosophie Leopold Zieglers, in: E. Benz (Hrsg.): Der Übermensch, Zürich 1961, S. 281.
17 Karl Bernhard Ritter, in: Quatember, Osterheft 1959, zit. bei E. Benz, S. 286.
18 L. Ziegler: Das Lehrgespräch vom Allgemeinen Menschen in sieben Abenden, Hamburg 1956, S. 253.

C. G. Jung

1 C. G. Jung, in: Georg Gerster: Eine Stunde mit..., Frankfurt/M., 1956, S. 18.
2 C. G. Jung: Gut und Böse in der Analytischen Psychologie, in: Wilhelm Bitter (Hrsg.): Gut und Böse in der Psychotherapie, Stuttgart ^{2}1966, S. 43 2f.
3 C. G. Jung: Erinnerungen, Träume, Gedanken, Zürich 1962.
Gerhard Wehr: Carl Gustav Jung. Leben, Werk, Wirkung, München: Kösel 1985 (Diogenes TB 21 588).
Ders.: C. G. Jung in Selbstzeugnissen und Bilddokumenten, Reinbek 1969; ^{16}1993 (Rowohlt Monographie 152).

4 C. G. Jung: Erinnerungen, Träume, Gedanken, S. 7f.

5 C. G. Jung: Zur Psychopathologie sogenannter okkulter Phänomene (1902), jetzt in: Gesammelte Werke, Bd. 1.

6 Gerhard Wehr: C. G. Jung und Rudolf Steiner. Konfrontation und Synopse (1972), Zürich 1990 (Diogenes TB 21 810).

7 C. G. Jung: Die Auseinandersetzung mit dem Unbewußten, in: Jung: Erinnerung, Träume, Gedanken, S. 174ff.

8 A. a. O. 178.

9 Gerhard Wehr: Esoterisches Christentum. Aspekte, Impulse, Konsequenzen, Stuttgart 1972, S. 260ff. (Eine im Blick auf die abendländische Esoterik vollzogene Erweiterung enthält die Neufassung des Buches, Stuttgart 1995).

10 Den Terminus »Archetypus« entnahm Jung dem »Corpus Hermeticum« (2./3. Jahrh.) sowie der Schrift des Dionysius Areopagita »De divinis nominibus«; hinzu kamen entsprechende Vorstellungen beim Kirchenvater Augustinus; vgl. Jolande Jacobi: Die Psychologie von C. G. Jung, Zürich-Stuttgart [5]1967, S. 58.

11 C. G. Jung: Von den Wurzeln des Bewußtseins, Zürich 1954, S. 95; jetzt auch in Gesammelte Werke, Bd. IX, Teil 1.

12 C. G. Jung: Zur Psychologie des Kind-Archetypus (1940); jetzt in Gesammelte Werke, a. a. O. Dort weitere Ausführungen.

13 C. G. Jung: Symbolik des Geistes, Zürich 1951, S. 386; jetzt in Gesammelte Werke, Bd. XI, S. 171f.

14 Vgl. Gerhard Wehr: Individuation. Schritte zur Selbstwerdung, in: Lebensmitte. Die Chance des zweiten Aufbruchs, München: Claudius, 1991, S. 41–64.
Ders.: Individuation als Weg menschlicher Selbstwerdung, in: Der innere Christus, Zürich: Benziger, 1993, S. 49ff.

15 C. G. Jung: Gesammelte Werke, Bd. XI, S. 171.

16 Jolande Jacobi: Die Psychologie von C. G. Jung, S. 194.

17 C. G. Jung/R. Wilhelm: Das Geheimnis der Goldenen Blüte. Ein chinesisches Lebensbuch (1929), Zürich 1965 (Diederichs Gelbe Reihe Bd. 64).
Martina Wegener-Stratmann: C. G. Jung und die östliche Weisheit. Perspektiven heute, Olten 1990.
Marcel Messing (Hrsg.): Von Buddha bis C. G. Jung. Religion als lebendige Erfahrung, Olten. 1990.

18 C. G. Jung: Erinnerungen, Träume, Gedanken, S. 204 und 209.

19 Aniela Jaffé: Aus der Werkstatt von C. G. Jung, Zürich-Stuttgart 1968, S. 66f.
Vgl. Gerhard Wehr: Carl Gustav Jung. Leben, Werk, Wirkung, S. 221ff.: Die Begegnung mit der Alchymie.

20 C. G. Jung: Erinnerungen, Träume, Gedanken, S. 286. – Vgl.

Emma Jung/Marie-Louise von Franz: Die Gralslegende in psychologischer Sicht, Zürich 1960.

21 C. G. Jung im Vorwort zu: Das Geheimnis der Goldenen Blüte, S. VIII; jetzt in: Gesammelte Werke, Bd. XIII, Teil 1. – Weitere Texte über östliche Religion und Spiritualität sind enthalten in Bd. XI, u. a.: Psychologischer Kommentar zu: Das tibetische Buch der großen Befreiung; Psychologischer Kommentar zum Bardo Thödol (Das tibetanische Totenbuch); Zur Psychologie östlicher Meditation; Vorwort zum I Ging.

22 Gerhard Wehr: C. G. Jung und Rudolf Steiner. Konfrontation Synopse (1972), Zürich 1990 (Diogenes TB 21 810), S. 207: »Was die Einschätzung der geistigen Traditionen Asiens betrifft, so ähneln seine Anschauungen denen Rudolf Steiners in zwei Punkten: Jung anerkennt einerseits das Ergänzungsbedürfnis der vom Intellekt beherrschten Mentalität des Abendländers. Er weiß, daß Morgenland und Abendland je eine Hälfte des einen geistigen Universums ausmachen ... Auf der anderen Seite macht Jung keinen Hehl aus seiner Verwurzelung in der abendländisch-christlich geprägten Tradition, die es ihm unmöglich erscheinen läßt, jene auch von ihm bewunderten Ausgestaltungen des östlichen Geistes durch den europäischen Menschen ungeprüft übernehmen oder nachahmen zu lassen.«

Karlfried Graf Dürckheim

1 Es handelt sich um die von Jung entwickelte psychotherapeutische Methode der »Aktiven Imagination«, bei der man sich mit in der Phantasie hervortretenden Inhalten des Unbewußten (z. B. Figuren in Traumbildern) auseinandersetzt, so als ob die auftauchenden Figuren reale menschliche Züge tragen.
A. N. Ammann: Aktive Imagination. Darstellung einer Methode, Olten-Freiburg 1978.
Hermann Maass: Der Therapeut in uns. Heilung durch Aktive Imagination, Olten-Freiburg 1981.

2 Hierzu ausführlich Gerhard Wehr: Karlfried Graf Dürckheim. Leben im Zeichen der Wandlung (Biographie), München 1988.

3 K. Graf Dürckheim: Erlebnis und Wandlung, München-Bern 1978, S. 36.

4 Jean Gebser: Ursprung und Gegenwart (1949; 1953), Schaffhausen 1978 ff. (Gesamtausgabe Bd. II/IV).
Gerhard Wehr: Jean Gebser vor den Toren eines neuen Bewußtseins (Biographie; Manuskript).

5 Jean Gebser: Vermutungen über das unerschaffene Licht, in: Transzendenz als Erfahrung. Festschrift zum 70. Geburtstag von Graf Dürckheim (hrsg. v. Maria Hippius), Weilheim 1966, S. 18.
6 H. M. Enomiya-Lassalle: Erleuchtung ist erst der Anfang (hrsg. v. Gerhard Wehr), Freiburg 1991 (Herder Spektrum 4048).
7 K. Graf Dürckheim: Japan und die Kultur der Stille, München-Bern [6]1975.
8 K. Graf Dürckheim: Mein Weg zur Mitte. Gespräche mit Alphonse Goettmann (1979), Freiburg 1986, S. 13.
9 Gerhard Wehr: Karlfried Graf Dürckheim, S. 230–242.
10 K. Graf Dürckheim: Die Erfahrungsweisheit des Zen-Buddhismus als abendländische Aufgabe, in: Alfons Rosenberg (Hrsg.): Christentum und Buddhismus, München-Planegg 1959, S. 132 ff.
11 K. Graf Dürckheim: Zen und wir (1961), Frankfurt 1974, S. 13.
12 K. Graf Dürckheim: Psychotherapie im Geiste des Zen, in: Wilhelm Bitter (Hrsg.): Psychotherapie und religiöse Erfahrung, Stuttgart 1965, S. 199.
Es handelt sich hier um die Dokumentation von Vorträgen im Rahmen der Jahrestagungen der Stuttgarter Gemeinschaft »Arzt und Seelsorger« (jetzt: Internationale Gesellschaft für Tiefenpsychologie), in deren Zusammenhang Dürckheim wiederholt vorgetragen hat.
13 Julius Evola: Über das Initiatische, in: M. Eliade/E. Jünges (Hrsg.): Antaios, Bd. VI. Stuttgart 1965, S. 184–208.
14 Die Bruderschaft der Rosenkreuzer. Esoterische Texte (hrsg. v. Gerhard Wehr), München [3]1990 (Diederichs Gelbe Reihe Bd. 53).
15 Jolande Jacobi: Der Weg zur Individuation, Zürich 1965, S. 95.
16 Rüdiger Müller: Wandlung zur Ganzheit. Die Initiatische Therapie nach Karlfried Graf Dürckheim und Maria Hippius, Freiburg 1981. – Gisela Schoeller: Heilung aus dem Ursprung. Praxis der Initiatischen Therapie nach K. Graf Dürckheim und Maria Hippius, München 1983. – Silvia Ostertag: Einswerden mit sich selbst. Ein Weg der Erfahrung durch meditative Übung, München 1981.
17 K. Graf Dürckheim: Überweltliches Leben in der Welt. Der Sinn der Mündigkeit, Weilheim 1968, S. 124 f.
K. Graf Dürckheim: Das Tor zum Geheimen öffnen. Texte zum Nachdenken (hrsg. v. Gerhard Wehr), Freiburg [2]1991 (Herder Spektrum 4027).
18 K. Graf Dürckheim: Der Ruf nach dem Meister. Der Meister in uns, Weilheim 1972, S. 45.
19 K. Graf Dürckheim: Meditieren, wozu und wie. Die Wende zum Initiatischen, Freiburg 1976, S. 94.
20 A. a. O. 16.

21 K. Graf Dürckheim: Vom doppelten Ursprung des Menschen, Freiburg 1973, S. 254.
22 K. Graf Dürckheim: Der Ruf nach dem Meister, Weilheim 1972, S. 35.
23 A. a. O. 39.
24 Gerhard Wehr: Karlfried Graf Dürckheim, S. 243–256.
25 K. Graf Dürckheim: Überweltliches Leben in der Welt, S. 69.
26 Gerhard Wehr: Esoterisches Christentum, Stuttgart 1975; 1995.
27 Vgl. Anmerkung 2.
28 K. Graf Dürckheim: Der Ruf nach dem Meister, S. 163.
29 A. a. O. 164.

Valentin Tomberg

1 W. Schlepper, S. J., in seiner Rezension zur ersten deutschen Ausgabe von V. Tombergs Große Arcana (unter Herausgeberschaft von Ernst von Hippel, Maisenhain 1972), in: Theologie und Philosophie, 48. Jahrg., 1973, Heft 4, S. 576.
Die französische Ausgabe des Buches war 1980 in Paris erscheinen.
2 Robert Spaemann im Vorwort des Herausgebers zu: Die Großen Arcana des Tarot. Meditationen, Basel 1983, S. V.
3 Gertrude Sartory zum Werk über die Großen Arcana, in: Schlüssel zum Geheimnis der Welt. Meditationsübungen zum Tarot, Freiburg 1987, S. 10 (Texte zum Nachdenken 1342).
4 Hans-Urs von Balthasar in Einführung zu: Die Großen Arcana des Tarot (Anmerkung 2), S. IX.
5 Martin Kriele im Nachwort zu: Valentin Tomberg: Lazarus komm heraus, Basel 1985, S. 234.
6 Bodo von Plato: Zur Entwicklung der Anthroposophischen Gesellschaft. Ein historischer Überblick, Stuttgart 1986, S. 75 ff.
7 Martin Kriele (Anmerkung 5), S. 236.
8 A. a. O.
9 A. a. O. 237 f.
10 Wolfgang Garvelmann: Valentin Tomberg. Ein Versuch, ihm gerecht zu werden, in: Info 3, 13. Jahrgang, 1988, Nr. 3, S. 7.
11 Victor B. Fedjuschin: Rußlands Sehnsucht nach Spiritualität. Theosophie, Anthroposophie und die Russen, Schaffhausen 1988.
S. O. Prokoffieff: Die geistigen Quellen Osteuropas und die künftigen Mysterien des heiligen Gral, Dornach 1989.
Peter Koslowski (Hrsg.): Russische Religionsphilosophie und Gnosis. Philosophie nach dem Marxismus, Hildesheim 1992.

Renata von Maydell: Die Anthroposophische Gesellschaft in Rußland, in: E. Müller/F. J. Klehr (Hrsg.): Russische religiöse Philosophie, Stuttgart 1992 (Hohenheimer Protokolle 41).

12 Valentin Tomberg: Anthroposophie im Osten (9. 11. 1930), in: Erde und Kosmos. Zeitschrift für Anthroposophische Natur- und Menschenkunde, 12. Jahrg., 1986, Heft 2, S. 26.

13 A. a. O. 27.

14 A. a. O. 28 ff.

15 In den achtziger Jahren hat sich eine inneranthroposophische Diskussion über Valentin Tomberg entwickelt. Die Grundlagen dazu gehen bereits in die dreißiger Jahre zurück. Einen ersten Einblick dazu bieten: Marie Steiner: Briefe und Dokumente; (hrsg.v. Hella Wiesberger), Dornach 1981, S. 319 ff. – Diskussionsbeiträge u. a. von Martin Kriele und Hellmut Finsterlin in dessen Zeitschrift »Erde und Kosmos«, u. a. in den Heften 1–3/1986; 3/1988; 4/1988. – Weitere Beiträge von Martin Kriele, Wolfgang Garvelmann und Karl Boegner, in: Info 3 (vgl. Anmerkung 10).
Auf die inneranthroposophische Kontroverse, die sich bereits in den oben erwähnten Briefen von Marie Steiner niedergeschlagen hat, wird hier bewußt verzichtet. Abgesehen davon, daß sich bereits im Stil der Auseinandersetzungen zeigt, wie man in diesen Kreisen das apostrophierte »freie Geistesleben« in die Tat umsetzt, wenn es sich um einen Selbst-Denker handelt, wird die Öffnung der Archive abzuwarten sein. Verschärft wird die Kontroverse durch die Fama einer sich angeblich ausbreitenden »katholischen Anthroposophie«; vgl. Günter Bartsch: Tombergs Grundlegung einer katholischen Anthroposophie, in: Materialdienst der Evangelischen Zentralstelle für Weltanschauungsfragen, Stuttgart, Nr. 4/1987, S. 106–115.

16 Die Großen Arcana des Tarot (vgl. Anmerkung 2): Der Verfasser zu seinem Werk, S. XVII f.

17 Raimon Panikkar: Der Weisheit eine Wohnung bereiten (hrsg. v. Christoph Bochinger), München 1991.

18 V. Tomberg: Der Odem des Lebens, in: ders.: Lazarus komm heraus (vgl. Anmerkung 5), S. 223.

19 Die Großen Arcana des Tarot, S. 44.

20 A. a. O. 163.

21 Rudolf Steiner: Wie erlangt man Erkenntnisse der höheren Welten? (GA 20), Dornach 1975, S. 20.

22 Die Großen Arcana des Tarot, S. 174 f.

23 A. a. O. 176.

24 C. G. Jung im Brief vom 1. 1. 1960 an Eugen Böhler, in: Briefe, Bd. III, Olten-Freiburg 1973, S. 279.

25 C. G. Jung: Erinnerungen, Träume, Gedanken, Zürich 1962, S. 334.
26 Die Großen Arcana des Tarot, S. 214f.
27 A. a. O. 241.

Ausblick: Die Geister unterscheiden – Farbe bekennen

1 Jean Gebser: Ursprung und Gegenwart. Beitrag zur Geschichte der Bewußtwerdung, I/II (1949; 1953), Schaffhausen 1978 (Gesamtausgabe Bd. II–IV).
2 Hans Küng u. a.: Christentum und Weltreligionen. Hinführung zum Dialog mit Islam, Hinduismus und Buddhismus, München 1984. Eugen Drewermann: Die Spirale der Angst. Der Krieg und das Christentum, Freiburg 1991.
Michael von Brück (Hrsg.): Dialog der Religionen. Bewußtseinswandel der Menschheit, München 1987.
Adel Th. Khoury: Das Ethos der Weltreligionen, Freiburg 1993.
3 Friedrich Nietzsche: Also sprach Zarathustra, I. Teil: Von der schenkenden Tugend, Werke in drei Bänden (hrsg. v. Karl Schlechta), München [7]1973, S. 339f.

Literatur

Ammann, A. N.: Aktive Imagination. Darstellung einer Methode, Olten-Freiburg 1978.

Bailey, Alice Ann: Die unvollendete Autobiographie (The unfinished Autobiography), Genf-Bietigheim 1975.

Bailey, Alice Ann: Die geistige Hierarchie tritt in Erscheinung (The Externalisation of the Hierarchy), Lorch 1967.

Bechert H./Gombrich R. (Hrsg.): Der Buddhismus. Geschichte und Gegenwart, München 1984.

Bennett, J. B.: Gurdjieff. Der Aufbau einer neuen Welt (Gurdjieff. Making a New World), Freiburg 1978.

Bennett, J. G.: Gurdjieff. Ursprung und Hintergrund seiner Lehre, Basel 1989.

Benz, Ernst (Hrsg.): Der Übermensch, Zürich 1961.

Besant, Annie: H. P. Blavatsky and the Masters of the Wisdom (1907), London 1922.

Besterman, Theodore: Mrs. Annie Besant. A Modern Prophet, London 1934.

Bitter, Wilhelm (Hrsg.): Psychotherapie und religiöse Erfahrung, Stuttgart 1965.

Bitter, Wilhelm (Hrsg.): Gut und Böse in der Psychotherapie, Stuttgart 2. Auflage 1966.

Blavatsky, H. P.: Die Geheimlehre, Bd. III, Esoterik (Nachgelassene Schriften), Ulm 1959.

Blavatsky, H. P.: Isis Unveiled (1877), Bd. I/II, Pasadena/California 1988.

Blavatsky, H. P.: The Key to Theosophy (1989), Pasadena 1972.

Blavatsky, H. P.: Die Stimme der Stille. Ausgewählte Fragmente aus dem »Buch der Goldenen Vorschriften«. Für den täglichen Gebrauch der Lanus (Schüler), Pasadena, München 1983.

Blavatsky, H. P.: Studies in Occultism, Pasadena/USA o.J.

Blavatsky, H. P.: Collected Writings (BCW), compiled by Boris de Zirkoff, ca. 20 Bände, Wheaton/Illinois, USA 1950.

Bochinger, Christoph (Hrsg.): Raimon Panikkar: Der Weisheit eine Wohnung zu bereiten, München 1991.

Bochinger, Christoph: New Age. Ein Phänomen religiöser Zeitgeschichte. Zugänge, Analysen, Interpretationen, München 1992.

Bock, Emil: Apokalypse. Betrachtungen über die Offenbarung des Johannes, Stuttgart 1952.
Burckhardt, Titus: Alchemie. Sinn und Weltbild, Olten-Freiburg 1960.
Burckhardt, Titus: Spiegel der Weisheit. Texte zu Wissenschaft, Mythos, Religion und Kunst (hrsg. von Irene Hoening), München 1992.
Burckhardt, Titus: Vom Sufitum. Einführung in die Mystik des Islam, München-Planegg 1953.
Burckhardt, Titus: Vom Wesen heiliger Kunst in den Weltreligionen, Zürich 1955.

Chacornac, Paul: La vie simple de René Guénon, Editions Traditionelles 1958, 1982.
Cranston, Silvia: H. P. B. – The Extraordinary Life and Influence of Helena Blavatsky, Founder of the Modern Theosophical Movement, New York 1993.

del Ponto, Renato: Evola und die »Gruppe von UR«. Historisch-kritisches Vorwort zur deutschen Ausgabe der »Magie als Wissenschaft vom Ich«, Interlaken 1985.
Drewermann, Eugen: Die Spirale der Angst. Der Krieg und das Christentum, Freiburg 1991.
Dumoulin, Heinrich (Hrsg.): Buddhismus der Gegenwart, Freiburg 1970.
Graf Dürckheim, Karlfried: Erlebnis und Wandlung. München, Bern 1978.
Graf Dürckheim, Karlfried: Japan und die Kultur der Stille, München Bern 6. Auflage 1975.
Graf Dürckheim, Karlfried: Überweltliches Leben in der Welt. Der Sinn der Mündigkeit, Weilheim 1968.
Graf Dürckheim, Karlfried: Meditieren, wozu und wie. Die Wende zum Initiatischen, Freiburg 1976.
Graf Dürckheim, Karlfried: Der Ruf nach dem Meister. Der Meister in uns, Weilheim 1972.
Graf Dürckheim, Karlfried: Vom doppelten Ursprung des Menschen, Freiburg 1973.
Graf Dürckheim, Karlfried: Zen und wir (1961), Frankfurt 1974.

Eliade, Mircea/Jünger, Ernst (Hrsg.): Antaios, Bd. VI, Stuttgart 1965.
Eliade, Mircea: Schmiede und Alchimisten (Forgerons et Alchimistes), Stuttgart 1969. 2. Auflage 1980.
Evola, Julius: Il Cammino del Cinabro, Mailand 1972.

Evola, Julius: Erhebung wider die moderne Welt (Rivolta contro il mondo moderno), Stuttgart 1935.
Evola, Julius/Gruppe von UR: Magie als Wissenschaft vom Ich, Praktische Grundlegung der Initiation (Introdizione alle Magia a cura del Gruppo di Ur), Interlaken 1985.
Evola, Julius: Das Mysterium des Grals, München-Planegg 1955.
Evola, Julius: Die hermetische Tradition (La traditione ermetica), Interlaken 1989.

Fedjuschin, Victor B.: Rußlands Sehnsucht nach Spiritualität. Theosophie, Anthroposophie und die Russen, Schaffhausen 1988.
Frambach, Ludwig: Identität und Befreiung in Gestalttherapie, Zen und christlicher Spiritualität, Fulda–Petersburg: Via Nova 1994.

Gädeke, Rudolf F.: Die Gründer der Christengemeinschaft. Ein Schicksalsnetz. 48 kurze Biographien mit Dokumenten, Dornach 1992.
Garvelmann, Wolfgang: Valentin Tomberg. Ein Versuch, ihm gerecht zu werden, in: Info 3, 13. Jahrgang 1988.
Gebser, Jean: Gesamtausgabe Bd. II–IV, Schaffhausen 1978.
Gebser, Jean: Ursprung und Gegenwart (1949/53), in: Gesamtausgabe, Bd. III, Schaffhausen 1978.
Guénon, René: Der König der Welt (Le roi du monde), Freiburg 1987.
Guénon, René: Die Stufen des Seins (Les états multiples de l'être), Freiburg 1987.
Guénon, René: Die Symbolik des Kreuzes (Le symbolisme de la croix), Freiburg 1987.
Gurdjieff, G. I.: Begegnungen mit bemerkenswerten Menschen (Rencontres avec des hommes remarquables, Paris 1960), Freiburg 1978.

Hauer, Jakob W.: Werden und Wesen der Anthroposophie. Eine Wertung und eine Kritik, Stuttgart 1921.
Heinrich, Walter: Der Sonnenweg. Über die traditionelle Methode, Interlaken 1985.
Hippius Maria (Hrsg.): Transzendenz als Erfahrung. Festschrift zum 70. Geburtstag von Graf Dürckheim, Weilheim 1966.
Holthaus, Stephan: Theosophie, Speerspitze des Okkultismus, Asslar 1989.
Hübbe-Schleiden, Wilhelm: H. P. B. und die Geheimlehre, in: Sphinx, IX, 1894.

Isbert, Otto A.: Yoga und der Weg des Westens. Der geistige Pfad des modernen Menschen, Stuttgart 1955.

Jacobi, Jolande: Die Psychologie von C. G. Jung, Zürich Stuttgart 5. Auflage 1967.
Jacobi, Jolande: Der Weg zur Individuation, Zürich 1965.
Jaffé, Aniela: Aus der Werkstatt von C. G. Jung, Zürich Stuttgart 1968.
Jayakar, Pupul: Krishnamurti. Leben und Lehre, Freiburg 1988.
Jung, Carl Gustav: Erinnerungen, Träume, Gedanken, Zürich 1962.
Jung, Carl Gustav/Wilhelm, Richard: Das Geheimnis der Goldenen Blüte. Ein chinesisches Lebensbuch (1929), Zürich 1965 (auch: Diederichs Gelbe Reihe Bd. 64).
Jung, Carl Gustav: Zur Psychopathologie sogenannter okkulter Phänomene (1902), in: Gesammelte Werke, Bd. 1.
Jung, Carl Gustav: Von den Wurzeln des Bewußtseins, Zürich 1954, (auch in: Gesammelte Werke, Bd. XI).
Jung, Emma/von Franz, Marie-Louise: Die Gralslegende in psychologischer Sicht, Zürich 1960.

Kaltenbrunner, Gerd-Klaus: Europa. Seine Quellen in Porträts aus zwei Jahrtausenden, Bd. II, Heroldsberg 1982.
Kaltenbrunner, Gerd Klaus: Vom Geist Europas. Landschaften, Gestalten, Ideen, Asendorf 1987.
Kaltenbrunner, Gerd Klaus: Johannes ist sein Name. Priesterkönig, Gralshüter, Traumgestalt, Die graue Edition, Zug 1993.
Kaltenbrunner, Gerd Klaus (Hrsg.): Wissende, Verschwiegene, Eingeweihte. Hinführung zur Esoterik, Freiburg 1981.
Khoury, Adel Th.: Das Ethos der Weltreligionen, Freiburg 1993.
Köberle, Adolf: Theosophie, in: Religion und Gegenwart (RGG), Bd. VI, 3. Auflage.
Koslowski, Peter, (Hrsg.): Russische Religionsphilosophie und Gnosis. Philosophie nach dem Marxismus, Hildesheim 1992.
Krishnamurti, J.: Fragen und Antworten (Questions and Answers), München 1982.
Krishnamurti, J.: Gespräche über das Sein (Talks with American Students), München Bern 1977.
Krishnamurti, J.: Leben (Commentaries on Living, first series), Frankfurt am Main 1977.
Küng, Hans u. a.: Christentum und Weltreligionen. Hinführung zum Dialog mit Islam, Hinduismus und Buddhismus, München 1984.

Lindenberg, Christoph: Rudolf Steiner. Eine Chronik 1861–1925, Stuttgart 1988.

Lutyens, Mary: Krishnamurti: The Years of Awakening, London 1975.

Maass, Hermann: Der Therapeut in uns. Heilung durch Aktive Imagination, Olten-Freiburg 1981.
Messing, Marcel (Hrsg.): Von Buddha bis C. G. Jung. Religion als lebendige Erfahrung, Olten 1990.
Möller, Helmut/Howe, Ellic: Merlin Peregrinus. Vom Untergrund des Abendlandes, Würzburg 1986.
Müller, E./Klehr F. J. (Hrsg.): Russische religiöse Philosophie, Stuttgart 1992 (Hohenheimer Protokolle 41).
Müller, Rüdiger: Wandlung als Ganzheit. Die Initiatische Therapie nach Karlfried Graf Dürckheim und Maria Hippius, Freiburg 1981.

Nasr, Seyyed Hossein: Die Erkenntnis und das Heilige, München 1990.
Needleman, Jacob/Faivre, Antoine: Modern Esoteric Spirituality, New York 1992 (World Spirituality Bd. 21).
Nietzsche, Friedrich: Also sprach Zarathustra, Werke in drei Bänden (hrsg. von Karl Schlechta), München 7. Auflage 1973.

Ostertag, Silvia. Einswerden mit sich selbst. Ein Weg der Erfahrung durch meditative Übung, München 1981.
Ouspensky, P. D.: Auf der Suche nach dem Wunderbaren. Fragmente einer unbekannten Lehre (In Search of the Miraculous. Fragments of an Unknown Teaching), Weilheim 1966.

Parr, Thomas: Eurythmie. Rudolf Steiners Bühnenkunst, Dornach 1993.
Pauwels, Louis: Gurdjew der Magier (Monsieur Gurdjieff), München 1956.
Pichler, J. H./Klausinger H.: Othmar Spann. Leben und Werk, Graz 1979 (Gesamtausgabe Bd. 21).
Pichler, J. H. (Hrsg.): Walter Heinrich zum 70. Geburtstag, Graz 1973 (Erstveröffentlichung in: Zeitschrift für Ganzheitsforschung, hrg. 16, Heft III, 1972, Wien).
Plato von, Bodo: Zur Entwicklung der Anthroposophischen Gesellschaft. Ein Überblick, Stuttgart 1986.
Poppelbaum, Hermann: Im Kampf um ein neues Bewußtsein, Freiburg 1948.
Portmann, Adolf: Vom Sinn und Auftrag der Eranos-Tagungen, in: Eranos-Jahrbuch 1961, Band 30 (hrsg. von Olga Fröbe-Kapteyn), Zürich 1962.

Prokoffieff, S. O.: Die geistigen Quellen Osteuropas und die künftigen Mysterien des heiligen Gral, Dornach 1989.

Regenstreif, Paul (Hrsg.): Christian Rosenkreutz und seine Mission, Freiburg 1977 (Arbeitsmaterial zum Studium der Geisteswissenschaft Rudolf Steiners).
Rittelmeyer, Friedrich: Meine Lebensbegegnung mit Rudolf Steiner (1928), Stuttgart 11, Auflage 1993.
Rohr, Richard/Ebert, Andreas: Das Enneagramm. Die neun Gesichter der Seele, München 1989.
Rosenberg, Alfons (Hrsg.): Christentum und Buddhismus, München-Planegg 1959.
Rupert, Hans-Jürgen: Theosophie, unterwegs zum okkulten Übermenschen, Konstanz 1993.
Ryan, Charles J.: H. P. Blavatsky and the Theosophical Movement (1937), Pasadena 1975.

Schaya, Leo: Ursprung und Ziel des Menschen im Lichte der Kabbala, Weilheim 1972.
Schneider, Reinhold/Ziegler, Leopold: Briefwechsel, München 1960.
Schneider-Fassbaender, Martha: Leopold Ziegler, Leben und Werk, Pfullingen 1978.
Schoeller, Gisela: Heilung als Ursprung. Praxis der Initiatischen Therapie nach K. Graf Dürckheim und Maria Hippius, München 1973.
Scholem, Gershom: Die jüdische Mystik in ihren Hauptströmungen, Frankfurt am Main 1957.
Schroeder, Hans-Werner: Die Christengemeinschaft, Stuttgart 1990.
Schuon Frithjof: Das Ewige im Vergänglichen. Von der einen Wahrheit in den goßen Religionen und alten Kulturen, München Bern 1984.
Schuon, Frithjof: Den Islam verstehen. Eine Einführung in die innere Lehre und die mystische Erfahrung einer Weltreligion, München Bern 1988.
Spann, Othmar: Gesamtausgabe, Bd. 1–21, Graz 1963–1979.
Steinberger, F. K.: Esoteriker des Westens. Führer zu neuem Menschentum, Lorch 1953.
Steiner, Rudolf: Anthroposophische Leitsätze, Dornach 1954 (Gesamtausgabe = GA 26).
Steiner, Rudolf: Anweisungen für eine esoterische Schulung. Aus den Inhalten der »Esoterischen Schule« (1904), Dornach 1968 (GA 42/245).
Steiner, Rudolf und Steiner, Marie: Briefwechsel und Dokumente 1901–1925, Dornach 1967 (GA 262).

Steiner, Rudolf: Das Christentum als mystische Tatsache und die Mysterien des Altertums (1902), Dornach 1976 (GA 8).
Steiner, Rudolf: Der Christusimpuls und die Entwicklung des Ich-Bewußtseins, Dornach 1961 (GA 116).
Steiner, Rudolf: Erfahrungen mit dem Übersinnlichen, Dornach 1983 (GA 143).
Steiner, Rudolf: Wie erlangt man Erkenntnisse der höheren Welten? Dornach 1975 (GA 20).
Steiner, Rudolf: Das Ewige in der Menschenseele, Dornach 1962 (GA 67).
Steiner, Rudolf: Gegenwärtiges und Vergangenes im Menschengeiste, Dornach 1962 (GA 167).
Steiner, Rudolf: Die geistige Führung des Menschen und der Menschheit (1911), Dornach 1960 (GA 15).
Steiner, Rudolf: Die Geschichte und die Bedingungen der anthroposophischen Bewegung im Verhältnis zur Anthroposophischen Gesellschaft, Dornach 1959 (GA 258).
Steiner, Rudolf: Zur Geschichte und aus den Inhalten der ersten Abteilung der Esoterischen Schule 1904–1914. Briefe, Rundbriefe, Dokumente und Vorträge, Dornach 1984 (GA 264).
Steiner, Rudolf: Der Goetheanismus, ein Umwandlungsimpuls und Auferstehungsgedanke (12 Vorträge, 1919), Dornach 1967.
Steiner, Rudolf: Die Konstitution der Allgemeinen Anthroposophischen Gesellschaft und der Freien Hochschule für Geisteswissenschaft, Dornach 1966 (GA 260 A).
Steiner, Rudolf: Die Mystik im Aufgange des neuzeitlichen Geisteslebens und ihr Verhältnis zur modernen Weltanschauung (1901), Dornach 1960 (GA 7).
Steiner, Rudolf: Philosophie und Anthroposophie. Gesammelte Aufsätze 1904–1918, Dornach 1965 (GA 36).
Steiner, Rudolf: Das Sonnenmysterium und das Mysterium von Tod und Auferstehung, Dornach 1963 (GA 211).
Steiner, Rudolf: Spirituelle Seelenlehre und Weltbetrachtung, Dornach 1972 (GA 52).
Steiner, Rudolf: Theosophie (1904), Dornach 1978 (GA 9).
Steiner, Rudolf: Die Weltgeschichte in anthroposophischer Beleuchtung, Dornach 1962 (GA 233).
Synesios von Kyrene: Dion Chrysostomos oder vom Leben nach seinem Vorbild, Darmstadt 1959.

Tomberg, Valentin: Die Großen Arcana des Tarot, Maisenhain 1972.
Tomberg, Valentin: Lazarus komm heraus, Basel 1985.

Visser't Hooft, Willem A.: Kein anderer Name. Synkretismus oder christlicher Universalismus? Basel 1965.

Wachtmeister, Constance: Reminiscences of H. P. Blavatsky and the Secret Doctrine, Wheaton/Illinois, 1976.

Wegener-Stratmann, Martina: C. G. Jung und die östliche Weisheit. Perspektiven heute, Olten 1990.

Wehr, Gerhard (Hrsg.): Die Bruderschaft der Rosenkreuzer, München 3. Auflage 1990 (Diederichs Gelbe Reihe Bd. 53).

Wehr, Gerhard: Der innere Christus, Zürich 1993.

Wehr, Gerhard (Hrsg.): Graf Dürckheim, Karlfried. Das Tor zum Geheimen öffnen. Texte zum Nachdenken, Freiburg 2. Auflage 1991 (Herder Spektrum 4027).

Wehr, Gerhard: Karlfried Graf Dürckheim. Leben im Zeichen der Wandlung (Biographie), München 1988.

Wehr, Gerhard: Erleuchtung ist erst der Anfang, Freiburg 1991, (Herder Spektrum 4048).

Wehr, Gerhard: Jean Gebser: Leben, Werk, Wirkung (in Vorbereitung).

Wehr, Gerhard: Heilige Hochzeit. Symbol und Erfahrung menschlicher Reifung, München 1986.

Wehr, Gerhard: Carl Gustav Jung. Leben, Werk, Wirkung, München 1985; Diogenes TB 21588.

Wehr, Gerhard: C. G. Jung in Selbstzeugnissen und Bilddokumenten, Reinbek 1969, 16. Auflage 1993.

Wehr, Gerhard: C. G. Jung und Rudolf Steiner. Konfrontation und Synopse (1972), Zürich 1990.

Wehr, Gerhard: Kontrapunkt Anthroposophie. Spiritueller Impuls und kulturelle Alternative, München 1993.

Wehr, Gerhard: Lebensmitte. Die Chance des zweiten Aufbruchs, München 1991.

Wehr, Gerhard: Die deutsche Mystik. Mystische Erfahrungen und theosophische Weltsicht, München 1988.

Wehr, Gerhard: Friedrich Rittelmeyer. Religiöser Brückenschlag zwischen den Zeiten, Wies-Freiburg 1985.

Wehr, Gerhard: Selbsterfahrung durch C. G. Jung, Augsburg 1993.

Wehr, Gerhard: Auf den Spuren urchristlicher Ketzer, Schaffhausen 1983.

Wehr, Gerhard: Rudolf Steiner zur Einführung, Hamburg 1994.

Wehr, Gerhard: Rudolf Steiner. Leben, Erkenntnis, Kulturimpuls. Eine Biographie. München 1987.

Wehr, Gerhard: Esoterisches Christentum. Von der Antike bis zur Gegenwart, 2. erweiterte Auflage Stuttgart 1995.
Wehr, Gerhard: Der innere Weg, Reinbek 1983; Stuttgart 1994.
Wiesberger, Hella (Hrsg.): Marie Steiner: Briefe und Dokumente, Dornach 1981.
Wilson, Colin: Das Okkulte (The Occult), Berlin-Schlechtenwegen 1982.

Ziegler, Leopold: Apollons letzte Epiphanie, Leipzig 1937.
Ziegler, Leopold: Briefe 1901–1958, München 1963.
Ziegler, Leopold: Das Lehrgespräch vom Allgemeinen Menschen in sieben Abenden, Hamburg 1956.
Ziegler, Leopold: Menschwerdung, Bd. I, Olten 1947.
Ziegler, Leopold: Überlieferung, München 2. Auflage 1949.
Zimmermann, Rolf Christian: Das Weltbild des jungen Goethe; Bd. I/II, München 1969.

Nachtrag:
Bergler, Manfred: Die Tür geht nach innen auf. Zum Welt- und Menschenbild Karlfried Graf Dürckheims, Aachen 1995.

Personenregister

Zum Autor

Gerhard Wehr, geboren 1931, Autor zahlreicher Studien zur Religions- und Geistesgeschichte, Biograph verschiedener Denker und Philosophen (unter anderem Rudolf Steiner, C. G. Jung, Martin Buber, Jean Gebser, Graf Dürckheim), lebt heute in der Nähe von Nürnberg. Im Eugen Diederichs Verlag hat er bereits Werke Jakob Böhmes sowie der Rosenkreuzer herausgegeben.

Die Bruderschaft der Rosenkreuzer

Esoterische Texte
Herausgegeben von Gerhard Wehr
Diederichs Gelbe Reihe Band 53, 224 Seiten, Paperback

Die grundlegenden Schriften dieser geistigen, esoterischen Bewegung, utopisch, rätselhaft, bildmächtig, spirituell. Hier verschmelzen Alchemie und Kabbala, die Lehre des Paracelsus und christliche Mystik. Das Buch bringt dem Leser die geheimnisvollen Lehren der Rosenkreuzer näher.

Jacob Böhme

Im Zeichen der Lilie

Aus den Werken des christlichen Mystikers
Ausgewählt und erläutert von Gerhard Wehr
Diederichs Gelbe Reihe Band 144, 320 Seiten, Paperback

Die Lilie, bei Böhme Symbol für das Nahen eines neuen Zeitalters, muß »in menschlicher Essenz« in der menschlichen Existenz erblühen. Jacob Böhme (1575–1624), neben Meister Eckart, Seuse und Tauler einer der großen deutschen Mystiker, wird hier in einer kommentierten Auswahl aus seinen wichtigsten Schriften vorgestellt. Ein Buch für alle, die in das Werk Böhmes einsteigen oder sich einen Überblick verschaffen wollen.

Konrad Dietzfelbinger

Mysterienschulen

Vom alten Ägypten über das Urchristentum bis zu den
Rosenkreuzern der Neuzeit
Diederichs Gelbe Reihe Band 135, 352 Seiten, Paperback

Konrad Dietzfelbinger gibt einen Überblick über die verschiedenen Mysterienschulen seit der Antike, schildert ihren Aufbau und ihre Arbeit, ihre Schicksale, Symbole und Rituale, das Leben der Stifter und die Erlebnisse der Schüler – und schließlich den Mysterienweg als Abfolge von inneren Erfahrungen und Umwandlungen bis zur Bewußtwerdung des wahren Selbst.

EUGEN DIEDERICHS VERLAG

DIEDERICHS GELBE REIHE
Die lieferbaren Bände

- DG 1 I Ging
- DG 6 Das Totenbuch der Tibeter
- DG 7 Heinrich Zimmer: Der Weg zum Selbst
- DG 8 Helmuth von Glasenapp: Pfad zur Erleuchtung
- DG 12 Hellmut Wilhelm: Sinn des I Ging
- DG 13 Geshe Lhündub Söpa u. Jeffrey Hopkins: Der Tibetische Buddhismus
- DG 14 Dschuang Dsi: Das wahre Buch vom südlichen Blütenland
- DG 15 Upanishaden
- DG 16 Mahabharata
- DG 17 Über den Rand des tiefen Canyon
- DG 18 Popol Vuh
- DG 19 Laotse: Tao te king
- DG 20 Annemarie Schimmel: Rumi
- DG 21 Bhagavadgita / Aschtavakragita
- DG 22 Kungfutse: Gespräche. Lun Yü
- DG 23 Al Ghasali: Das Elixier der Glückseligkeit
- DG 24 Basil Johnston: Und Manitu erschuf die Welt
- DG 26 Le Saux/Abhishiktananda: Die Spiritualität der Upanishaden
- DG 27 Idries Shah: Die Sufis
- DG 28 Liä Dsi: Das wahre Buch vom quellenden Urgrund
- DG 29 Tantra in Tibet
- DG 30 Chang Chung-yuan: Tao, Zen und schöpferische Kraft
- DG 31 Li Gi. Das Buch der Riten, Sitten und Bräuche
- DG 32 Annemarie Schimmel: Und Muhammad ist Sein Prophet
- DG 33 Heinrich Zimmer: Indische Mythen und Symbole
- DG 34 Śāntideva: Poesie und Lehre des Mahāyāna-Buddhismus
- DG 35 Der Sohar. Das heilige Buch der Kabbala
- DG 36 Kungfutse: Schulgespräche
- DG 37 Annemarie Schimmel: Gärten der Erkenntnis
- DG 39 Emma Brunner-Traut: Die Kopten
- DG 41 Lati Rinpoche/Jeffrey Hopkins: Stufen zur Unsterblichkeit
- DG 42 Mong Dsi: Die Lehrgespräche des Meisters Meng K'o
- DG 45 Ramayana
- DG 46 Germanische Götterlehre
- DG 47 Hans Findeisen u. Heino Gehrts: Die Schamanen
- DG 51 Erfahrungen mit dem I Ging
- DG 52 Franz Carl Endres u. Annemarie Schimmel: Das Mysterium der Zahl
- DG 53 Gerhard Wehr: Die Bruderschaft der Rosenkreuzer
- DG 56 Albert Y. Leung: Chinesische Heilkräuter
- DG 57 Christian Rätsch: Chactun. Die Götter der Maya

DG 61 John Blofeld: Der Taoismus
DG 62 Alfred Douglas: Ursprung und Praxis des Tarot
DG 63 Janheinz Jahn: Muntu
DG 64 Richard Wilhelm und C. G. Jung: Geheimnis der Goldenen Blüte
DG 65 Wen Kuan Chu/ Wallace A. Sherrill: Astrologie des I Ging
DG 67 Heinrich Zimmer: Abenteuer und Fahrten der Seele
DG 68 Wolfram Eberhard: Lexikon chinesischer Symbole
DG 71 Christian Rätsch: Indianische Heilkräuter
DG 73 Hans Wolfgang Schumann: Der historische Buddha
DG 74 Heinrich Seuse u. Johannes Tauler: Mystische Schriften
DG 76 Mahatma Gandhi: Wegweiser zur Gesundheit
DG 78 Robert Aitken: Zen als Lebenspraxis
DG 79 Robert Aitken: Ethik des Zen
DG 82 Annemarie Schimmel: Muhammad Iqbal
DG 91 Weisheit der Völker
DG 93 L. S. Dagyab: Buddhistische Glückssymbole
DG 95 George William Russell – A. E.: Weg zur Erleuchtung
DG 96 Benjamin Walker: Gnosis
DG 98 Das Weisheitsbuch des Zen
DG 99 Hans Wolfgang Schumann: Buddhismus
DG 100 Peter Sloterdijk u. Martin Buber: Mystische Zeugnisse
DG 101 Omar Ali-Shah Sufismus für den Alltag
DG 102 Annemarie Schimmel: Von Ali bis Zahra
DG 103 Rients R. Ritskes: Zen für Manager
DG 104 Barbara C. Sproul: Schöpfungsmythen der östlichen Welt
DG 105 Barbara C. Sproul: Schöpfungsmythen der westlichen Welt
DG 106 Geshe Thubten Ngawang: Vom Wandel des Geistes
DG 107 Sri Chinmoy: Veden, Upanishaden, Bhagavadgita
DG 108 Friedrich Weinreb: Kabbala im Traumleben des Menschen
DG 109 Dominique Viseux: Das Leben nach dem Tod
DG 110 René Grousset: Die Reise nach Westen
DG 111 Dennis Genpo Merzel: Durchbruch zum Herzen des Zen
DG 112 Åke Hultkrantz: Schamanische Heilkunst und rituelles Drama
DG 113 I. P. Couliano: Jenseits dieser Welt
DG 114 Hans Wolfgang Schumann: Mahāyāna-Buddhismus

DG 115 Christian Rätsch: Heilkräuter der Antike
DG 116 Gerhard Wehr: Spirituelle Meister des Westens
DG 117 Hartmut Kraft: Über innere Grenzen
DG 118 Isabelle Robinet: Geschichte des Taoismus
DG 119 Idries Shah: Sufi-Wege zum Selbst
DG 120 H. P. Blavatsky: Theosophie und Geheimwissenschaft
DG 121 Rumi: Von Allem und vom Einen
DG 122 Dominique Hertzer: Das Mawangdui-Yijing
DG 123 Murad Hofmann: Reise nach Mekka
DG 124 Andreas Gruschke: Mythen und Legenden der Tibeter
DG 125 Malidoma Somé: Vom Geist Afrikas
DG 126 Dominique Hertzer: Das alte und das neue Yijing
DG 127 Gerd Becher/Elmar Treptow: Vom Frieden der Seele
DG 128 Hanna Moog: Leben mit dem I Ging
DG 129 Hans Wolfgang Schumann: Die großen Götter Indiens
DG 130 Helmuth von Glasenapp: Die fünf Weltreligionen
DG 131 Gerardo Reichel-Dolmatoff: Das schamanische Universum
DG 132 Thomas Cleary: Zen-Geschichten
DG 133 Vanamali Gunturu: Krishnamurti
DG 134 Kornelius Hentschel: Geister, Magier und Muslime
DG 135 Konrad Dietzfelbinger: Mysterienschulen
DG 136 Matthias Dalvit: Geburts-I Ging und Astrologie
DG 137 Andreas Gruschke: Die heiligen Stätten der Tibeter
DG 138 Elvira Friedrich: Yoga
DG 139 John Bierhorst: Die Mythologie der Indianer Nordamerikas
DG 140 Die Edda
DG 141 Marc Jongen: Das Wesen spiritueller Erkenntnis
DG 142 Jyotishman Dam: Shiva-Yoga
DG 143 Ella E. Clark: Indianische Legenden
DG 144 Jakob Böhme: Im Zeichen der Lilie – Werke
DG 145 Rudolf Haase: Johannes Keplers Weltharmonik